油うる日々

明治の文人
戸川残花の生き方

目時美穂

芸術新聞社

油うる日々——明治の文人 戸川残花の生き方◉目次

第6章 喝、ヱーメン、南無阿弥陀仏—— 321

装丁・奥定泰之

油うる日々——明治の文人　戸川残花の生き方

残花のゆくえ

ゆくえを追っている人物がいる。

戸川安宅、筆名を残花《ざんか》という。安宅と書いて「やすいえ」と読む。少し読みづらい。そのためだろうか。子孫の間でも、祖父、曾祖父に当たるその人物は、本名でなく「残花さん」と筆名で呼ばれている。この残花という筆名は、戸川安宅が世に文章を発表するようになった明治二十三年、三十七歳から使い始めたもので、他の筆名、号も数多くあるし、江戸の武家生まれだから、年齢に応じた改名もあるのだが、残花という筆名が最も頻繁に、長く使われ、よく知られ、最後に墓碑にも刻まれた名である。ゆえに、これからこの人物を呼ぶのに、残花の名を用いたい。

戸川残花は、江戸の末期、安政二（一八五五）年に生まれ、大正十三（一九二四）年に歿した。

動乱の末江戸が終わり、明治となり、西南戦争、自由民権運動、日清日露の戦役、そして、大正の関東大震災。戸川残花はそんな激変の時代を生き、数えの七十でこの世を去るまで実に多彩な生涯を送った。高禄の幕臣であり、明治最初期のキリスト者、伝道師、牧師であり、新体詩人であり、文筆家であり、編集者であり、記者であり、教育家であり、閑雅な趣味人であり、旧幕時代の記憶と遺跡の保護者であり、人生の最後には禅僧でさえあった。

だが、歿後九十年を迎えた今、残花を直接に知る人は皆泉下の客、もはやその名を知る人さえほとんどいない。残花の生涯、人となりについてまとまって書かれたものは残花の嫡孫にあたる戸川安雄氏の『戸川残花伝』（生涯学習研究社、一九九四年）くらいしかない。同書は、安雄氏の御尊父、残花の長子浜男氏が記憶によって作成された残花の略年譜（「浜男メモ」）を手がかりに、子孫として調べられる限りを尽くした労作であるのだが、対する残花が、あまりに多彩な生涯を過ごしたためか、いつ、どこで何をしていたのかも、子孫の間でさえあやふやになっている。

時が、まるでこの人物が地上にいた痕跡を消し去ろうとでもしているかのように、今はもはやその墓石さえもない。

残花の菩提寺は目黒の最上寺だが、夫人の波《なみ》を含めた残花以外の一家の墓所は雑司ヶ谷霊園にある。夫に先立たれた波は、生涯キリスト教徒として生き、生前の希望で、亡くなったのちは残花と同じ墓所には入らず、嫁いですぐ最初の子供の出産で亡くなった次女道と、その死産であった女児が眠る雑司ヶ谷霊園を終の棲処とした。亡夫に対し含む気持ちがあったのではなく、娘の近くに眠ってやりたかったのだという。

だがその後、残花の長子浜男氏が、「生きた人間が使うべき土地を死んだ人間が使うのは間違っている。だからと言って遺骨をそのあたりに捨てると罰せられるから、墓地として使われているところだけは例外としよう」（「浜男氏の一族への手紙」）と、波の入った雑司ヶ谷の墓に一族皆で入ろうと提案された。結果、雑司ヶ谷の墓所に、波と、浜男氏の一家、浜男氏の考えに賛同された三男の不二男氏夫妻が歿後埋葬され、残花だけが最上寺にぽつんと一人残された。

平成二十四（二〇一二）年十二月八日、残花八十八回目の命日に墓参すると、残花の墓があったところにうつろな穴が開いており、横倒しになった墓石を前にして、石材店の職人が弁当をつかっていた。驚いて尋ねると、非難を受けたと思ったのか、彼は「お寺さんに頼まれただけだ」と気色ばんで答えた。誰かを非難しようなどという気持ちはさらさらない。ただ、百年もたっていない大正に亡くなった人の墓が残らない世の「無情」と「無常」が心に痛かっただけだ。むろん、その日が八十八回目の命日であることなど石材店が知るはずもない。あえて命日を選んで墓の撤去を依頼したとも思われない。

墓中にいた人が自分にとって長らく敬愛してきた人物であること、今日が命日であることを告げると、その人は「偉い先生だったんですね」やや気まずげに、慰めるようにいった。すぐに立ち去ることもできず、しばし放心して主がいなくなった黒い墓穴を見つめた。ゆくえを追っていた人物が、さらに遠くに行ってしまった。

残花はどこへ行ったのか。

数日後寺の住職に話をうかがい、また子孫の方々からえた情報を付き合わせて大方の事情がわかった。どうやら、墓を管理されていた方がアメリカに移住することが決まり、管理することのできなくなる墓を撤去し、遺骨を移住先に引き取ったということらしい。

「洋行は天国へゆくのと同じ感ありき」（「当代名士青年時代の夏期休暇」『成功』第十六巻第四号、明治四十二年七月）。といっていた残花は、今、アメリカの広大な大地のどこに眠るのか。生前、友人北村透谷を追悼して残花本人が書いたように、死すればもはや距離も時間もなく、場所に縛られることもないのだろうか。外国など天国に比べれば、瞬きをする間に行ける距離だろうか。だとすれば、残花が、花満つる日本の春を味わいたければただそう願い、小雪の優しい冬が恋しい時は、目を閉じればしんしんと降る故国の雪を、今は幻になってしまったその掌に受け取ることができるだろうか。

残花は晩年、のちに心理学者となった末子の戸川行男氏とこんな禅問答じみた手紙を交わしている。

大正十三年四月、兵役についておられた行男氏が、兵営から父親に書き送った手紙は、「旅の人がふと、きれいな花を見つけた。あまりきれいなので、立ちどまってそれを眺めていたが、日が暮れてみえなくなってもそこを立ち去ることができず、あくる日も一日中、それを眺めていた。こうして日がたち月がたち、旅人はそこでその花を眺めながら死んでしまった。さてこの旅人の生涯は、意味があったのであろうか」（「恩」『「私」心理学への道』川島書店、一九八八年）。

対する、行男氏が記憶する残花の返事は、
「海辺の砂浜の、水が引いたあと、海鳥がきて何かあさっていった。やがて波がきて、その鳥たちの足跡をすっかり消してしまった。われわれの一生のいとなみは、この海鳥の足跡のようなものだ」

唐詩の一節と書かれていたが、仏典の記憶による引用かもしれない。

何ものにも執着をしないこと。それを生きる方針として一番に考えていた残花ならば、自らの名が人の記憶から消え、功績は忘れ去られ、墓石さえもなくなって、自分という存在が海辺の波に洗われて消えた鳥の足跡のように跡かたもなく消え去ったとしても、それが当然の人の習いとして悲しみもしないかもしれない。

しかし、江戸、明治、大正の時流にもまれ迷走しながらも、絶えず己のあり方を追求し、恐れなく挑戦し続けた、一見器用でうつり気に見えて、実のところ真摯で懸命であった戸川残花の人生を記しておきたい、知ってもらいたいと思った。

今この地上に残る戸川残花の記憶を集めえた限りここに詰めた。アカデミズムの機関に属さない市井の人間が、仕事の合間に日々編み物でもするようにこつこつとかき集めた事実には、もちろん多くの遺漏があろう。また、時に学術的な問題に関係のない記述にいたるかもしれないが、それは、たとえかけらのような記憶であっても記し残す、という方針によるものである。それがいつか後学の人にとって一つのしるべとなればいい。

ささやかな墓標の代わりとして、この書を戸川残花に贈る。

残花歿後九十年の忌日（平成二十六年十二月八日）に

第1章

今や昔三千石のお旗本

築地戸川屋敷

人の運命の転変を眺めたとある屋敷のことから話をはじめたい。

東京都中央区、築地場外市場と道路をはさんで銀座側の向かいに、現在、料亭の「新喜楽《しんきらく》」がある。新喜楽といえば、芥川賞、直木賞の選考会が開かれることでも知られる名門料亭だ。

一夕、築地散策のついで、新喜楽の前にたたずんだ。灯が入っていたが、のれんをくぐる甲斐性などない。行き来る車のエンジン音や通行人、築地場外市場の喧噪や活気、雑駁な空気を、背の高いからし色の砂壁で遮って、外からながめる新喜楽は高級料亭の格式を保ってすらりと建っていた。

この新喜楽。矢田挿雲《やだそううん》の『江戸から東京へ』（中公文庫、昭和五十年）によると、

築地三丁目の新喜楽のあるところは、旗本の屋敷跡で、明治三年頃大隈侯と井上侯が合宿し、伊藤博文、渋沢栄一、五代友厚《ごだいともあつ》、山口尚芳《やまぐちなおよし》、前島密《まえじまひそか》、大江卓《おおえたく》など物騒な連中が寄集ってとっぴな急進論に夜明しをした古跡である。

ということろで、明治初年には、参議時代の大隈重信の住まいだった。「築地梁山泊」とあだなされていたのがこの屋敷で、昼夜大志を抱く若者たちがたむろして天下国家を語って気焔をあげ、芸者をあげてのどんちゃん騒ぎもあったことだろう。

さらにさかのぼり、江戸のころ。

築地、鉄砲洲のあたりは、大名の藩邸や上級旗本の屋敷が建ち並ぶ高級武家町であった。矢田のいうとおり、「築地梁山泊」もかつては旗本の屋敷、表高三千四百石の旗本戸川家の屋敷だった。これからその足跡をたどってゆく残花戸川安宅《やすいえ》が生まれ育ち、最後の継承者となった家だ。

残花は明治四十二（一九〇九）年、『中央公論』に、「伊藤公等の梁山泊の遺趾」という短い談話を寄せている。なぜ大隈邸なのに「伊藤公等の」なのか、といえば、この談話が掲載された『中央公論』第二十四年第十二号の特集が「伊藤公歿後の形勢」であったからだ。

残花の談話はほんの一ページの埋め草程度のもので、伊藤博文は登場するが、この「梁山泊」で酔っぱらって美人の芸者に膝枕をされていた、という事実だか伝聞だか、伝説だかわからない逸話が述べられているだけである。その冒頭、残花は、さらりと述べている。

築地の西本願寺の前の角屋敷、今の新喜楽の辺が私共の元の屋敷で五千坪も有りましたでしやう、明治三年頃に其処《そこ》に新に普請が出来ましたがそれが当時の所謂《いわゆる》梁山泊でした

「新に普請が出来」といっているから、そのままの屋敷を使ったのではなく、建て替えでもしたのだろうか。後に述べるような事情で、当時戸川屋敷は荒れていたから、建て替えはしなくても大きな修繕の手は入っただろう。いずれにせよ、今の新喜楽、建物は建て替わったが、百数十年をさかのぼれば、大隈重信が住んでいた「梁山泊」、さらにその前身は、旗本戸川家の邸宅だったということだ。

しかし、この談話を残花に請うた記者も記者である。若き日の伊藤のエピソードを得たかったのだろうか。だいたい、もとの屋敷の持ち主だからといって、残花が梁山泊となった後のことを知るはずもない。残花は、この築地の邸宅を、正式な契約を結んで大隈に売却したのでも、個人的繋がりがあって譲ったのではない。徳川幕府に代わって支配者として東京に入ってきた新政府によって、一等地にあった旗本屋敷は軒並み召しあげられ、残花の屋敷もまた同じ運命をたどって大隈の邸宅となったのだから。

残花が住んでいたころ、高級武家屋敷町であった築地は、日中も出歩くのは、中間や、御用聞きくらいの極めて閑静なところだった。文久三（一八六三）年の尾張屋版「京橋南築地鉄炮洲絵図」に、残花の先代の当主戸川捨次郎《とがわすてじろう》の名前が見える。戸川屋敷はちょうど築地本願寺の表門の西に隣り合っていた。

福沢諭吉は江戸から明治への転換をその身に受けた経験を評し『文明論之概略』の緒言で「あ

たかも一身にして二生を経るが如く、一人にして両身あるが如し」と述べている。
残花にとっても、生まれてから維新を迎える数えの十四までの記憶は、本当に前世での出来事、夢の世界のようなものであったに違いない。この幼年時の記憶に残花はすがりつきはしなかったが、大切にはした。
幼年時を過ごした築地の邸宅を、残花は晩年までよく記憶していた。幼年期の思い出を記した「曾遊録」（未刊行）には自身の書いた図面が残っている。さすがに自分が出入りすることのなかった女中の住居、仕事部屋などについての詳細な記述はないが、その他の部分の記憶は鮮明である。また、のちに残花が編集、刊行することになる旧幕時代の資料、証言を集めた雑誌『旧幕府』にも「旗本風俗」として自らの家に関して筆をとっている。

江戸の屋敷は二三千坪余にして長屋を周囲に建て書院、表座敷、居間、用部屋、（内閣）使者の間、表玄関、内玄関、詰所々々を設け

とある。これが「表」で、さらに居住空間の「奥」がある。

奥表の出入頗《すこぶ》る厳重にして、鈴の口（表奥の間）あり夜は内外より閉す

鈴の口というのは、主人が政治をする「表」と生活の場である「奥」を隔てる場所で、扉には、時刻により双方から鍵がかけられていた。

中奥とも云ふ可《べ》き主人燕居《えんきょ》の間あり、奥には祝ひの間、奥方の居間化粧の間を初《はじめ》として仏間などもあり、女中部屋は廊下伝ひに遠く離れ、更に奥の玄関あり、奥にては老女、側女、小姓、祐筆、呉服の間、等あり

読んでわかるように、屋敷の内部は、小型とはいえ、ほとんど大名家や、江戸城の仕組みと変わらない。「生活の常態は、三千石以上になると殆《ほとん》ど五六万石以下の大名のやうで、表又は奥向の組織が総てそれであつて」（「江戸の旗下」『書画骨董』第七十九号、大正四年）と残花がいうとおり、家臣団の構成も細密であった。

家老（重役と称す）、給人、中小性《ママ》、側用人、奥用人、納戸役、近習役、勘定方、祐筆、地方役人、蔵元締、子女の付き人（保傅《ほふ》）、目付役、吟味役、広敷番《ひろしき》（玄関詰）、武芸師範役、医者、絵師、徒士《かち》、足軽、仲間あり、出入用達（諸物品或は金銀融通）（「旗本風俗」『旧幕府』）

幕末（安政二・一八五五年）、戸川家には江戸屋敷だけで、家老（重役）、用人以下、下男下女ま

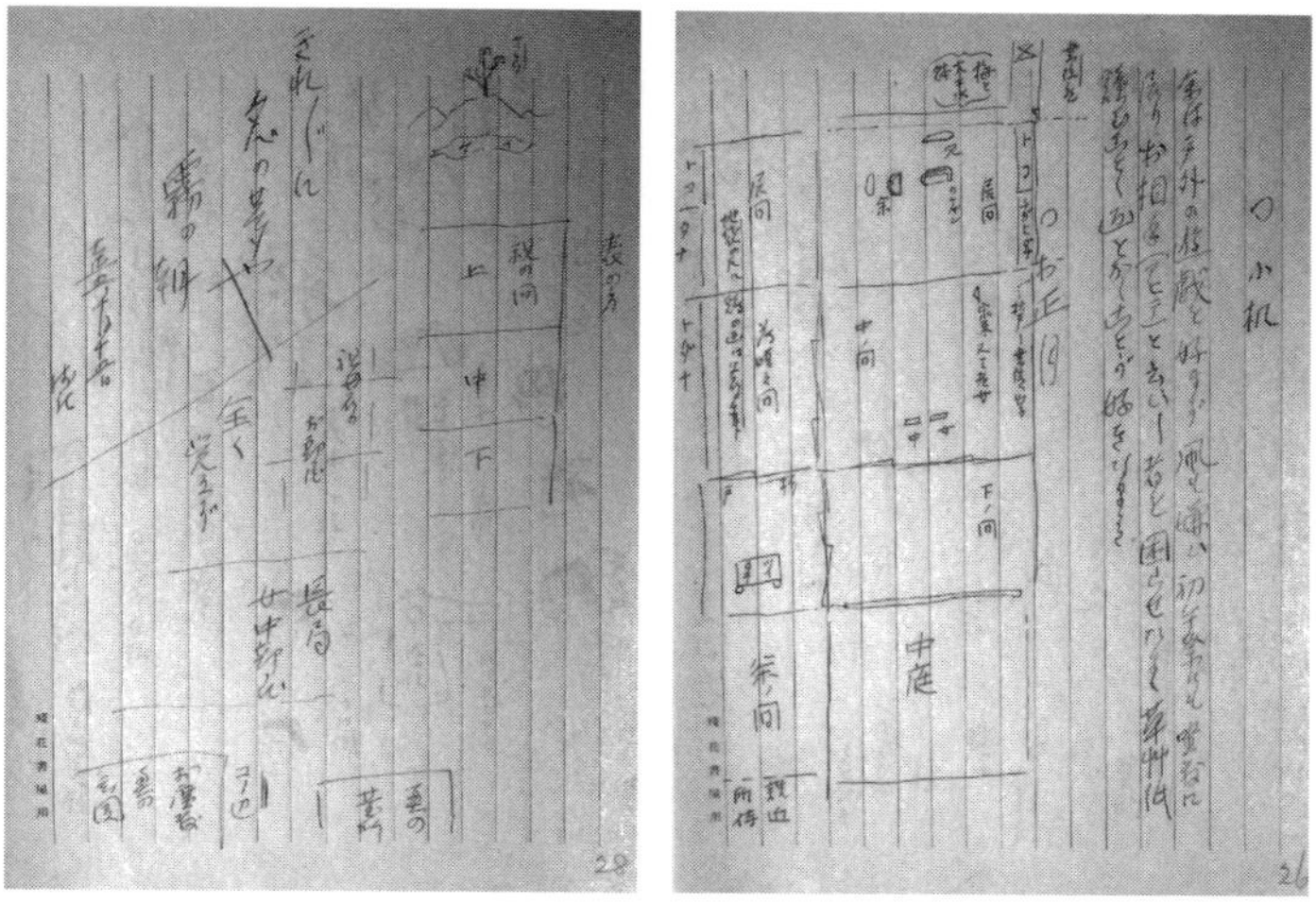

「曾遊録」に描かれた旧戸川邸の間取り（戸川淑子氏所蔵）

中央が残花　明治３年撮影（戸川淑子氏所蔵）

で入れて、八十四人の奉公人がいた（『早島の歴史1　通史編上』早島町、一九九七年）。八十四人の奉公人は、屋敷をぐるりと取り囲んだ長屋で生活しており、当然、彼らにも妻子家族がいた。

まさにミニチュアの国。

この小さな国の主は、備中早島《はやしま》（現・岡山県都窪《つくぼ》郡早島町）を領地に持っていた。

元来戸川家というのは、朝鮮出兵にも参加している宇喜田家の侍大将だった戸川達安《とがわみちやす》を家祖としている。達安は、慶長四（一五九九）年に起こった御家騒動をきっかけに宇喜田家を離脱、徳川家の家臣となった。達安は、関ヶ原の戦いにおいて東軍について島左近の首をあげたといわれており、戸川家にはその兜と緒が伝わっている（兜は残花により久能山東照宮に、緒は嫡孫の安雄氏により早島町の戸川家記念館に寄贈された）。のちに達安は、備中庭瀬二万九千石の大名として取り立てられたが、曾孫の代に断絶。血脈は、三家の旗本として受け継がれることになった。三家は備中一帯に領地を持った妹尾《せのお》戸川家、帯江《おびえ》戸川家、そして、残花が相続することになる早島戸川家だった。

私は元来三千石といふのが表高で、知行所は備中であります、大阪以西の旗本は収入の豊かなもので、関東の旗本の多くは収入の乏しいものでありました、これは徳川氏になりましてから、関東の旗本は、縄を切詰めて貰ひました、大阪以西の旗本は、元和以来縄を入れませぬで貰いましたそれ故彼是れ五千石斗《ばか》り収入がございました、殆《ほとん》ど六千石に近い、それ故小大名位の生活をして居りました。

（「幕末軍隊の状況に関する件」『史談会速記録』第二百三十九輯）

関東に比べ、関西は縄打ち（検地）がさほど厳密ではなく、開墾等による作物の増産は石高の計算に入れられなかった。

早島は、「島」の字から知れるように、かつては児島湾《こじまわん》に浮かぶ島の一つだった。それを、宇喜田家の領地だった戦国のころから、連綿三百年、湾を干拓して農作地を切り開いていった開墾の地である。そこで穫れる良質の藺草《いぐさ》から作られる畳表は、「早島表《おもて》」と呼ばれて、江戸のころから高級品として知られていた。

早島には戸川家の陣屋があり、東西約六十五メートル、南北約百二十メートルの約七千八百平方メートル、およそ二千五百坪の広さを有した。江戸の家臣と国元の家臣は勤番で交替に勤めていたようである。

陣屋は明治四年に取り壊された。陣屋だった場所は、現在早島小学校となっている。遺物はいくつか残っていて、堀の一部と堀にかかった石橋と、陣屋に飲み水を提供していた井戸が残り、所々に崩れかけの、外壁だった黄色い土壁が見える。さらに、書物蔵が一つ移築されて、戸川家記念館となっている。

幕末に作られた陣屋図にも見える戸川家の重臣であった納所《のうしょ》家の屋敷は、戸川家記念館の向かいにある。今も子孫の一家が暮らされている。早島を訪問した際、遠方から来たというので、親切に庭を見せてくださった。茅葺き屋根を戴《いただ》いた重厚な母屋と、様々な木を配した築山の瀟洒な景観が美しかった。

残花は安政二（一八五五）年生まれである。

残花が生まれた安政二年、もう少し詳しくいうと安政二年十月二日亥刻（一八五五年十一月十一日午後十時）、大事件が起こっている。江戸の町をマグニチュード六・九の直下地震が襲ったのだ。いわゆる安政の大地震である。残花はこの大地震を生まれる二十日前に母の胎内で体験した。

余は安政二年乙卯十月二十二日に生れし者なり、この月の二日に江戸の大地震はありき去ればこの地震は余が一身にとり忘れんとしても忘れ難きことなり、この二日の夜は余が生るゝ前、二十日のことなれば、母は今日か明日かと指を屈して其の日を待ち給ひし頃なり、さる故に地震の動揺くをり、人に扶助《たすけ》られて漸《ようや》くに、庭前まで逃いでられしとぞ

（「地震の感」「福音新報」第三十四号、十一月六日付）

とおそらく実際に母親に聞いた話を述べ、明治二十四年十月二十八日の濃尾大震災に接して、濃尾で震災に遭った妊婦、嬰児を持つ人々を案じている。

残花の母は、新宮城主水野《みずの》忠央《ただなか》の妹で仲《なか》といった。水野家は紀州徳川家の付家老の家柄で、家老といえども三万五千石の大名格の家だった。水野忠央は精力的、野心的な政治家で、大老の井伊直弼《なおすけ》に与《くみ》して将軍家茂《いえもち》擁立のために暗躍した。忠央は、幕府の中枢を占める家柄に、兄弟姉妹、子息や息女たちを養子や嫁として送りこみもした。残花の叔母たちには、紀州藩主の側室だった人たちだけでなく、将軍家定の大奥に入った人たちもいる。仲はどんな縁故で戸川家の継妻に入ることになったのか。

戸川家の継妻といった。先に残花の父のことを説明すべきであったか。

残花の父は、丹後宮津城主松平伯耆守宗発《まつだいらほうきのかみむねあきら》の三男で、婿養子として戸川家に入り、内蔵助安《くらのすけやす》行《ゆき》を名乗り十一世当主となった。が、戸川家の息女であった先妻が早くに亡くなったため、仲を継妻として迎えることになったのだ。だが、安行自身もあまり健康に恵まれてはいなかったようだ。内蔵助安行は、残花が生まれる年の七月三日、妻の胎に育つ子を見ずして病死した。

そんな折に起こった安政の大地震であった。

四千数百名の死者と一万以上の倒壊家屋をだした大地震の影響で、築地の戸川邸も甚大な被害を受けた。家臣たちの居住区では雨をしのぐことさえ難しかった。夫を亡くし、不安のなか臨月を迎えていた仲は、牛込原町にあった実家の水野家の下屋敷に身を寄せることにした。しばしば残花が牛込の出身であるといわれるのはこのためである。

地震の危険を乗り越えて十月二十二日（戸川家にある除籍謄本には十二月二十二日とあるが、残花自身は自らの誕生日を十月二十二日といっている）に無事生まれた男の子は隼人《はやと》と名付けられた。

母の実家、牛込原町の水野邸。幼時しばしば遊びに行ったのだろうか。残花は生涯風雅な大名屋敷の風情を憶えていた。

> 鶯宿（離亭の名）欄間に十四代将軍家茂公が幼時書かれ給いし鶯宿の二字の額ありと
> 　額は巣鷹の箱の蓋なり字は自字かと覚ゆ
> 庭前は芒《すすき》処々に萩みたらに茂り梅園を籬外《りがい》に見る
> 頗《すこぶ》る源氏物語などの意匠と覚ゆ　馬場の山椿の花を拾ふが面白かつた。花月といふ茶席もありと
> 　水野の祖母君　徳寺院殿の住居を火災後も　庭前一面に畠なりき　飼猫七八疋以上ありき
> 猫の女中二三人あり農家の景色を好まされぬ　（「曾遊録」）

親戚たちの影響か、残花は色濃い大名家の家風のもとで育った。戸川家に入輿《じゅよ》する正妻は大名家の息女が多かった。残花にとって義理の祖母にあたる十世戸川内蔵助安民《やすたみ》の妻も、熊本細川家の支藩から来た人である。

料金受取人払郵便

神田局承認

1136

差出有効期間
平成28年4月
15日まで

切手不要

郵便はがき

101-8791

508

東京都千代田区神田神保町2-2-34
千代田三信ビル5F

株式会社 芸術新聞社 出版部 行

(ふりがな) お 名 前	年齢 歳	性別 男・女

ご住所 〒 TEL ( )	
ご職業	購入店名
e-mail	
本書を何でお知りになりましたか？	

アフターサービス、新刊案内、マーケティング資料、今後の参考とさせていただきますので、お手数をおかけしますが、各欄にご記入の上、お送りください。ご記入いただいた情報は、上記以外には使用しません。

ご購入書籍名

本書についてのご意見、ご感想をおきかせください。また、とりあげてほしい企画、興味をお持ちのことをおきかせください。

ご協力ありがとうございました。

注文書

＊このはがきで小社刊行物をご注文いただくと、より早く確実にお手もとにお届けできます。

書名	冊
書名	冊
書名	冊

残花が生まれた時、亡き父の跡を継いで戸川家の十二世の当主であったのは、兄、捨次郎安道である。兄は亡くなった先妻の子で、残花とは腹違いの兄弟だった。安政二年十三歳で家を相続しているから、ちょうど十三歳ほど年上になる。残花が仄かな記憶を残すころには成人に近い年の離れた兄であった。

残花は、生まれてすぐに兄の養子になった。仲の良い兄弟で、共に母の弾く琴の音を聴いたり、明け方までむつまじく話していることもあった。また兄は、父を知らない弟を哀れに思ったのだろう。小さな弟の手を引いて庭を歩き、父が手ずから植えたという梅の木を教えてやった。その梅の一樹を詠んだのだろうか。「曾遊録」には、

初雪や障子あけれは小松山

という父安行の句が記されている。その句に詠まれた梅は明治元年の正月までは匂いをとどめていたが、戸川一族が屋敷を去って後にやってきた大隈重信や、井上馨らの賞玩するところとなり、やがては火事で庭木も屋敷も灰になったという。

築地の戸川邸の庭には梅の木が多く、梅雨の後に、女中たちが笑いさざめきながらこの梅の実を落とし集める様を、少年の残花は眺めた。

集めた梅は土蔵のつぼに納める。延々二百年間そうして蓄えられた梅の実があり、風邪をひい

た時などに薬として煎じて服用した。

残花の兄は蒲柳の質であった。

ある年の春から夏にかけて兄は病気にかかり、家臣たちは、療養の慰めにというので、池を掘り、金魚や真鯉、緋鯉を放した。残花はその色あでやかな魚たちを中之島めいて置かれた石の上に立って眺めた（「曾遊録」）。

戸川家の系図（『早島町の歴史』）をみると、子どもの育ちにくかった時代でもあるが、早世者が多い。残花の祖父安民の実子は、六人（内二人女子）いたが、そのうちの三名は早世しているし、父安行の子どもも五人あったが、うち三人は女子（この女子が早世したのか、あるいは他家へ嫁いだのか消息はわからない）、長子の兄安通は病がちであり、ただ一人の相続人であった残花がどれほど大事にかしずかれて育ったか想像に難くない。

滅多に屋敷の外へも出られず、遊び相手にしても、「御相手」役の少年が定められていた。

幼年の者などは春秋に仏参をするか或は親戚など訪ふの外は自邸の庭にて遊戯するのみ、家風の手重き所にては仲間の如き下僕には爪の糸目も持たせず御相手と称する侍童を友とするなり

（「旗本風俗」『旧幕府』）

早島戸川家の分限帳（『早島町史』早島町、昭和三十年）をみると、彼の「御相手」役は、納所《のうしょ》酉之介《とりのすけ》と、国冨鉄五郎《くにとみてつごろう》で、「隼人様御側詰」として、御鼻紙代金一両二分一人扶持をもらっている（『早島の歴史』）。納所氏は御用人並、国冨氏は御納戸格介役。姓からみるに、家格の高い家臣の子弟が御相手として仕えていたことが伺われる。

それでは残花が一個の少年として、退屈、窮屈な毎日と感じていたかといえば、そうでもなさそうだ。

余は戸外の遊戯を好まず　凧も嫌い　初午祭にも座敷に居りお相手（アヒテ）と云いし者を困らせたり　草艸紙読むことと画をかくことが好きなりき
（「曾遊録」）

静かに風景を眺めたり、本を読んでいることが好きな子どもだった。

ただし、剣術はやらされた。

邸内に稽古場あり、兄君と共に温かき羽織を着て（下は稽古着一枚と袴なれど）雑炊を食せしことを忘れず　或冬の稽古始に雁を料理して食せしこと今に忘れず
（「曾遊録」）

残花兄弟に剣術を教えたのは、家臣の一人石塚某という人で一刀流だったという。寒稽古とい

っても、温かいものを食べさせてなだめすかしている風である。

旗本の子息は通常ならば、三歳で髪置《かみおき》、五歳で袴着《はかまぎ》、十歳前後に槍術剣術稽古初、十二歳前後に素読開始、御馬稽古初と進む。彼も高禄の旗本の子息だったからには、これとほぼ同じ段階を踏んで成長してきたとみるべきであろう。

もちろん、学問もしている。通常は屋敷にそれ相応の教師が訪れていたのだろうが、残花の記憶には、邸外、といっても、屋敷の門を出てほんの数分のところ、近所の塾に通っていた思い出が残っている。ただし、

> 築地軽子橋の辺にありき　潜蔵といへり　高田の人のよし　この人の父も漢学者にて中村敬《なかむらけい》宇《う》先生の師なりしときく　一人の家来と草履取りを連れて通学せり　後にはこの人余が家来と同様になれり
>
> （「曾遊録」）

というから、結局は雇い入れたのかもしれない。

残花は、「こんな風で、箱庭のやうな小幕府、或は小形の大名とも云ふべき面影を為し」た箱庭の国のうちに護られて、「明治二三年まで門外に出たことの少ない」（「江戸の旗下」『書画骨董』第七十九号）状態で育った。

美しいノスタルジーに彩られた遠い幼年期の記憶。

だが、残花のおぼろな記憶に見合うほど、当時の戸川家の経済状態は豊かではなかった。嘉永年間の戸川家の収入（一石一両換算で計算『早島の歴史1』参照）は二千九百三十両、支出は二千三百八十七両。内訳は、江戸と早島の人件費で八百九両（内江戸人件費五百二十六）、江戸諸経費が千三十八両、早島経費が四百二十四両、差し引きで五百四十三両しか残らない。収入一杯の暮らしで、臨時の出費があれば借金を重ねていた。つもりにつもった借金は三万両にのぼっていたという。さらに、残花が生まれた安政二年の大地震で江戸屋敷が甚大な被害を被ってからは、戸川家はほとんど破産状態に陥っていた。

十四歳で明治維新を迎え、家督を継いでからわずか一年で知行地を失った残花は、家の財政がそれほどに逼迫した状況だったとは気づかなかっただろう。

風にもあてぬ扱かわれ方で過ごした幼年期だが、残花が十歳の時、ちょっとした事件が起こっている。三軒隣の、丹波福知山藩朽木《くつき》氏の下屋敷から火が出て、彼のいた江戸屋敷も延焼で半分ほど焼けてしまったのだ。

それから三十年後の『日本評論』に、「むかしの火事」（『日本評論』第三十四号、明治二十四年七月）と題してこの火事を追想している。

よほど印象に残った出来事なのだろう。細部にわたる鮮明な記憶である。

この日は余が家にては観花の宴を開き上下皆な亥の刻過ぐるまで、舞ひつ躍りつ其のはては酔ひ倒れしも多く、酒気すこしは帯びざるは、少年と女子のみ其の他はみな黒甜《こくてん》の郷に遊べる最中なりき。
（「むかしの火事」『日本評論』）

という宴会の最中に火災が発生したらしい。突然「火事あり火事ありと叫ぶ声」がした。

年ひさしく家に仕へし老女が己のが局の窓押し開きて、ヤヽと打ち驚き、火は邸内なりと叫びぬ。其れよりは奥の女原はれ先にと起き出でヽ祖母君の居間に行くあり、叔父君の部屋にゆくあり、やがて兄君も表より馳せ来たらせ給ひ何くれと差図を為し給ふ。（前掲誌）

ここに登場する残花の家族を紹介しておこう。まず、「祖母君」。戸川家系図によるならば、残花の祖父戸川内蔵助安民の妻で、「細川采女正利愛《ほそかわうねめのしょうとしちか》　養方叔母」、とされている人。「叔父君」は、安民の五男、戸川鉉之進安正《げんのしんやすまさ》である。病弱故に家督を取らず、残花の父安行を婿養子とした人といわれているが（『戸川残花伝』）、明治三十六年に撮影された記念写真の台紙に書かれた年齢は、残花と五歳しか違わない。明治以降、残花の一家と生活をともにしている。そして、「兄君」は、当主捨次郎安道。

さて、火事場であるが、若殿であった残花はというと、「をさな心に面白く」、「早く火事を見せよ」とせがみながら、侍女たちに火事装束を着せられ、火事場の習いで大刀を帯に手挟んだ祖母などとともに、籠に乗って男女二十人の供回りに守られて、鉄砲洲にあった祖母の実家肥後新田藩（熊本藩の支藩・広瀬藩）細川家の屋敷に避難し、昼近くまでぐっすり眠った。

目が覚めた残花は、夕べの火事のことはころりと忘れて、避難した細川家の侍婢につれられて屋敷の三階に上って海辺の風景を眺めた。

弥生の空の麗々と真帆片帆御台場のあたりに見へ、佃島の漁師の家、立て連ねし網干のさまなど、をさな心にも我れを忘れぬ。（前掲誌）

と悠長なもので、避難先の殿様にお菓子をもらい、自家の用人の顔をみると、火事の始末や家人の安否を気にするより先に、「画本太閤記は焼けしや、花壇の芍薬《しゃくやく》はいためずや」と尋ねたという。用人もさるもので、「本は蔵に納めました。花壇には誰も立ち入っておりませぬから芍薬は無事でございます」と笑《え》んで答えた。

いかにも世間知らずの子どもらしい反応だ。深窓にかしずかれ、一人で門外へさえ出たこともない少年にとって、火事の経験は、災難というよりは、記憶のなかにきらりと光る冒険だったのかもしれない。

ただし、この出来事は、「時は元治甲子の弥生十日の真夜中ごろ」、つまり、元治元（一八六四）年三月十日のことだ。

元治元年といえば、京都では七月に池田屋騒動、八月には禁門の変が起こる年で、時代はまさに、幕末の争乱のまっただ中にあった。

しかし、花見の宴で酔いしれる家臣たち、火事騒ぎに若干浮かれ気味の少年からは、そうした時代の緊迫感はまったく感じられない。

だが、これは戸川家だけに限ったことではないだろう。江戸の武士たちで、特別な危機感を抱いていた者の他、どんなに屋台骨が傷んでいても、まさか数年後に徳川幕府が消えてなくなるなどと想像していた者は、ほとんどいなかったに違いない。


時代が急転換しようとしていた。残花の箱庭の国にも、その余波が訪れようとしていた。

徳川家が滅びの道をひたすら滑り落ちていた幕末期、その直参たる旗本はいったい何をしていたのだろう。

残花は、明治四十三年八月十四日の史談会において「幕末の軍隊の状況に関する件」（『史談会速記録』第二百三十九輯）として、このころの幕府の軍政について、というよりは、それを受け持った自分たち旗本の部隊について語っている。

まずは、文久三年、将軍家上洛の際、市川番所の警護を仰せつかったこと。

私共の家では、二十四人兵隊を出しました、士官が仏蘭西「ボード」と申した野戦砲を引き出しました、私は十三か十二でありましたが、矢張り三才羽織を着て小袴を穿いて、一小隊引いて出ました

（「幕末の軍隊の状況に関する件」『史談会速記録』）

この時の出陣の時の隊列を描いた図が早島教育委員会に伝えられている。なるほど、陣備えの図にも大砲が一門描かれている。

絵に加わった家臣一人一人の名前が記されている。隊列は勇ましいが、市川番所で何をしたかといえば、

丁度水戸の天狗連と唱へます藤田小四郎《ふじたこしろう》の一隊が市川の向ふ迄参つた、市川の番所といふのがあつて、今でも番所の俤《おもかげ》が残つて居りますが、私共が固めを言い付つた、私一家ではありませぬ二三家であります、例の仏蘭西砲を一挺引出しまして、鉄砲は「ゲベル」を担いで示威運動をしました、其の示威運動は、仏蘭西砲へ焼き玉を入れまして上へ向つて空砲を放しました、今日では人が笑ひますが、其時分は人が驚いた、所が天狗連は怖れませぬで、前の料理屋へ来て詩を吟じて抜刀して居る、川を隔つて毎日示威運動をしましたが川を渡ることはしませぬでした（中略）一小隊の人数を以て「ゲベル」銃を持て川を防ぎに行つたといふことは、余程滑稽でありますが、それが其時分の実情でございます

（前掲書）

という。大砲を引いていって、水戸の天狗党と川を隔てて対峙し、空に向かって空砲を撃つというのだから、もともと相手を威嚇するだけで殺傷する気はない。相手もそれがわかっているから、驚きもしない代わりに白刃をひらめかして向かってくることもない。天狗党の、その後の運命は酸鼻きわまりないが、この寸景のみを切り取れば、じつにのどかなものである。

同じ時期、志士たちと、それを取り締まる側が日夜命のやりとりをしていた京とはまったく状況がちがう。

「武士」とはいえ、戦闘を離れてすでに二百数十年。もはや戦闘者としての精神を失っていた。

私共の家老は具足を着て馬に乗つて見た所が、身体が動かないので、具足はお止めにして仕舞つたといふことがありました（前掲書）

何も、残花の家の家老だけではない。いや、体が動かないだけならばまだましだったといわねばならない。『戊辰物語』に収録された、のちに残花と交友を結ぶ旧町奉行所の与力原胤昭《はらたねあき》の談話によると、朋輩の与力が、具足をつけて馬に乗ったところ、一歩も馬を走らせることなく転げ落ちたという。おそらく、その場で笑って見ていた者たちの多くも、武人としてのたしなみは落馬した者と大差なかったのではないか。

それから其次に、組合銃隊といふものが出来ました、これは三千石、四千石、五千石、大抵三千石の旗本が寄りまして、今日で言へば聯隊を組織しまして、越中島の調練場へ参つた、参つたのは宜しいが、四家も五家も主人を持て居る者が一大隊を造つて或る家の旗本の主人が司令官になり号令をします、仕方が無しにお付合に余所の殿様の号令を受けて調練をしました　（前掲書）

大鳥圭介《おおとりけいすけ》らの提言でできた新しい洋式軍隊の一翼を担っていたはずの、旗本八万騎。武器を西洋化しようと、戦術を海外から移植しようと、人の心が一朝一夕に変わるわけではない。

残花は、病中の兄の代理として、裏銀の笠をかぶって呉絽服《ごろふく》という梳毛織《そもう》の着物に、刀に引き膚《はだ》、つまり革袋を掛けた姿で参加した。もちろん、馬上に飾られているためだけの参加だったが、それで十分事足りた。彼が引き連れた戸川家の兵士たちは、築地の屋敷から調練所のある越中島まで鉄砲を担いでゆくと肩がはれてしまうので、鉄砲当て布団とでもいうべき肩当てを作ったという。

残花の記憶にある旗本の家臣というのは、次のように軟弱なものだった。

矢張り剣術は使ひました、中々花やかな一刀流の剣術を使ひました。漢学は論語位の素読も致しました、柔術も致しました、調練も調練場へ行て致しました、けれどもそれは只形式に流れて居りますから、一向に士気を励ますことは無い、平生の生活の有様はどうかといふと、揚屋の二階で女を相手に菓子を食つて遊んで居る、さうして端歌《はうた》でも唄うか、都々一《どどいつ》でも唄つて居るといふ風であるから、仮令《たと》ひ書物を読みました所で、剣術を使ひました所で、何の役に立ぬ。それが徳川の旗本八万騎の家来だ。（前掲書）

若殿であった彼が、平生、茶屋遊びをする不埒者のだらしのない姿をいつ知ったのか気になるところだが、時を経て、幼年期の記憶に潜む旗本の家来の記憶と、後に得た知識を重ね合わせ、こしかたを思い起こして忸怩《じくじ》たる思いにかられたというところか。

いずれにせよ、このような緊迫感に欠けた形ばかりの調練であったから、十やそこらの少年であっても立派に小隊長たりえた。

ただし、実際の戦闘で少年が一小隊を率いるのは問題外だろう。慶応元年二月十六日、幕府から、長州征伐のため一小隊の出役が戸川家にも命じられ、上京、九月まで滞在した。戸川家からだされた人員は将軍徳川慶喜《とくがわよしのぶ》の警護の役についたようである。この時、十一歳だった残花は、同行していない。かりに出役したとしてもわずか十一歳の少年に何ほどのことができただろう？その時のことについて、残花は上京した家臣たちに、「清水の猪口とか深草の団扇色々土産を買つて来て呉れたのを嬉しく思ひましたことがあります」と、土産をもらったことを語っている。

もしも、徳川慶喜が江戸での徹底抗戦を決めたなら、旗本である戸川家もおそらく戦さにかりだされていたに違いない。いざ戦闘という段になったら、残花一族はどのような決断をしただろうか。ちなみに当時大目付を勤めていた帯江戸川家の戸川安愛《とがわやすちか》は、鳥羽伏見で戦い、朝敵として領地を召しあげられている。

江戸での抗戦を勧められた時、徳川慶喜は、自らの直属部隊である旗本部隊をさし、「この部隊を率いて戦えると思うか」と問うて抗戦派を黙らせたというが、残花自身も、将軍の親衛隊の要となるべき自らも含めた当時の大身旗本に希望を持っていなかった。

> 私共の様な地位の旗下を斬り殺すか、そうでなければ禄高を奪つて仕舞つてスッカリ改革したら或は戦争が出来たか知らぬ
> （前掲書）

史談会で当時の旗本の現実と、自らの家の下した決断を語る時、残花は、「只今ならば、自分の理想とか、自分の見識といふものがございます」といった。この話をしたのは還暦間近の五十九歳。その五十九の分別で「只今ならば」どうしたかったのだろう。そして、五十九になるその時まで、いったいどうしたかったと思って生きてきたのだろう。

いずれにせよ、残花は、戸川家は、戦いの道を選ばなかった。

「勤王実効」の旗本

戸川残花の経歴には、ほとんど通説となってしまった伝説がある。「彰義隊への参加」である。残花の短いプロフィール紹介には必ず添えられる経歴であるが、どこからこのような伝説が付け加わってしまったのかわからない。原因の一つには、残花の出自が「幕府の遺臣」、若白髪であったため、年齢よりも上に見え、そして、旧幕時代の記録を残す仕事をしたということがあろう。

子母澤寛《しもざわかん》に「玉瘤《たまこぶ》」(『小説新潮』昭和四十年)という作品がある。明治の世に生き延びた彰義隊士の後日譚を描いた佳作で、のちに残花が編纂することになる雑誌『旧幕府』の協力者で、彰義隊の生き残りでもある丸毛利恒《まるもとしつね》が主要人物として登場する。

この「たまこぶ」という題名を与えたのが残花の一句だった。「表題は旧旗本戸川残花翁の上野を回顧した『玉疵《たまきず》も瘤《こぶ》となりたるさくら哉《かな》』の句による」と、小説の末尾に添えられている。

「上野を回顧した」という子母澤の表現に、残花自身も彰義隊士であったと勘違いした人もあったろう。この句は、山崎有信《やまざきありのぶ》の『彰義隊戦史』(隆文館、明治四十三年)に序文として贈った文章末尾に添えた句である。

では、残花が彰義隊士であったというのはいつごろから生じた伝説なのだろうか。

田口卯吉《たぐちうきち》が編纂した『大日本人名辞書』（大日本人名辞書刊行会、一九二六年）に残花の項目がある。田口は明治三十八（一九〇五）年に死去しているので、残花に関する記述は田口のものではないが、類書のみならず端的に残花を紹介した文章のなかで、もっとも詳細かつ精緻な情報である。が、そのなかに「維新当時は彰義隊に加はりて奮戦す」の一節がある。

残花が亡くなるのは大正十三（一九二四）年のことであるから、歿後わずか二年にして伝説は生じていたことになる。むろん、残花自身がそのようなことをいったことも、ほのめかしたこともない。そのような誤解を知ったら残花は驚いたことだろう。

残花が、彰義隊に参加したという事実はまったくないのだ。

と、いささかのためらいもなくいい切れるのは、幕府瓦解の直前から明治初年にかけて、どこで何をしていたのか、残花自身が語り残しているからだ。

大正二年一月二十三日の史談会で残花は、「勤王実効旗下の件」（『史談会速記録』第二百四十輯）ということで維新に際した自らの行動を語っている。

慶応三（一八六七）年十月三日大政奉還、明けて三日から六日に鳥羽伏見の戦いがあって幕府軍は大敗を喫した。残花、十四歳の時のことだった。

いうまでもないことだが、旗本というのは、徳川家の直属の家臣である。主家滅亡を目の前にした徳川の家臣たちの道は三つに限られていた。あくまでも抵抗を貫くか。一部の者は彰義隊に加わって上野で戦い、会津、函館と転戦した者もあった。二つ目には、最後の将軍家の恭順姿勢に従って蟄居し、何もしないか。ほとんどの者たちが何もしなかった。そして、その何もしなかった者たちが、後に明治になって、武士身分を捨て商いをはじめるか、知行地に下って農業をするか、あるいは静岡藩七十万石に転封された徳川家に従って無禄移住し、辛酸をなめた。そして、三つ目は、朝廷に勤王を申し出て、「朝廷の旗本」にしてもらうことだ。恭順を申し出れば、身分も領地も確保されるといわれていた。うますぎる話だ。この三つ目の決断をしたものは千石以上の旗本に多かったという。

そして、残花の家もまた、三つ目の選択肢を選んだ。

戸川家では、幕末になって「外様の旗本」ということをいいだすようになっていたらしい。徳川の直参であるがゆえの「旗本」が、外様というのはどういうことだろう。

先に述べたように、戸川家は、徳川家と命運をともにし、徳川家とともに栄えてきたいわゆる「三河以来」の旗本ではない。将軍家からもらった土地というよりは、元々の領地をそのまま知行地として安堵されたという気分が強い。「三河以来」の旗本たちよりも、徳川家に対して主君、家臣という帰属意識が希薄で、徳川家と運命をともにしようという意志が育たなかったことは想像できる。それは、外様の大名家が抱いている徳川将軍イコール盟主という感覚と似通っていたのかもしれない。

徳川家が滅んだ時、大名たちは次々に国元に引きあげていった。戸川家を分家扱いにしていた岡山藩の池田氏が、領地を一時預かるから早く勤王を申し出るようにといってきた。おそらく、父母や、祖母の実家である親戚の大名家も、戸川家の人々の身の上を案じて、早く朝臣になるように、と勧めてきたのだろう。大名家にとってみれば、それはとりわけ道義に反したことでもなく、領地、領民を守るため、当たり前のことだった。

残花の決断、というより、一家の総意として、戸川家は朝臣となる道を選ぶ。

私の兄は家を継いで居るから、京都に出ることは出来ぬ、私は弟でありますから、兄の代理で勤王実効《きんのうじっこう》をする為に京都へ行くことになつた、家来が参りまして、昔から兄弟が分れるといふことがある、それは家の為である、若《も》し徳川家が盛《さかん》になつた時はお兄いさんが跡を継ぐ若し徳川氏が倒れて、朝廷が盛になれば、あなたが継ぐので、家来の考で、兄弟を二つに分けた

（「勤王実効旗下の件」『史談会速記録』）

慶応四年二月、天下の趨勢はまだ分明ではない。将軍家は恭順の姿勢でいるが、もし抗戦派に圧されて江戸で決戦を試みるようなことになればどうなるか。

数えで十三歳の少年は、おそらく家族との永訣も覚悟して家臣三、四十人ばかりに守られて京

にのぼる。

明治元年二月でありますから、東海道は官軍が下るといふので、東海道を行くことは出来ませぬから、船で兵庫へ参ります、それも表向では行けぬ余程危険を感ずるので親類の高瀬の細川（子爵）の家族と一所になつて、品川から船に乗て行つた　（前掲書）

品川から船に乗り、三日ばかりかけて神戸に到着、そこからは陸路で京を目指した。敵の目をかわした落人のような旅路だった。

楠公の碑に参詣して京都へ行かうとすると、向ふから兵隊が来る、錦切れを付けた人達が見える、道を避けなければなるまいと言つて、西の宮から先の方でありましたが、逃出した、跡から聞いて見れば、中山へ行く行者の連中であつた　（前掲書）

笑い話のようでちっとも笑えない。実際に慶応四年二月、西軍は江戸へ進撃の最中だった。出くわせば数十人の旗本一行など問答無用で捕縛されていただろう。

京に到着した残花一行は、東寺の寺役人の家を借りて「勤王」を認めてもらう活動をはじめた。当時、京都には、同じように朝廷に恭順を示すため、大名や幕臣が多くいた。彼らがまずせねばならなかったことは、勤王実効の願書を提出することだった。残花の家は、先にも述べたように、大名家との関わりが密だった。江戸を脱出した時も細川家の力添えを得たが、今度も縁故のある大名家の援助をこうた。勤王実効の願書に、岡山藩主池田章政《いけだあきまさ》に裏書きを頼んだり、「昔から関係のあった」という広橋家（広橋家は、日野家の支流である名家。江戸のころには武家伝奏役を多くだした）に口利きをしてもらい、母親の実家である水野家の関係から、紀州徳川家のつてで徳大寺家を訪問し、家が浄土宗であったから宗旨の筋から頼みこんで知恩院の門跡に推挙状をもらい、勤王を認めてもらおうとあらゆる手を尽くした。

藁にもすがる気持ちであったにちがいない。当時、そんな事情に目をつけた「周旋方」という連中がいて、随分あこぎに金を無心したらしい。

周旋方といふ者が入らざることを言つて、酒を飲んで、こちらの方へ周旋するからモウ百両渡せとか、今日は暇だから祇園町に出掛けろといふ、私は幼年であつたから無論行きはしないが。家来は仕方がないから出て行つて、祇園町で一晩夜を明かす、さうして周旋方が金を取つて居つた（前掲書）

こうして過ごすうちに、慶応四年四月十一日には江戸城開城となり、二百六十余年続いた徳川幕府が滅んだ。五月には上野で彰義隊の戦いがあり、また奥州で戦さがはじまった。残花の一行は、この期間のうちに滞在先を六条から蛸薬師《たこやくし》に移した。京に到着して、五か月が経とうとしていた。

明治元年七月八日、ようやく領地を保証するという「本領安堵」の書き付けが下った。残花は、同時に下太夫に任ぜられた。

この下太夫という位は大雑把なもので、上太夫が諸侯、中太夫が高家と交替寄合（旗本でありながら参勤をつとめていたいわば諸侯格の家）の家、千石以上の家が下太夫とされた。

これで、新政府から家と領土の保証を得たことになる。だが、これは決して安い買いものではなかった。朝臣になるため、多額の「軍資金」の要求があったようだ。

「上納」したのは三千両という。これまでの財政状況にまして、半年余りにわたる京での生活、もはや戸川家には朝廷の要求に応えるだけの蓄財がなかったのだろう。そこで、有栖川宮《ありすがわのみや》から借用するという形でその場を収めている。この借金だが、むろん、形式だけではなかった。このあと安堵されたはずの領地を失い、家禄をなくして返済のめどのない残花にのしかかってくることになる。

明治十一年、残花が銀座にトしていた折の残高は、三百十円十銭三十厘で、明治六年にこれを十年以内に返済しろと要求されたが支払いに詰まり、分割回数を増やしてくれるよう願いを東京府知事宛に提出している。さらに明治二十二年、京都にいた残花は、京都府知事宛に返却猶予の嘆願書をだし、受理されている。当時、じり貧で伝道師をしていた残花に借金返済の余裕はなかった。保証人は当時の平安教会牧師松山高吉《まつやまたかよし》。借金の残高は、金百十六円五十四銭二厘。残花が京都府知事にだした猶予願いには「私赤貧ニシテ返納難儀ニ付」なけなしの金のなかから何とか三円だけ支払い、残高は「身代持直迄返納方御猶予相願候」といい、それでもおぼつかなかったのか、さらに「私ハ勿論子孫ニ至ル迄身代再興次第速ニ完納可仕候」（「有栖川宮借入金書類」戸川家所蔵文書）といって納得を求めている。借金は墓場の彼方まで追いかけてくる。結局この借金は残花一代では払いきれず、残花が残した八十二円五十四銭二厘は、昭和十一年「身代再興」した長子浜男が完納している。

さて、下太夫に任ぜられた残花は、紅梅色の直垂《ひたたれ》、幕府の決まりでは五位以下の者には許されなかった白無垢、諸侯以外は被ることができなかった風折烏帽子《かざおりえぼし》で正装して、同時に勤王を認められた幕臣七、八名とともに小御所で明治天皇に拝謁した。

決して首を上へ上げてはならぬといふ御命令で、下を向いて居れといふことを坊城さんから言はれた、年取て居る者は皆恐入つて下を向いて居つたが、私は子供で十四でありますから、物珍らしいので一寸首を上げて見た、其時其分御簾《みす》が御顔迄上るといふことは滅多にない事で、何の袍《ほう》を召して居られるかと拝見しましたら、紫色の袍を召してお出で遊ばした、勿論龍顔を拝することは出来なかつた、子供心に龍顔を拝すれば目が潰れると思つて居りました明治帝は、嘉永五（一八五二）年生まれ。残花の四つ年上で当時十八歳。残花と正反対の立場ながら、同じく運命に翻弄される少年だった。

「朝臣」となったことは、旧主の徳川家に報告されている。『静岡県史　資料篇16近現代一』（静岡県、平成元年）の静岡藩関係史料中に、「元寄合の朝臣と成りし者名前書上」（書類発行の日付は慶四［一八六八］年八月四日）とあり、

右ハ　朝臣本領安堵等被　仰付候段、御届申上候ニ付、寄合之列相除申候、此段御届申上候、

以上

寄合頭取

八月四日

佐野欽六郎《さのきんろくろう》

と書かれ、勤王を願い出た十二人の旗本の名が並んでおり、そのなかに戸川の姓も見える。ここには「戸川隼人」ではなく、「戸川捨次郎」の名が記されている。

こうして「朝臣」となった残花は、翌月八月二十七日に行われた明治帝の即位式に参列した。明治天皇の践祚《せんそ》は前年の慶応三年の一月九日だったが、即位の礼は維新のごたごたで遅れて、この八月までずれこんでいたのだ。その時のことは、古えの絵巻物に描かれた夢物語のように記

憶されている。

日華門と月華門とありまして、月華門で円座を戴いて並んだ、私は遠いから能《よ》く分りませんでしたが、十二単衣を着た女官が徐々《しずしず》と歩いて居るのを、今に覚えて居ります、それから春嶽《しゅんがく》さんは、黒い袍を召して太刀を佩《お》ひ、長い裾をズッと引摺りまして、私の居る方の月華門の西階をお上りになつた、御儀式は長いことでありました、兎《と》に角《かく》今で言へば絵巻物を見る様な騒きで、それで御即位式は済んだのであります

（「勤王実効旗下の件」）

朝廷から下太夫を命ぜられたことにより、家督は捨次郎安道から残花に移譲。本領を安堵された残花は、九月、領主として早島入りする。

黒き馬に乗り鳳凰の金地蒔絵の馬具にて紫縮緬の手綱を取りお国入りし、庄屋大庄屋などの迎えを受けしことを記憶せり

（「曾遊録」）

江戸に残っていた兄は、彰義隊の戦さを避けて、弟よりも一足早く一族郎党を引き連れて江戸の屋敷を払い、知行地早島に引きあげていた。

家族は領地早島で再会できたことになる。

領主を迎えた早島では、国元と江戸の家臣が合流して、役目替えが行われ、法度が整えられて、新しい体制が大急ぎで整えられていった。

しかし、それもつかの間、翌、明治二年六月には、版籍奉還により早島は倉敷県に編入され、戸川一家は苦心して安堵された領地を失った。

領主一家は、東京《とうけい》と名を変えられた「江戸」へ帰ることを決意する。

この度、天朝より仰せ出されの義につき、其方共、考え方もこれあらば、申し出くれ候よう頼み置き候ところ、いずれも別段考え方もこれ無き旨申し聞け、余儀なき次第、もっともの義につき、いよいよ自分にも明春東京へ下向と決心いたし候ところ、承知の通り、上下多人数の義、道中入費なども莫大の義、且は彼の地自領屋敷とても大破にて、雨露のしのぎもこれ無き趣、その上如何様の御用筋など仰せ付けられ候義も計りがたき事に候ところ、春来入用少なからず、いたって手薄にて甚だ当惑痛心いたし候。其方共へは従来たびたび心配を相掛け、不本意千万、気の毒に存じ候なれど、先祖以来旧地の恩、且は君臣の道をとくと弁《わきま》えくれ、右路用その外手当方の義、永の餞別と存じ、一入《ひとしお》の助勢相頼み入り候。

（『早島の歴史1』）

所領を没収されることになり、致し方ないので東京に戻る。大人数のうえ帰る家も荒れ果てて雨露しのぐところもない。「永の餞別」と思って援助してくれという。ひとことでいってしまえば金の無心だ。

この文章を十四歳の少年であった残花が実際に書いたのだろうか。自分の手によるものではないにしろ、代筆した者が無断で書くはずもなく、少なくとも、目を通し、同意したはずである。

この書状は十二月二十一日の夕に、領主・戸川隼人の臨席のもと、地元の有力家臣、片山真左衛門《かたやまさえもん》、佐藤粂三《さとうくめぞう》、溝手《みぞて》九七郎、片山孝太郎《かたやまこうたろう》へ下された。これを写した者は、書状の来歴を記したうえで、領主の苦渋を思い、「誠〱〱〱〱〱恐入候」と「誠」を六度もくり返している。門外不出の私文書で、もはや統治権を失った領主に対して感情を衒《てら》う必要もない。しかし、領主は父、領民は子、の考えが浸透していた封建時代から続く感性に育った彼らは、金ばかり無心してくる個人的なつながりもない領主であっても、大切に敬っていたのだろう。

この書状を受けた有力者の四家、また他の領民たちも、永の別れとして去っていく領主に餞別を贈った。家臣たちがどうしたのかは不明だが、早島に残って生計を立てたものと、領主一家に東京までつきそって、三々五々いとまごいしたものがあっただろう。

後年、残花は、明治四十年一月の俳句雑誌『卯杖《うづえ》』に、請われて、「三年閑」と題して明治三十七年から、三十九年までの三年間、正月の三日間だけの日記を記した。そこに、早島を訪れたことが書かれていた。

明治三十九年一月一日　月曜　晴曇

（前略）

△午後六時の汽車にて岡山県へ行く。

（中略）

三百年来の旧領地なれば、汽車中さま〴〵の感興あり、をりしも沿道の「ステーション」は凱旋歓迎の為にイルミネーション、提灯にて東海道は昼の如し。

日露戦役勝利の凱旋に沸き立つ東海道を夜汽車で駆け抜け、翌朝、神戸に到着した残花は、知人を訪問し、夜岡山に出て一泊する。

三日　水曜　曇

△備中の庭瀬にて下車し、午前十一時に早島町の溝手氏に着す、昔の殿様となる。座右には金銀の手道具あり、床には簫白、隠元、探幽、華山等の幅あり。料理は神戸、岡山より来る。夜を純子の布団と云ふ饗応なれど、残花子三十有余年の昔に返へり、端然として御行儀のよき所を、恐らく初春の見る物なりしならんか、本人は無意識なりき。

早島は児島湾に臨み畳表の名所なり、季候温和にして梅は既に清香ありき。祖先の居城は常山にあり。

滞在先となった溝手氏は、永別を告げた時に手紙を受け取った重臣の一人で大地主の一家だ。明治のはじめ、寂しくこの地を去っていったこの旧領主を、早島の人々は歓迎し、敬して迎えたようだ。明治維新以降、残花は六度早島を訪問している。この時の早島行きの目的はわからない。だが、残花と早島の縁は細く繋がっており、大正七年前潟開墾記念碑が建てられた時の落成式には残花も参加、碑文は残花による撰文である。記念碑の除幕式の後には、小学校で残花の歓迎式が催された。

明治二年、一族ともども知行地早島から東京に戻った残花に時代はさらなる追い打ちをかける。

明治二年隼人儀江戸飯田町モチノ木坂戸川鉡三郎《はんざぶろう》（帯江伊豆守の後名）邸を拝領致し引移申候築地木挽町門跡脇旧邸に太政官の御用に依り差出申候
（『早島町史』）

築地の屋敷はこの時から、残花のものではなくなった。「差出申候」と書かれているが、実際は、強制的に召しあげられたのだ。

一応戸川安愛が所有した小石川の屋敷を代替として与えられたが、ここに滞在したのもほんのわずかな間であったようだ。この間に、残花は、隼人から達若《たつわか》と名を改めている。

実は世の中は滑稽なもので、明治元年《ママ》の二月には、家来が心配して汽船を一艘借込んで、家来五十人の家族でありますから、百人斗《ばか》りの者と、主人の弟を船に乗せて沢山の金を使つて、京都へ行て、周旋屋に沢山金を取られたりした、来年の二月になると、百二十石になつて仕舞つた

（「勤王実効旗下の件」）

苦労して勤王を申し出たところで、結果は同じことだった。むしろくたびれ損とでもいいたいところだ。が、世間はそうは見ていなかった。

歴史小説家塚原渋柿園《つかはらじゅうしえん》が、「昔の江戸の何か珍しい年中行事は？」と質問を受けて、「明治元年」以降の幕臣たちの苦難を語った。塚原もまた幕臣の家の出で、明治維新に際しては、徳川家達について静岡に移住、文字通り辛酸をなめた。その人が、朝臣となった幕臣について述べている。

あのとき徳川氏の旗本家人で「朝臣」というになった人達を、何か非常に抜擢でもされた、栄転でも蒙《こうむ》ったように言ってある。その実、右は正反対で、あのとき朝臣になった者をば官軍の方でも余り珍重せぬ、ましてその世間からは非常に妙な悪感情を持ちまして、——つま

りは「開化《ひらけ》」ぬという話でしょうが、魚屋八百屋でもその屋敷には物も売らぬというような有様もあったのです。そのまた当人も、その当時は人にも面会《あわ》ず、偶々会えば赤面して、私どもも駿河《あちら》へ御供もしたいですが、家内にこれこれの難儀があるとか、親類にしかじかの苦情が出たとかで、まことに残念ながら、実に余儀なく……とか揉み手をして、あやまっていたくらいです。なかなか天朝の御直参になったからとて、威張り返って意気揚々の得々のどころの次第ではないのでした。

（「明治元年」『幕末の武家』柴田宵曲編、青蛙房、昭和四十年）

恥ずべきことをしたのだろうか。それは当時の、そして当事者でなければわからないことである。ただ、同じ幕臣で、静岡に無禄移住をして苦難をしのんできた人にとっては、主家を裏切って調子良く振る舞った連中と映っても仕方のないことかもしれない。また彰義隊に喝采を送り、新政府軍が肩につけていた錦の切れをもぎ取って歩いた「錦切れとり」の勇み肌の青年を英雄扱いした江戸の庶民たちが、「保身」のために「敵に寝返った」幕臣たちを白眼視したのも感情的には十分にわかる。

こうした世間の冷たいまなざしに、箱庭の国から世間へ出ざるを得なくなった少年残花もまた、さらされたはずである。そしてそれが、十四、五歳の誇り高く育った少年の心にどのような陰を落としたか想像にかたくない。

ずっとのち、大正になって、前述した雑誌『書画骨董』に、残花が旗本時代の暮らしを回想した談話を寄せたところ、残花も所属していた旧幕臣の史談会、同方会の会員から会報内で攻撃を受けた。最初は、矢島隆教《やじまたかのり》の用語などミスの指摘からはじまり、やがては、高禄の旗本に対する鬱憤が爆発した。

昔は兎《と》もあれ幕末に千石以上の輩と以下の輩の幕臣として武士の意気地はどうで有つたか、慶応四年幕府存亡の秋《とき》に主家の為に身を捨て家を亡ぼした者の多くは千石以下の者であつたことを知らるゝや三河以来大禄を食《は》んでゐながら愈々《いよいよ》幕府瓦解となるや身の為め自家の為め忽ち官軍（薩長）に降伏し、無禄になつた旧臣の多くが困究するのを高みで見物した者は多く千石以上の腐れ旗本であつたことを知らるゝや

（岡本昆石《おかもとこんせき》「戸川残花君の広言に就て」『同方会誌』大正六年十月一日）

これが朝臣になった千石以上の旗本、残花の家をののしっていっていることは明らかだ。それにしても憎悪のにじみ出た物言いだ。この記事が『同方会誌』に載せられたのは、「御一新」からすでに半世紀の歳月を経て、江戸はおろか明治もはや遠いものになりゆく大正六年のことだ。人の心のわだかまりというものがいかに深く、修復しがたいものかを思い知らされる。そして、

露骨に申しますと可笑しい話で、一万石以上の大名は家来でなくて一万石以下の旗本が家来だといふのは可笑しい、九千九百九十九石迄は旗本で、一石殖えると、旧藩地に帰つて朝廷へ仕へても構はぬ、一石足りないと、何だか主人に背く様なことになつて、仕舞つた

（「勤王実効旗下の件」『史談会速記録』）

と、いささか感情のこもった皮肉な口調で残花自身が語っているところをみると、「主人に背いた」と裏切り者として遇された経験を幾度も持っていたに違いない。

露骨に言ひますと、只徳川氏が倒れたら、自分の所領を全うしやうという丈けで、併《しか》し考へて見ますと大名も大抵そんなことでありませう、天下の大勢に捲かれて仕舞つて、斯《こ》ういふことになつたのであります、東北の大名は義理一遍でも騒いだのが多い、西南の大名は勤王の御つき合ひをしたのもある、其《そ》れには議論は色々ありませうが、社会の状態、歴史上の事は皆斯ういふ風のものでありませう

（前掲書）

確かに、動乱のなか、朝臣となったのは千石以上の家が多い。だがこれは決して、彼らの腐敗をだけを示すものではないと思う。彼らには、大名同様、領地、領民、家臣たちがいる。自分の理想や思いで行動できるほど、背負っているものが軽くはなかったのだろう。まして、十代前半

の少年に何ができようはずもない。何もできぬまま、どうにもならない時勢に流されているうちに、賊であり、裏切り者となってしまった。

何が「官」であって何が「賊」なのか。江戸が滅んだあの時代、官賊、正邪を分かったのは、おそらく勝敗だけでしかなかった。

何をもって賊か、何をもって裏切り者とされるのか。幕臣であったがゆえに賊と呼ばれ、徳川家と運命をともにしなかったがゆえに裏切り者とされた。よほど胸にわだかまった思いがあっただろう。

明治のはじめ、残花はまごうことなく敗者だった。はからずも時勢によって立たされたこの敗者という立場。ここから彼の第二の生が展開してゆく。

第2章

剣と十字架と筆

「遊学」時代

築地の屋敷の代わりに与えられた小石川の戸川安愛《とがわやすちか》の屋敷を離れて後、残花一家は東京近郊を転々と流転する。

残花が備忘のために記していたと思われる居住した場所と簡単な職歴を記した数頁の手帳の切れ端（以下「手帳」と記す）には、移り住んだ家の地名だけが列記されている。

「飯田町」　東京　築地屋敷ノ替地　少時住居
「高砂町」　横浜　外国人塾時代　受洗前後
「竹町」　東京　不明
「牛天神」　同　不明
「六軒堀」　同　不明
「八丁堀」　同　同

と、ほんの数年の間に六回も住まいを変えている。しかも大八車一台で、というわけにはいかない。甲冑や、馬印、屏風など、戸川家代々に受け継がれた物も住居が変わるたびに一々運びこまねばならなかった。安雄氏の一家が引っ越しのたびに持ってあるかねばならなかったそれらの品は、毎度新居の一部屋をまるまる占領した。現在は早島町戸川家記念館に寄贈され、展示されている。

安住の地を求め流転を続ける残花にさらなる不幸が追い打ちをかける。明治五（一八七二）年一月二十九日、維新の荒波に疲れきったものか、元々病弱であった兄捨次郎安道《すてじろうやすみち》が亡くなった。安政二（一八五五）年に十三歳であったなら、三十二の若さで亡くなったことになる。残花は亡くなった兄の姿を友人に頼んで油絵に描いてもらい、書斎にかけておもかげを忍んだ。歳月が経ってその絵が薄くなり、記憶の中の姿が薄れても、兄の優しさは忘れずに胸に刻まれていたという。

若き日の残花の人生をたどると、親兄弟との縁の薄い人だといわざるをえない。父親を生まれる前に亡くし、ただ一人の兄も早々とこの世を去ってしまった。実母の仲も、明治十年に亡くなっている。二十歳になるかならぬかで、父も母も兄弟も失ってしまったことになる。

しかし、家族を亡くそうとも自分は生きていかねばならない。新時代を生き抜く力をえるためか、あるいは勧める人があったのか、残花は、この流転の時代、英学や新技術を含めた西洋知識の習得にもっぱら取り組むことになる。

では、具体的にどこで何を学んだか。

明治二十八年、雑誌『太陽』の創刊号に残花が「ヲーテルロー合戦の記」を寄せた冒頭、編集部による三行ほど著者の紹介があった。

記者曰、君名は安宅《やすいえ》、安政二年十月江戸牛込に生まる、父は戸川内蔵助《くらのすけ》安行《やすゆき》といひ、幕府の世臣なり、慶應義塾、工部大学、開成学校等に入り、近年は基督教の教師として諸種の雑誌に関係せり。

ここで、「手帳」に残されたメモをみる。

廃藩置県、廃刀、西郷乱時代
学生、伊東昌之助《いとうまさのすけ》　南校　慶應義塾　シェームス　バラー等

とあり、さらに、

屋敷　家庭教育
福澤先生　慶應工部　札幌農前身　外国人塾　受洗前後

とある。少し『太陽』の記述と「手帳」を頼りにたどってみる。

まず、「手帳」には伊東昌之助という名前が記されている。どういう人物か。

江戸終焉間近の慶応二（一八六六）年、幕府が英国に派遣した留学生の一人に伊東の名前が見つけられた。この時の留学生は、十四名、そのうちの一人が伊東昌之助だった。東京大学のホー

ムページ上でウェブ公開されている「明治名士写真帳」にその人を見つけた。ロンドンの写真家ノーディン撮影のものという。写真の台紙裏の記載が紹介されている。

伊東昌之助《いとうまさのすけ》（20歳）
（岡保義《おかやすよし》、寄合医師医学所取締伊東長春院四男として受験・合格）

寄合医師医学所取締長春院四男という。長春院は幕末の蘭方医伊東玄朴《いとうげんぼく》の号である。伊東玄朴には男子は三人しかいない。それが伊東長春院四男として、というから養子であったのか、留学の志望条件に身分の制約などがあって名目上四男として扱ったのか。

この留学生たちは、幕府が崩壊すると、学問どころか帰国のつてさえなくしてしまった。一八六七年のパリ万博に出席して以来、西洋留学をしていた、徳川昭武《とくがわあきたけ》（徳川慶喜の実弟で最後の水戸藩主）が私費を投じて帰国させた。決して成功とはいえない留学であったが、この一行のなかには、取締の一人であった『西国立志伝』の訳者中村正直《なかむらまさなお》（敬宇《けいう》）や、帝国大学の哲学教授となった外山捨八《とやますてはち》らがいる。

伊東は、維新後の明治元年十二月十日、開成学校の開講間近に三等教授に任命されている。さらに東京で私塾を開いていたという。生徒は十四名いたが姓名は不明である。この十四人のなかに残花も加わっていたのだろうか。伊東はのちに鉱山方面の役人になったと伝えられる。

残花の傍らを過ぎ去り、今や歴史の忘却のなかにある人々。それぞれの生き様に変革の時代を生きた奮闘が刻まれている。そのすべての人の背を追ってみたくなる。

次に南校。東京帝国大学の前身である。

幕府の蕃書改所、開成所を受けついだ開成学校が南東に分けられたのが明治二年（だから『太陽』の履歴にある「開成学校」というのは正確ではない）。医学部だけ大学東校として分離し、その他は大学南校に区分された。

さらに、明治四年に文部省が設立されると、大学南校、大学東校は、単に南校、東校と改称された。南校は、文部省管轄のもと近代欧米式中高等教育を目指した。南校には、英語、フランス語、ドイツ語のクラスがもうけられた。残花はのちに英書の翻訳を行っているが他の言語を習得していた気配はないので、学んだとすれば、英語クラスだろう。

ちなみに明治五年の南校英語クラスの履修科目は『東京大学百年史　通史一』（東京大学、一九八七年）によると、文学、作文、文典、読方、書取、習字、読書、会話、短句、綴方、諳誦、修身学、歴史、といった文系科目だけでなく、地理学、算術、代数学、幾何学、化学、生理学、窮理学といった理系科目、さらに図画、体操があった。学生数は英語が二百二十三名、フランス語が百二十二名、ドイツ語が九十五名で、十六歳から二十一歳までの学生が大半の三百九十八名を占めていた。

入れ違いになって、残花は直接教えをうけたことはないだろうが、開成学校、大学南校で御雇い外国人として働いていた外国人教師たちのうちにグイド・フルベッキがいた。

フルベッキは、オランダ生まれ。アメリカに移住し、プロテスタント長老派に所属、安政六年に来日して以降、長崎を中心に布教活動を行っていた。

余談になるが、平成の世になってフルベッキの名が一度世間を騒がせたことがあった。そして、それには残花も関わっている。

それは、フルベッキ親子と、佐賀藩士たちの写る一枚の記念写真を巡って起こった。中心にフルベッキ親子、それを囲むようにして、侍姿の若者たちが写っている。若者たちは、現代の同年輩の青年たちに比べると、ずっと大人びた精悍な顔立ちをしている。一見怪しむところのない記念写真だが、現代の肖像画家が、容貌の特徴から、このなかに坂本龍馬や、名を秘匿した明治天皇までが写っている、と主張したことから話題になったのだ。

この写真が最初に世に発表されたのは雑誌『太陽』（一巻七号、明治二十八年七月五日号）誌上「フルベツキ博士とヘボン先生」という記事のなかである。そして、その記事の執筆者が残花だった。

残花はここで、岩倉具視《いわくらともみ》父子がまぎれていることは指摘している。だが、その他の噂の真偽についてここで云々する必要はない。その真偽は、残花にまったく責任のないことだ。

慶應大学には文久三（一八六三）年以降塾に所属した者すべての名簿『慶應義塾入社帳』が残

されているから南校より確かなことがわかるかもしれない。残花が福沢諭吉に私淑したのはいつのことか。残花が在学していたならば、『入社帳』のどこかに名前の記載があるだろう、と踏んでみた。が、戸川安宅や、通称である戸川隼人、あるいは戸川達若の名は記されていなかった。明治二十二年、『慶應義塾特撰員・卒業生・現在生姓名録』には、定められた卒業規定に満たない先達（ただし名士に限る）も「特撰員」として加えることになり、残花も大正六（一九一七）年に特撰員に選ばれている。だから在学していたことは確かなのだが、修学時期に疑問が残る。また、残花の慶應義塾の記憶にもあやふやなところがある。残花自身は、明治のはじめ、鉄砲洲の慶應義塾で福沢諭吉に英学の基礎を学んだ、という。

それでは今度其《その》慶應義塾を創立された偉人の最初の家屋はどうであつたかと云ふことになると諸君は全く御承知なからうが。奥平家の邸内で有る。私が明治の初めに英書を教はつたのが福澤先生であつた。其時に先生から貰つた本が西洋事情、西洋旅案内と云ふ本であつた。（中略）先生の机は此机《このつくえ》（弁士の卓を指し）の半分位で座布団を一枚敷いてチョコンと坐つて居られた。私は其時は美少年（笑声起る）。美少年と云ふとおかしいが兎《と》に角《かく》美少年で先生の側で英書を教はつて居つた。

（「史樹と宗教」『六合雑誌』第三百六十二号、明治四十四年二月）

と、これは講演会の筆記録であり、観衆の笑いを巧みにとりながら回想を述べている。さらに、大正三年に刊行した『東京史蹟写真帖』（画報社）には、

編者の少年時代に福澤先生よりＡＢＣの教授を受けし事あり、鉄砲洲の奥平邸なりき、先生は洋行後なりしが、断髪は国法の許さゞる所なれば、野郎頭にて小机に倚《よ》り余にコル子ルの地理書を教しへられたり、次の間には令夫人等の居られしを記憶す

とある。コル子ルの地理書というのは、『訓蒙窮理図解　亜版「コル子ル」地理書』のことだろう。福沢が、幼年者でも面白く欧米の言語、文化を取り入れられるように組んだ教科書だ。残花もこれでＡＢＣの初歩を学んだことになる。だが、ここでも鉄砲洲の奥平邸といっている。

残花は、「明治の初め」といっているが、明治の初年にはすでに福沢の塾は鉄砲洲にない。ややこしくなるが、福沢諭吉が鉄砲洲の中津藩中屋敷に蘭学塾をつくったのは、安政五（一八五八）年。文久元（一八六一）年に一度芝新銭座に移し、文久三年に再び鉄砲洲の中津屋敷に戻っている。それから、慶応四・明治元（一八六八）年に芝新銭座、現在の浜松町、御成門小学校のあたりに移転して、慶應義塾を発足させた。明治のはじめに学んだというならば、残花が学んだのは、鉄砲洲ではなく新銭座のはずだ。ただの記憶違いだろうか。

あるいは、もしかして残花は、明治以前、つまりは、旗本の若殿であった時代に福沢の教えを

受けていたのではないだろうか。

ここに登場する小道具に照らしても、矛盾は生じない。

先の『六合雑誌』の残花の話に登場する二冊の書物、『西洋事情』は、初編、外編があり、ともに三冊。初編の出版は慶応二（一八六六）年で、『西洋旅案内』は、慶応三年冬の刊行。残花が、江戸から京へ向かったのは慶応四年二月だから、それ以前に福沢からこの二冊を受け取った可能性は考えられる。

また、残花が在塾中、アメリカから荷が届いたという。厚い松の板で梱包された大きな荷物の中身は乳母車であった。この乳母車に慶応元年生まれの福沢の二男、捨次郎が「おぎやアくと言つて乳を飲んで其車に乗つて居られた」。この乳母車であるが、『明治事物起原』（石井研堂《いしいけんどう》、春陽堂、昭和十九年）にこのように紹介されている。


福澤諭吉いふ「人力車は、予の米国より持ち来れる乳母車を見て、其《その》制を取りたるものなり」と、氏の米国行は万延元年なり。乳母車を将来したることは有らんも、人力車のことは首肯しがたし。

なお、福沢が持ち帰ったという乳母車は慶應義塾福沢研究センターに現存している。アメリカから帰朝した福沢が書籍などの多量の荷物とともにこの乳母車を持ち帰ったのは慶応三年のことという。残花が木箱からだされるのを目撃した乳母車が、この時の乳母車であったなら、残花が福沢に教えを受けていたのは明治以前のこととなる。

さらに、工部大学は東大工学部の前身であるが、ここに残花が在籍したならば、ジョサイア・コンドルが教壇に立ち、辰野金吾《たつのきんご》や曽禰達蔵《そねたつぞう》らと机を並べていたことになる。ただし、『工部省沿革報告』（大蔵省、明治二十二年）に収録された工部大学の卒業生リストに残花の名前は存在しない。

また「手帳」には「札幌農前身」とある。札幌農学校は、かのウィリアム・スミス・クラークが奉職した学校だが、その前身は、明治五年芝増上寺内に設置された開拓使仮学校のことだ。いずれにしても、残花はこの時期英学、洋学という「学問」のみならず、技術や農業といった「実学」もえようとしていたことになる。

ただし、短期間にこれだけの学校に通っていたところをみると、南校にしても慶應義塾にしても、一所にきちんと卒業まで在籍したのではなさそうだ。

心を満たすものが見つからなかったのか、探していたのか、学校を転々としているように思われる。

残花の探しものは見つかったのか。

この遊学期間に見いだしたもの、それはこの先の人生を大きく変えていくキリスト教であろう。

キリスト者になる

残花とキリスト教との出会いの話をする前に、明治初年の日本に入って来たキリスト教について述べておこう。キリシタン禁制前の十六世紀の伝道がカトリックに限られていたのに対し、明治期には、プロテスタントの各教派の宣教師たちも信仰と伝道の志に燃えて日本にやって来た。

残花がこれから関わっていくことになる、米国長老派教会の宣教師が日本に最初にやって来たのは安政六（一八五九）年。医学者、法学者でもあるジェームス・カーティス・ヘップバーン。日本では、ヘボンの呼び名で親しまれることになる四十四歳のアメリカ人だった。

ヘボンは、宣教ミッションから派遣された宣教師ではなく、宣教の情熱に憑かれ、私費を投じて来日した。彼はある意味、ダ・ヴィンチ的天才であった。自らの専門の法律や、医学でも眼科のみならず、外科手術も行い、医療全般に活躍を示し「お医者さまでも草津の湯でも」をもじって、「お医者さまでもヘボンさまでも」という流行語が現れたほどだった。医学のみならず、言語のセンスにも恵まれ、のちに銀座で「精錡水《せいきすい》」というヘボン仕込みの目薬を売りだして大当たりをとった岸田吟香《きしだぎんこう》や、讃美歌の作詞で業績を残すことになる奥野昌綱《おくのまさつな》の協力をえて『和英語林集成』の編纂も行っている。

そのヘボンが滞在していた横浜に、オランダ改革派の宣教師ジェームス・バラが到着したのは文久元年のことだ。バラは、最初、自分と同じオランダ改革派のＳ・Ｒ・ブラウンら宣教師とその家族が住んでいた成仏寺に同居。文久三年には横浜の居留地に移住し、日本語通訳として幕府から紹介された鍼灸師矢野隆山《やのりゅうざん》とともに、ヨハネ福音書の翻訳をはじめた。結核を病んでいた矢野は、死の一か月前、病床でバラから洗礼を受けた。

ちなみに長老派（プレスビテリアンチャーチ）も、改革派（リフォームドチャーチ）もともにカルヴァン主義の影響下に発生し、福音に記されたことのみを信仰の基準とするという教派である。

バラは、明治四（一八七一）年五月、居留地一六七番地に小会堂を建て伝道の拠点とするとともに、英学塾をはじめた。一年が経ったころ、塾の学生たちから祈禱会を持ちたいという申し出を受けた。

バラは、教派の違いにとらわれず、日本独自の教派を超えたキリスト教会を築くべきと、教派によらない無教派主義を提唱し、明治五年三月十日、祈禱会に参加していた塾生たちとともに無教派主義を標榜する日本基督公会（現・横浜海岸教会）を設立した。同じ改革派の宣教師ブラウンも意見を同じくしていた。

明治七年「切支丹高札」が撤廃され、いよいよ日本での布教活動が本格化するなか、九月、ヘボンの診療所に在日の宣教師たちが集まり、第一回宣教師会議が催された。長老派、改革派、メソジスト派、そして、関西方面で伝道を展開していたアメリカン・ボードからＤ・Ｃ・グリーンら五名など、日本各地から宣教師たちが集まった。この席で議題となったのは、聖書の翻訳、伝道の方策、政府の禁教策への対処、日本人教会設立目的の研究だったが、特に三項目が問題となった。無教派、超教派主義を主張するバラ、ブラウンに対し、キリスト教を知らないからこそはじめから教派の違いを強調すべき、と教派を重んずるヘボン、フルベッキ、クリストファー・カロザースとの意見が割れ、会議は紛糾した。特にカロザースは、教派主義を強く主張した。

バラ、ブラウンに対するヘボン、フルベッキ、カロザースというと、オランダ改革派と米国長老派の争いのように見えるが、米国長老派のうちにもバラたちと同じく超教派主義を支持するディビッド・タムソンがいた。

結局、ブラウンの演説に巻かれた形で超教派主義が採択された。形は満場一致であったが、実際のところは、一致とは到底いいかねる状況だった。

残花はこうした波乱のさなかにキリスト教と出会い、信仰を得、明治七年の十二月六日、二十歳（満年齢、新暦ならば十九歳の誕生日を迎える直前）でキリスト教の洗礼を受けた。

大正十年にだされたキリスト教界の一種の紳士録『信仰三十年基督者列伝』（警醒社書店、大正十年）において、残花、戸川安宅は次のように紹介されている。

而《しか》して其《その》邸宅の向側はタムソン氏の居宅なりしかば、やがて其家に出入して、聖書の講義を聞き、感奮して明治七年十二月六日タ氏より受洗するに至れり。氏は旧幕臣の基督教に帰依したる者の中、最高の身分なりしを以て痛く天下の耳目を驚かしたり。

「其邸宅」云々が、かつての築地の戸川邸を指しているのであったら、この編者の勘違いであるが、タムソンは築地入船町に住まいしそこで塾を開いていた。横浜から戻り都心で居を転々としていた残花が出入りして聖書講座を受けていたとしたら、その入船町の塾であろう。

新人物往来社から復刻された『幕末小史』（幕末維新史料叢書10、昭和四十三年）の、朝倉治彦の解説に付された残花の年譜には、明治七年の項目に「一二月、タムソンから洗礼を受け、キリスト教に入信。新栄《しんさかえ》教会に所属」とある。

新栄教会は、横浜基督公会の東京姉妹教会とでもいえる超教派の教会で、バラの超教派主義に賛同していたタムソンが、明治六年九月二十日、東京に転居した横浜公会員八名とともに、日本基督東京公会を創立し、明治十年まで仮牧師を務めた。

残花は、洗礼直後新栄教会に所属している。『日本基督新栄教会六十年史』（山本秀煌《やまもとひでてる》編、昭和八年）の所属者名簿には、残花の名前がある。巻末付録の年代順に並んだ「会員名簿」の上から三段目、五十人目に戸川安宅の名が見つけられる。前半は、横浜海岸教会で洗礼を受け、新栄教会に転出した人が多いから、新栄教会の受洗者としてはほとんど最初期のメンバーの一人である。

残花が最初にキリスト教に触れた機会だが、バラの薫陶を受けた可能性はかすかながらありうる。「手帳」には「シェームス　バラー等」の記述がある。残花が「高砂町」と書かれた横浜の地名に仮寓していた時、バラの塾に通っていた可能性はないだろうか。高砂町と、海岸教会のあった外国人居留地は徒歩圏内である。とすれば、残花がバラに洗礼を授けられた可能性もゼロとはいえない。

そこで、横浜海岸教会に問い合わせてみた。横浜海岸教会には、天災戦災を奇跡的に免れて今もなお伝わっている慶応元年から明治二十六年までのすべての教会員を記した「海岸教会人名簿第一号」がある。バラから洗礼を受けたのならば、横浜海岸教会の名簿にその名前が存在するはずである。しかし、戸川安宅、戸川達若を含め、明治七年前後に「戸川」姓の会員は存在しないとの回答があった。

残花はなぜキリスト者となったのか。同時代に残花と同じように洗礼を受けキリスト者となった人々の意見を聞きながら探ってみる。

当時の青年たちがキリスト教におずおずと、または果断に踏みこむ様はいかにも青年らしい野心がみえる。

カロザースの生徒、田村直臣《たむらなおおみ》がキリスト教の洗礼を受けた理由は、

私が基督者になつたのは、別に深い確信があつた訳ではなく、何処までも国家的で。霊的な基督教の味はまだ少しも味つて居らなかつた。単に基督教は、文明国の宗教である、依つて神道や仏教やは駄目だ。基督教でなくては、欧米の如く文明になられないとか云ふ様な点に

のみ心を執られて居つた。神と云ふ観念は多少あつたが、基督とか、基督の救ひとか云ふ霊的の問題は、私の心を少しも支配して居らなかつた。

（田村直臣『信仰五十年史』警醒社書店、大正十三年）

という。さらに「当時私と共に基督者になつた築地大学校バンドは、皆同タイプの信者であつたと思ふ」と田村は気安げにいうが、田村や残花が洗礼を受けた当時、キリスト教徒となることは決して安全無事な選択とはいえなかった。

諸外国の圧力から切支丹禁制の太政官高札が撤去されたのは、残花が洗礼を受けた前年の明治六年のことだ。が、高札の撤廃というのは、キリスト教の信仰が公認されたことを意味しない。ただ公に表立って禁ずるのをやめた、というすこぶる曖昧な状況であり、つまるところ、黙許されたというに過ぎない。

周知のとおり、豊臣政権末期から明治も六年までの爾来三百年、日本では、切支丹、キリスト教はもっとも苛烈に取り締まられた国禁の一つであった。禁を破れば、何人であれ、一族を巻きこんだ過酷な処刑が待ちかまえていた。

もし、太政官政府が再び禁制の手綱を引き締めれば、落ちぶれた旧幕臣の首など簡単に飛ばされてしまうだろう。むろんそんなことはありえない、などとはいえなかった。事実少し前の明治五年には聖書に手をだして投獄され獄死した青年があったし、長崎浦上のキリシタンらの苦難も遠い話ではなかった。

むろん、制度の問題だけではない。施政者が、二百数十年にわたりおこなってきたキリスト教排除のプロパガンダにより、一般の目からすれば、江戸期の「切支丹伴天連」というのは妖術つかいの代表格であったし、キリスト教は邪教であり忌まわしいものだった。

残花と同じ明治七年、カロザースから洗礼を受けた元江戸町奉行所の与力原胤昭《はらたねあき》は、

明治五六年の頃はまた中々物騒であった。首こそ落ちないが命がけであつた。わたし一人でない洗礼志願者は皆な決死の覚悟であった。

（「原胤昭君記」山本秀煌『日本基督教会史』日本基督教会事務所、昭和四年）

といっている。さらに、洗礼の前に信仰試験というものがあって、「試験委員はカロゾルス、ワデル、ドクトル・ヘボン其他五人の宣教師、和洋チャンポンの質問を重ねた」（「原胤昭君記」）。どのような質問がなされたかといえば、

試験議員中のむづかしやで、日本語も至つて不熟練なワデル教師、鬼が笑つたやうな顔をして、重も苦しく云ひ出した。ミストル　ハラ、あなたエス様しんかう、よろしい、日本政府きます、おこる、やくにんきます、あなた、しばる

と、両の腕を背後に廻し、捕縛の状を示し、更に語をついで
あなた、にげるか。
と椅子を離れ、立ち上つて両手を振り逃る形容を示した。我ら受験者は孰《いず》れも命がけでヤソになるのだ。頗《すこぶ》る緊張した気合であつたから、わたしは直ぐに答へた
にげない、せいふに、しばられる。
ワデル教師は又云ふ。
せいふやくにん、あなたのくびきる。あなたヤソよすか。
と手のひらを私の襟元に当てゝ、刎首《ふんしゅ》の形を示す。私は答へた
せいふに、きられても、やめない、ヤソを信じます。

という緊迫したものであった。信仰の決意のみならず、殉教の覚悟までが問われた時代だったのである。おそらく、残花も同じ覚悟を持って洗礼を受けたことだろう。
新時代への問題意識としてキリスト教をとらえ、入信した者だけでなく、信仰そのものに目覚めて洗礼を受けた者もいる。のちに「道会」の創始者となる松村介石《まつむらかいせき》もその一人で、

嘆願に嘆願を重ねて、漸《ようや》く養家より半ケ年の学資をえた。然《しか》し此れが最後の送金であると宣告されて居る予は、兎《と》も角《かく》も一先づ横浜に行て、西洋人の立てゝ居る耶蘇教の学校に入り、

あはよくば洋行するの機会もあらんかと考へ、乃《すなは》ち東京を辞して横浜に行くことにした。

（松村介石『信仰五十年』道会事務所、大正十五年）

明治九年の秋、そんな青雲の志を持って横浜へ出て、バラ塾に席を置いた松村は、

元来予は耶蘇《やそ》と聞くさへ厭であつたので、たとひ横浜に行ても、耶蘇にはならぬと決心して居たのみならず、当時校舎に寄宿して居た数人の餓鬼大将と互に誓約して、決して単独にては耶蘇にならぬ、若《も》しも耶蘇になりたい気が起つたならば、其時は互に相談することゝ定めて居た。

（前掲書）

という。ところが、

最初の程は、サツパリ聖書の講義が解らなかつたが、逐々《おいおい》と之を聴くに従ひ、聊《いささ》か心が動いて来た折柄、此処に委《くわ》しく之を談《はな》す時はないが、色々の出来事が因となりて、予は一夜忽焉として、人生の別天地、別乾坤《けんこん》を見ることを得た。

予は神を認めた、予は未来を認めた、而《しか》して予は始めて人生の此世に在る目的を知つた。ソコで予は此時全く自己を神の前に擲《な》げ出して、爾来一切を神に献ずべしと誓約した。

（前掲書）

これは介石だけでなく、説教や聖書の一句に打たれて入信した者のうちに、残花が敬事した奥野昌綱もいる。彼は日本人最初の牧師の一人であり、ヘボンやバラの日本語教師であり、岸田吟香のあとをついで『和英語林集成』の編纂を手伝った人であり、また讃美歌の翻訳家でもあるが、彼の回心の理由は、やはりバラの説教で、ペトロの否定について聞いたことによるという。

残花の「回心」の理由は何であったのか。好奇心だったのか、何か聖書の一句、宣教師の一言に心奪われたのか、いずれであったとしてもそれは命がけの決断であった。

「武士階級の子弟に入信の比率が多かったのも、この覚悟を武士の気質から継承されてきていたことも理解できるのである」（『開化の築地・民権の銀座』築地書館、一九八九年）と牧師である太田愛人はいうが、その武士階級のなかでも、旧幕臣、旧佐幕派諸藩の子弟でキリスト者となったものは驚くほど多い。自らも幕臣の出身であった山路愛山《やまじあいざん》は、多くの幕臣の子弟がキリスト者として生きる道を選択したことについて次のように説明している。

試みに新信仰を告白したる当時の青年に就て其《その》境遇を調査せよ。植村正久《うえむらまさひさ》は幕人の子に非ずや。彼れは幕人の総てが受けたる戦敗者の苦痛を受けたるものなり。本多庸一《ほんだよういち》は津軽人の子に非ずや。維新の時に於ける津軽の位地と其苦心とを知るものは誰れか彼が得意ならざる境遇の人なるを疑ふものあらんや。井深梶之助《いぶかかじのすけ》は会津人の子なり。彼れは自ら国破山河在の逆境を経験したるものなり。押川方義《おしかわまさよし》は伊予松山の人の子なり。松山も亦《また》佐幕党にして今や失意の境遇に在るものなり。新信仰を告白して天下と戦ふべく決心したる青年が揃ひも揃うて時代の順潮に棹《さをさ》すものに非ざりしの一事は当時の史を論ずるもの丶注目せざるべからざる所なり。彼等は浮世の栄華に飽くべき希望を有せざりき。彼等は俗界に於て好位地を有すべき望《のぞみ》少かりき。

（「現代日本教会史論」『基督教評論・日本人民史』岩波文庫、昭和四十一年）

現世的な成功の道を断たれた戦敗者としての青年たちの心の傷、仮に才能があって政府に容れられたとしても栄達の道に立てたとしても、もの語れざる敗者としての傷があることを述べ、その傷ゆえの陰影が「精神的革命」を生んだとしている。

かくて時代を謳歌し、時代と共に進まんとする現世主義の青年が多く戦勝者及び其《その》同趣味の間に出で、時代を批評し、時代と戦はんとする新信仰を懐抱する青年が多く戦敗者の内より出でたるは与《とも》に自然の数なりきと云はざるべからず。総ての精神的革命は多くは時代の陰影より出づ。

（前掲書）

ここで山路は、キリスト教の信仰を「時代と戦はんとする新信仰」といっている。戦敗者たる旧幕臣あるいは旧佐幕派諸藩に生まれた子弟にとって、キリスト教は自己の救済のために求めた救いの道ではなく、一つには時代と戦うため、父たちがとった、あるいは苦渋のうちに納めた剣の代わりとなる新しい武器であった。

洋学、実学、残花が方々で学問を積みながら探していたのが、新時代と切り結ぶための武器であったなら、キリスト教は残花にとっても新しい剣であった。

バラ塾から巣立ったキリスト教者たちを「横浜バンド」と呼ぶ。残花のキリスト者としての来歴は、この横浜バンドが一番近しい。が、当時、新栄教会があった築地外国人居留地で、のちに「築地バンド」と呼ばれる一派が、旋風のように日本の若いキリスト教界をかき乱しており、残花のキリスト者としての活動にも関わってくる。

その渦中の中心にいたのが、クリストファー・カロザースである。

カロザース（日本人にはカロゾルスと呼ばれていた）が妻のジュリアとともに宣教の意欲に燃えて来日したのは、明治二（一八六九）年。ヘボン、タムソン、エドワード・コーンズ（築地から横浜に向かう途中、蒸気船シティー・オブ・エド号の事故で亡くなった。カロザースはコーンズを深く敬愛しており、日本行きを決意したのもコーンズの存在が大きかった）に続いて来日した四人目の米国長老派宣教師だった。四人の宣教師を横浜に確保した本国米国長老会ミッションは、首都東京進出を計画、カロザースを責任者として築地居留地に派遣する。翌年、カロザースは築地居留地中隅田川沿いの六番地をタムソンと共同名義で落札し、宣教師館を建て伝道に従事することになる。

カロザースの妻のジュリアは、当時学問の機会をえることができなかった日本人の女子が男装をしてまで英学を学びに来ているのに心打たれ、女学校をつくった。明治六年、今度は夫のクリストファーの方が、「築地大学校」と呼ばれる英学学校をつくった。カロザースの英学塾は、現在聖路加ガーデンの中に建っているアメリカ大使館跡の記念碑の隅田川を向いて左側あたりにあった。

カロザースの塾は、南校でさえ外国人だからという理由だけで学識の怪しい人間を高額で雇っていた時代に、講師のすべてが確かな学歴、学識をもった優秀な外国人というので群を抜いていた。中島耕二氏の論文「築地居留地と米国長老教会の初期伝道——宣教師C・カロザースの活動」(『築地居留地』VOL・1)を参照する。ロバート・デビッドソン(エジンバラ大学卒)、ヒュー・ワデル(クィーンズ大学卒)、ヘンリー・ファールズ(グラスゴー医科大学卒)、セオポールド・パーム(エジンバラ大学医学部卒)、タムソン(フランクリン大学、ウェスタン神学校卒)に、カロザース(ワシントン大学卒)という面々。

この築地大学校で教育を受け、日本のキリスト教を主導するようになる青年たちが「築地バンド」である。

が、卒業生たちによる、母校、そして恩師に対しての感想はよいものではない。当時の学生の

一人であった田村直臣によると、

外形は甚だ貧弱で、世人は豚小屋大学と云ふた位建物は極く粗末なものであった。多分古い工場を手入れして学校に再築したものとしか思はれなかつた。

（『信仰五十年史』）

『女子学院の歴史』（女子学院史編纂委員会編、女子学院、一九八五年）の口絵に出ている六番館は実際には安普請なのかもしれないが、外観はそれほど貧相には見えない。「豚小屋」とは、銀座大火のあと再建されたバラックをさしているものか。

カロザースは、ロサンゼルス出身の典型的なヤンキーで粗暴な面があった。江戸育ちで洗練された上級士族の子弟が多かった彼の生徒たちにはすこぶるウケがよろしくなかった。原胤昭の言によると、

私に洗礼を施してくれたシイ・カロゾルス氏私の口から左様云ふのも如何ですが、極めて野蛮な且つ武骨な人物、面貌、猿に似てモンキイ〳〵のあざなを博して居た。勿論学力も覚束無かつたらしい。信仰も何《ど》んな事であつたか。

（「聖書に関する資料」『植村正久と其の時代』第四巻、教文館、昭和十三年）

と、過酷ないわれようで、むしろ、よくもそのように思う人物から一生の大事である洗礼を受ける気になったと思う。

さらに、田村直臣によると、

カラゾルス教師は、実に勤勉な働手であつたが、ヘボン。ブラオン。フルベツキ。タムソン教師の如き君子然たる風采はなく、又学者肌の人ではなく、百姓丸出しと云ふ様な風貌の人であつた。さうして、人格に於ても、強情で人を免《ゆる》す事の出来ない性質を有して居つた。此れが我が校を短命に逢はしめた一つの原因である

（『信仰五十年史』）

と、田村が「短命」というとおり、築地大学校は、明治十年までの四年しか存続しえなかった。その原因は、経営が破綻したのではなくカロザースの人格が災いするところが大きかった。しかし、カロザースに教えを受け、洗礼を授けられた若者たちは、のちに「君子」や「学者」たちにではなく、ののしり放題の師に味方することになる。

残花もまたこのカロザースの築地大学で教育を受けていたという。明治七年前後、外国人が居住できる場所は居留地内に限られている。当時東京近辺に存在した外国人塾といえば、横浜の外国人居留地にあったジェームス・バラの塾、同じく横浜居留地内のブラウン塾、東京では、タムソンの塾の他に、築地六番地のカロザースの築地大学校である。カロザースは明治五年の七月か

ら、慶應義塾で英語講座を受け持っていた。先にみたとおり、方々で学問に励んでいたであろう残花が、この築地大学校に入学していても少しもおかしいことはない。

ただ少しこの在学には疑問がある。というのは、原胤昭や、田村直臣といった同時代、同時期に通学していたと思われる人物たちの築地大学時代の追想に、残花は一度も登場しない。明治七年、はじめてのクリスマスパーティーの時さえも参加していた形跡がない。それほどにおとなしい、消極的な目立たない生徒であったのだろうか。

また、仮に在学していたとしても築地バンドの動きに、当初全面的に同調していたわけではない。カロザースから洗礼を受けた人たちは、カロザースが設立した東京長老教会に所属しているが、残花が新栄教会に属していることは先に述べた。さらに、カロザースが宣教師を辞任した時に、彼の長老派教会の会員らが、戸《と》田《だ》欽堂《きんどう》を長老、原を執事として日本人による日本人のための教会を目指し銀座教会を発足させ、その発起人となった二十六名の名は『巣鴨教会百年記念』(私家版)に記されているが、そのなかに残花の名前はなかった。

いずれにせよ、新米のキリスト教徒となった残花は、このころ、築地バンドの二人の青年と知り合う。

原胤昭、そして戸田欽堂。ともに旧幕臣。

原は、嘉永六(一八五三)年生まれで残花より二つ年上。旧幕時代は若年ながら江戸南町奉行所の与力を務め、明治初年、築地居留地のカロザースの学校で学び、キリスト教と出会う。明治七年十月七日にカロザースから受洗した。

戸田欽堂については、原胤昭の口から紹介してもらおう。

戸田君は私より三つ四つ年嵩で、洋行帰りの新進者、アタラシ屋の開山、文明開化の御手本と云ふ権幕で、先づ第一に御自分のお顔には、往きこう人も振り返へるピカ〈の金縁眼鏡、お召ものは、古渡り唐桟、（中略）からだの動く度々にキリリ〈と鳴る一本トッコの博多帯、鼠屋の白足袋、紺裏革鼻緒の雪駄、粋を通した江戸まへの町人姿、立派な商店の旦那様、それが恐れ多くも大垣戸田の若殿様と来てゐるのだ。

（「聖書に関する資料」『植村正久と其の時代』第四巻）

という人物。

若干補足するならば、大垣戸田云々というのは、美濃大垣藩の旧藩主戸田采女正《うねめのしょう》の子息ということ。欽堂の母は豪商高島屋の娘であった。側室であったため、家督は正室の息子である弟の戸《と》田氏共《うじたか》が継いだ。彼自身は分家の旗本の家を継いでいる。

明治四年、廃藩置県後伯爵となった弟に随行してアメリカに留学し、新知識をたずさえて帰朝した。原胤昭とは、カロザースの築地大学校の同窓だった。

戸田欽堂には「ホウライビイブル（ポライイビイブル）」という奇妙なあだながあった。「欽堂君をポライビイブルと学生が云ふ様になつたのは、戸田君が英語の聖書を読む時、ホーリー、バイブルと発音すべきを、ポライビイブルと云ふたのが原因であつた」（『信仰五十年史』）と、同じく同窓生の田村直臣は回想している。

新帰朝者とはいえ、英語の発音や会話はあまり得意ではなかったようだ。明治七年原と同日、カロザースより受洗。

残花にとって、原胤昭、戸田欽堂は信仰や志をともにする親しき友人となった。

此の三人は共に幕府の遺臣（といふのも大仰であるが）であつたばかりでなく、信仰、趣味、その他の点で種々共通なところが多くあつたので、宛然兄弟のやうに交つた。三人は品字会（品字は三口、即ち一人一口有り、三人三口有りで品字即ち三人の義）などと洒落て、よく一緒に遊び（当時の青年のことだから遊蕩の気味も少々はあつたかも知れない）、よく飲み、よく談論した（柳田泉「民権演義情海波瀾と戸田欽堂」『政治小説研究』春秋社、昭和四十二―四十三年）

この二人とともに、残花は、できたての煉瓦街、開化の中心銀座三丁目で、「耶蘇教書肆十字屋」の金看板を掲げた伝道の最前線基地を築くことになる。

煉瓦の街で十字架を立てる

『中央区年表　明治文化篇』（東京都中央区立京橋図書館、昭和四十一年）の明治七（一八七四）年十二月の項に次のようにある。

原胤昭、戸田欽堂と共同で、銀座三丁目に、十字屋書店創業　宗教書を商う（後、欽堂発明の紙風琴を、十字屋の倉田《くらた》繁太郎《しげたろう》に売らせたのがもとで、おいおい書店を楽器店に改め、今日の十字屋楽器店の基礎をきずいた）。

十字屋は、文明開化の震源地、煉瓦造の町並み銀座通りにつくられた。そして、残花は、原胤昭、戸田欽堂との友情によって十字屋をはじめとした諸々の事業に関わってゆくことになる。

少し残花本人からはずれるが、十字屋創業にいたる背景となった当時のキリスト教界のことを説明しておきたい。

明治六年、タムソンは、バラと志をともにして超教派主義を掲げて築地にいた。一方、教派主義を標榜するカロザースは、明治七年十月十八日、彼に従った原胤昭、田村直臣、林清吉、出口たか、戸田欽堂、土屋梅吉、松浦一郎らに洗礼を施し、東京第一長老会を設立、自ら仮牧師となった。同じ米国長老会ミッションに属する二人の宣教師が、それぞれ別の主張を貫き、狭い築地のなかで、額を突き合わせている。それだけでも、重苦しいものがあったに違いない。タムソンは、「カラゾルスとは一緒に働けないので、どこか外のところでカラゾルスと離れたい」（『ヘボン書簡集』高谷道男訳、岩波書店、一九五九年）とヘボンに愚痴をもらしている。

状況をさらに悪くしたのは、長老会所属の女性宣教師、ケイト・ヤングマンとメアリー・パークが明治七年に開いた女学校が、よりにもよって、カロザース夫人ジュリアが女学校を開いていた築地A六番地の隣、B六番地であったことだ。

むろん、カロザースは抗議した。いや、抗議した、などという文化的なものではなく、ヤングマンに対し、暴言をはいて閉鎖を迫ったらしい。狭い築地外国人居留区のさらに狭い、築地六番地で、ご近所トラブルが発生していたのである。

しかも、そのさなかに、まさによりにもよって、タムソンがその渦中のパークと結婚、日本東京基督公会と、東京第一長老会の思想的な争いの上に、さらに、それぞれの教会の仮牧師とその夫人を巻きこんだ争いが起こっていた。

この状況を憂慮した米本国のミッションは、状況を解決するために明治八年、すでに来日していた宣教師ミラーの従弟ウィリアム・インブリーを選出、日本へ派遣した。

しかし、破綻はささいなことから起こった。

明治九年一月四日、在日ミッションの長老会で、印刷物における「耶蘇」の読み方をどうするか、という問題が提示された。会議では、読み方は「ヤソ」「イエス」どちらでもよく、また「エス」のルビを入れるということでほぼ決していた。これに反対を唱えたのがカロザースである。彼は日本人の昔からの読み方である「ヤソ」にこだわった。カロザースにとっては重要な問題であったのかこれに固執し、反対されると、ついには宣教師を辞任するとまでいいだしたのだ。

持ち前の短気な性格が仇をなした。カロザースは、築地大学校を設立し、長老派の教会を打ち立てた自分は当然慰留されるものと信じていた。ところが、米国長老派ミッションはカロザースの辞任の申し出をあっさり受託した。カロザースは辞任の申し出はあくまでも口頭のことであり、正式ではないと抗議したが無駄だった。

カロザースに対するミッションのやり方を非道と思ったのだろう。カロザースから洗礼を受け、ともに東京第一長老会を築いた二十七名の信徒たちがそれに反発を示し、東京第一長老会を離脱、新たにミッションによらない日本独立長老教会を立ちあげ、カロザースを仮牧師として迎えた。この時設立された教会は、銀座教会とよばれ、のちに巣鴨に移転、現在も巣鴨教会として信仰を守っている。

その銀座教会設立の中心となったのが誰あろう原胤昭、戸田欽堂、そして田村直臣。戸田はともかく、カロザースを「モンキイ〳〵」とあだなしてののしっていた原や田村でも、やはり相応の敬意は抱いていたものと思われる。

原胤昭と戸田欽堂がカロザース夫妻のためにしたことはそれだけではない。夫に従ってジュリアが東京を離れるにあたって閉鎖となった女子学校の生徒たちの受け入れ先として、三十三間堀の建物を買い取って女学校をつくったのだ。原女学校である。

ただし、原たちのジュリア・カロザースへの評価は夫と違って高かった。


これは又良人と大違ひ、氷炭何もかも。身尺も低く体軀も小さい。白人の標本らしい色白な顔、ゆで玉子の白味はだ、強い近視眼、美しい金縁めがねを掛けた御嬢さん女唐、日本開明の最初期に東京市中をそぞろ歩きして。我らに一つがひの碧眼人種を親しく見せてくれたのは、カ氏夫婦である。時の人には、珍らしい異人さん、かあいらしい女唐よと、往来の人は前に後に立並び無作法無遠慮、言語道断。

（「聖書に関する資料」『植村正久と其の時代』第四巻）


賛辞の対象はおおむね外見のことだが、口の悪い江戸っ子が手放しでほめているところをみると人格もできていたのではないか。

カロザースとタムソン、無教派と教派主義、長老派内で争論を引き起こしておきながら、結局のところ、のちに日本長老派と基督公会は統合されて日本一致派となり、原女学校とヤングマンたちの新栄女学校も一つにされて女子学院となった。いつの時代も人の争いはどこかむなしい。しかし、当時外国ミッションの精神的、金銭的支配から脱却し、日本人が日本人のためのキリスト教の信仰を樹立することは、こうした内ゲバともいえるミッション内の争いの渦中に巻きこまれた日本人信徒たちの念願ともなった。そして十字屋は、外国ミッションとの協力関係と日本人信徒の自主独立の気運のはざまに設立された、日本人の日本人による聖書販売所、伝道の拠点だった。

さて、その十字屋。

原胤昭によると、十字屋をはじめたきっかけは、どうやらカロザースのところに蓄えられた聖書を販売して欲しいと持ちかけられたことらしい。十字屋創業の顚末については、創業者の一人である原自身の証言が、「聖書に関する資料」(『植村正久と其の時代』第四巻)にまとまっている。

ある日、原のもとを米国バイブル・ソサイテイのルーミスという人物が訪れた。カロザースと戸田欽堂を交えたの手真似、物まね、身振りをまじり片言の日本語と英語で会話が交わされることしばし、「つまり私と戸田君とで、ヤソの本を売つて呉《く》れ」ということらしい。ルーミスとは、米国長老派の宣教師ヘンリー・ルーミスのこと。明治五年に来日し、以後四十三年間、横浜に暮らして、布教や日本語による讃美歌集の編纂に尽くした。アメリカ聖書協会日本支局の主幹も務めていた。

防火対策につくられたカロザースの築地A六番館の堅牢な石庫には、売られることを待つ聖書が積あがっていた。当時刊行されたての奥野昌綱訳『馬可伝《マコ》』(マルコ福音書のこと)他、希少な和訳聖書だった。原をはじめてこの石庫に案内したカロザースは、「あなた金有ります。わたしかねちやうだいない。あなたみんなかへ」といって希少本の方を売りつけようとしたという。壊滅的な日本語のため、残念な伝わり方だが、カロザースなりの不器用な伝教であったかもしれない。

なぜ、この二人に白羽の矢が立ったのか。おそらく、カロザースのもとに通ってくる子弟のなかでも、この二人が目立って金満家だったためだろう。

戸田については前章で説明したとおりだが、原胤昭はというと、与力としての石高は二百石だったが莫大な副収入があった。

家禄は二百石ですが多くの出入大名屋敷があり、いたって裕福だったので、私が与力から御維新で東京府記録方となり、明治七年キリスト教に入ってからは自分の信仰に向ってこの財産をどんどん使って進んだのです。

(原胤昭翁談『戊辰物語』東京日日新聞社会部編、岩波文庫、一九八三年)

「与力千両」、じつに年間千両の収入があるといわれていた。原家は母の実家で、養子として入った原胤昭は、若年から原家の当主として与力の務めを果たしていた。明治初年、原に学問を修めさせるために、母親が実家の財産を処分した、というが、代々の蓄えが若い原の自由になったと思われる。

わたしはヤソになつても伝道者には、なれも為まいが、成らうとも思はない。けれどヤソは盛んにしたいから、伝道事業は手伝ふ。何なりと神の命じ給ふところあれば行《や》らう、どんな危ない幕へでも出よう。

（「聖書に関する資料」『植村正久と其の時代』第四巻）

と日ごろから友人たちに語っていた原は、ルーミスの申し出を引き受けた。

店はどうするか。銀座三丁目の西側に、戸田欽堂が、九星堂という唐物屋を開いていた。唐物屋というのは平たくいえば輸入雑貨店だ。ということで、戸田の店の隣、一説には、店舗の半分をもらってだしたのが「聞くも薄す気味の悪い切支丹の本屋、耶蘇教書肆十字屋であつた」（「聖書に関する資料」）。創業当時の十字屋は銀座三丁目十八番地にあった（ちなみに、明治四十年の『東京商工品録』に記された十字屋楽器店の住所は東京市京橋区銀座三丁目二番地である）。

店舗の位置は定つた、商品は築地の石庫から搬《はこ》んで来る。番頭さんには、カ氏の日本語の先生で、第一番の求道者、後には日本橋日基教会の名牧師となつた北原義道《きたはらよしみち》君、商業にかけての秀才、アメリカ商館を通り抜けて来た戸田君が惣指揮者で金主でもあつた。私が帳場で、勿論商売は利益にはならない。（前掲書）

番頭が北原義道、総指揮が戸田欽堂、帳場が原胤昭、では、戸川残花は何をしていたのか。気になるところだが、とりあえず話を進める。

店舗を確保、役割分担を決めて、次は屋号である。原は「最初から主張した。何処に遠慮は無い、ヤソと十字架は付きものだ。思ひ切つて十字屋とつけてやろう」ということで、そのものずばり「十字屋」と定まった。

次は看板である。店の名も十字屋と決めたのだから、もはやこそこそする必要はない。人の目を驚かすような大きな堂々としたものにしたい。そのための地板《じいた》をどうやって手に入れるか。原には考えがあった。

原は、カロザースを訪問し、単刀直入に切りだした。

「先生　此の額の板に適当な幅板は、あなたが持つて居るから、あれを私にください」

突然いわれたカロザースは愕然とし、

「アナタ　ウソ　アリマス　ワタシ　イタナイ」

からかわれたと思ったのか、真っ赤になって抗弁したという。

原が要求したのは、板、ではなく、カロザースが食堂で使っていた欅《けやき》のテーブルのことで、公使館を通じて貰い受けた米国艦隊で用いていた大テーブルだった。伝道のための要求とあれば、カロザースも断るに断れなかったのだろう。テーブルはまんまと原に奪いとられ、脚を取られて看板となった。

完成した看板は、題字は「耶蘇教書肆　十字屋」（脇に町名、上段に聖書類書販売を英文）を金字で浮き彫りにしてあったという。この看板がどれほど人の度肝を抜いたか、当時の人でなければ容易に想像はできまい。三百年来もっとも厳しく取り締まられた国禁の一つ。そしてその間植えこまれた切支丹邪教のイメージが、信仰を黙許されてたった一年で覆るはずもない。「耶蘇教」を堂々と標榜した看板などその前を通ることさえ気味の悪い品物であったに違いない。

ただ、大事のために命をかける、の思想が染みついたこの士族出身の若者たちは強かった。懸念していたとおり、警察から余計な騒擾を引き起こしかねないからと、撤去を促されたが、原たちは屈しなかった。かくして、朝日に輝く十字屋の金看板は、銀座の名物として十字屋の額に掲げられることになったのだ。

十字屋ができた明治七年の銀座の街。銀座の煉瓦街は、現在の銀座一丁目JRの高架下の京橋の石の親柱が記念碑めかしく立っているところからはじまった。ただし、石造りの京橋がかけられたのは明治八年のことだ（記念碑の橋柱は大正時のもので、明治八年当時のものは、川の向こう側「京橋」と、横断歩道を渡った交番側「きやうはし」と刻まれたもの）。京橋を渡るとまっすぐに延びた銀座通りは、幅十五間、およそ二十七メートル。通りの広さは現在とさほど変わらないだろうか。現在京橋のところに発掘された煉瓦でつくった煉瓦記念碑と瓦斯燈がある。想像力をめぐらして、その黒ずんだ煉瓦で歩道を覆い、建物を建ててみる。街路に、瓦斯燈の熱に揺らめく灯を並べる。

銀座煉瓦の設計はトーマス・ウォートルス。

瓦斯灯は明治七年の十二月に設置された。街路樹が植えられたのは、明治七年の三月のこと。その銀座通りの両側には、二階建て、列柱の立ち並ぶアーケード棟続きの店舗兼住宅が、新橋までのびていた。

夕暮れになると、できたての瓦斯燈に点灯夫が明かりをさして駆け回った。見物人は多くとも、居住する人は少なくて、夜には固い煉瓦に沁み入るような静けさがわたっていたに違いない。

鉄道馬車の敷設はもう少し遅くて、明治十五年六月のことだ。だから、明治七年、創業当時の十字屋は、がたくり馬車と俥の行き交う十五間の銀座通りに面し、通りの両側には煉瓦敷きの歩道、馬車道の際《きわ》には、根付きの悪い楓《かえで》、松、桜の街路樹が植えられていた。銀座の街路樹といえば柳が有名だが、最初に植樹された時は、楓、桜。辻には松がとりどりに植えられていた。が、楓、松はすぐに枯れてしまうので、明治八年からは桜だけになった。開化錦絵などをみると、煉瓦には桜が描かれている。

銀座四丁目の四つ辻には明治九年十一月に「朝野新聞」が移転してくるまでは、快楽亭ブラックの父親、ジョン・ブラックの新聞社「日新真事誌」があったはずだ。島田組が撤退した尾張町一丁目には、「東京日日新聞」の日報社が銀座街で一番の建物として御用新聞の格式を示していた。当時の銀座には、新聞社や新しい時代感覚を身につけた商人、士族などが暮らしていた。十字屋が店を開いたのは、そんなできたばかりの、というより、普請いまだやまぬ文明開化の中心地。そして、十字屋は、キリスト教関係の書籍を扱った本屋、というのではなく、理想と力に満ちた若者たちが「キリスト教」の旗を掲げて新文明のまっただなかに築きあげた伝道の最前衛基地だった。

この十字屋は、（中略）耶蘇教徒の策源地であったんです。現今は蓄音器で、群衆を店前に吸寄せているごとく、この店頭で、耶蘇教の説教が盛んに行われ、同宗旨の男女は、これに群っていたものです。場所柄ですから、相応に道行く人々を集めて西洋人と日本人の宣教師が、かわるがわる熱心な説教をつづけ、この説教を聴聞して、ふらふらと耶蘇教徒に仲間入りしたものも寡《すくな》くないんだそうです。

このまた十字屋の二階には、若い血気の宣教師たちが、宗義の研究と、演説の稽古と、勝手放題な熱を吹いて、梁山泊の光景であったということです。

（篠田鉱造『銀座百話』角川選書、昭和四十九年）

築地大隈邸梁山泊、そして若きキリスト者の十字屋梁山泊。まさに壮漢跋扈、明治初年の銀座には何と梁山泊の多かったことか。

ただし、聖書は売れなかった。店にある舶来物を珍しがって見物は立つが、気味悪がって聖書に手をだす者はいなかった。そこで原は、「一番見物の足を止めてやらうと、茶を煎れたり麦湯を飲ませたり、其頃舶来で初て来た、レモンの小瓶がザラメの真ン中に埋めてある、レモン水を飲ませて珍らしがらせたり」（「聖書に関する資料」）して客引きをしたらしい。

それでも聖書は売れなかった。次に講じた作戦は、聖書の呼び売りだった。カロザースのところからは土屋梅吉が、タムソンのところからは森田太平が手伝いに来て優秀な売り子となった。さて、長々と十字屋創業の顛末を紹介しておきながら、なぜ残花の行動を記さないのか、不思議に思われたことだろう。じつは、ここまでの原の証言のなかに、残花は一度も登場しないのである。どういうことだろうか。

『銀座物語――煉瓦街を探訪する』（野口孝一、中公新書、一九九七年）には、

　十字屋は、現在、音楽関連品の販売店として知られているが、設立当初は基督教関係の書店であった。明治七年、原胤昭、戸田欽堂、戸川残花の三人が共同で設立したものであった。

また、『銀座故事物語』（原田弘、新人物往来社、昭和五十年）には、

十字屋の創立者は原胤昭といふ。原の実父は八丁堀の与力、鬼佐久間といった。その二男に生まれ、同じ与力の原家の養子となった。明治六年にキリスト教が解禁となった直後、銀座三丁目二番地（銀座三丁目五番）に、聖書などキリスト教の本を売るためにつくった店だ。屋号の「十字屋」というのは、キリスト教の象徴である〝十字架〟からとった名称である、創立に加わった戸川残花が名づけ親という。発起人が、みなクリスチャンだったことから、戸川が「いっそのこと、十字屋としたらどうだろう」といったのだ。

とある。十字屋創業に残花が関わっていたというのはどこからえた事実なのか。初出をたどってみると、意外にも『銀座』（資生堂、大正十年）に寄せられた「銀座の思ひ出」という残花本人の談話に行きつく。

現今楽器店として有名な銀座三丁目の十字屋は、明治八九年の頃、戸田欽堂、原胤昭二氏と私と三人で、外国書籍の販売をやらうといふことになり、米国のハーバーから本を取寄せ、小資本ではあつたが彼処《あそこ》へ店を開いたのが最初であつた。

残花はそういっているが、原胤昭は、残花が創業に参画していたことを忘れてしまったのだろうか、それとも長い歳月のうちに残花の記憶があやふやになってしまったのだろうか。

原胤昭の十字屋にまつわる証言のなかで、残花がはじめて登場するのは、十字屋創業なってから一年半あまり経った明治九年五月の記録である。

原胤昭は、かねてから交流のあった「ダッチ・リホームド・プレスビテリアンの宣教師ミロル夫妻」、つまり、オランダ改革派のエドワード・ミラーの勧めもあって、十字屋で日曜学校用のカードの発売をはじめた。画工は誰あろう開化の絵師小林清親《こばやしきよちか》。

方今愛蔵家に珍重されて居る初期の作品は、此の時代のものである。ミロル氏に選択させた美術版画カードは、教会堂のドーアに閉塞、占領されず。グランド・ホテルのテーブル・カードに適用され、ホテルの夕べを賑した。（中略）

是れ小林君の新機軸を開いた画筆の優秀には因るが、趣味と妙味、雅懐の優想には、ミ氏夫妻の助言、大に与《あずか》つて能あつたもの。此際幾度かホテルの卓に陪席した文士には残花戸川安宅君戸田欽堂君、抜目の無い所は、生き馬の眼を抜く江戸つ子商人だいへい君（引用者注・両国広小路錦絵問屋大平）の一ト儲。傍に指くわえて居たのが私だが、でも花鳥のカードは売りましたねえ

（「聖書に関する資料」『植村正久と其の時代』第四巻）

原と残花はいつからの知り合いなのだろう。おそらくこのころにはすでに、ホテルの卓に「陪席」というような肩の凝る関係ではなかったろう。

「読売新聞」(明治四十二年七月二十一日付)連載コラム「名士の小学時代」というのに残花の幼年時代が紹介されている。小学時代、といっても残花の子ども時代は、明治五年に学制が布かれるずっと以前のことなのだが。いずれにしても、「氏の幼時の友達で今日名をなして居る人は出獄人保護所の原胤昭を初め都筑馨六《つづきけいろく》、間野文二《まのぶんじ》氏等で有るさうだ」という。「幼時」の、というにはあたらないのかもしれないが、家臣である「御相手」の少年たちでもなく、ごく普通にできた友達の一人が原であったことは確かであろう。その友達の、無理を承知の宗教的な投資へ協力しなかったとは考えにくい。先にも引用した『信仰三十年基督者列伝』(警醒社書店、大正十年)においては、

而《しか》して氏は其《その》豪奢なりし生活を一変して、質実なる生涯に入り、物質的に貧弱なりし当時の基督教界のために多くの喜捨をなし、唯一の基督教事業なりし十字屋及女学校のために多大の出費を敢てしたりといふ。

と、残花が十字屋や女学校に出資したかのように書いてある。戸川家は、先に述べたように借財に加え、知行地から東京に帰るにも領民に金を無心しなければならなかったくらいだから、それほどの蓄財があったとは思えない。金をだしたかどうかはわからないが、友人としてなにがしかの協力をしたに違いない。

前章にも引用した、残花の「昔の旗下」をめぐって『同方会』（大正六年十月）誌上で、「くされ旗下云々」とのたまわった岡本昆石はこのように書いている。

「明治二三年まで門外へ出たことの少ない私などは」云々とある、併《しか》し当時は三千石の若様殊《こと》に維新の際はまだ若年であられた残花君が明治の初年に八万の旗下を出し抜いて耶蘇教信者となり、続いて十字架から思ひ付いたのか銀座通りと芝日蔭町へ十字屋と云ふ西洋書店を営み其店主となつて働かれたお腕前は若殿様に珍らしいことゝ当時学生臭き僕等は感服してゐたのである、併し其後人の話しには原胤昭君（旧八丁堀の町与力今同方会員）等と石油事業とか工業事業とかに掛つて失敗されたやうに聞いたが、其れが為め歟《か》どう歟終に明治十二年に銀座の見世は現今楽器商をしてゐる倉田繁太郎《くらたしげたろう》（当時十字屋の小使をしてゐた者）へ売渡し、芝日蔭町の見世は其頃の手代土屋梅吉へ売渡し、尚ほ戸川家伝来の什器及び大判までも芝口の質店内藤茂吉方へ質入れして一時を凌ぎ難関を潜り抜けたなど明治二三年後漸《よう》く門外へ出たと云はるゝ戸川の殿様でこそ出来たので三千石以下のペイ〳〵旗下等には真似も出来ないことであつたやうに思へる。（「戸川残花君の広言に就て」）

と妙にねちっこく、わざわざ残花が生活《たつき》に困って自分の家の物を質入れした品から、先の質店まで調べあげているのが、この書き手、岡本昆石の実証に根ざした学究肌をあらわしている。

十字屋に二号店があったというのも初耳だが、確かに明治九年に十字屋で刊行された『東京新報』という小雑誌の奥付に「十字屋支店」とあって「東京芝日影町一丁目一番地」の住所が記されている。さらに、残花が芝日蔭町の十字屋二号店を売ったという土屋梅吉は、先のとおり十字屋が聖書の呼び売りをはじめた時に、カロザースのもとから手伝いに派遣された人物。東京第一長老会の最初のメンバーの一人である。カロザースの強情さを示す雪の日のエピソードに登場する人物だ。

或る大降雪の朝、住宅西洋館のトンガラカツタ屋根の積雪を掻き卸せと、三人のボーイ、コツクに命じた。彼らは屋根がけわしいのに恐れて主命に応じない。屋根へ上がれ上がれ無いと口論した揚句、日本バカと怒鳴り立てた。そんなら毛唐あがつてみろ。売り詞に買ひ詞、さんざ怒鳴り合つて、カ氏は自ら屋根に登つた。見る間に落下した。アレツと云ふに、阿修羅の如くまたも登つた。

（「聖書に関する資料」）

と、これは原胤昭の証言だが、そのカロザースと争った三人のボーイ、コックの一人というのが土屋梅吉だった。

だが、岡本の記述のなかで気になるのは、十字屋の「十字架から思ひ付いたのか銀座通りと芝日蔭町へ十字屋と云ふ西洋書店を営み其店主となつて働かれた」というくだり。まるで残花が十字屋を創業し経営していたように述べていることだ。質屋の名から売ったものまで調べ尽くしている人が書いていることだ。信憑性が高い。

『日本近世基督教人物史』（比屋根安定、基督教思想叢書刊行会、昭和十年）に次のような記述を見つけた。

十字屋の経営は、原胤昭から戸川安宅（残花）の手に移り、田村直臣がその支配人になり、日曜日には十字屋で伝道した。安川亨《ママ》、奥野昌綱、吉岡弘毅《よしおかこうき》等が屢々《しばしば》来り、地方から来た基督信者の青年は、十字屋の二階を宿とした。別叙した『六合雑誌』の編集及び事務は、この二階で行はれたが、地の利を得て人々が集まり易いため、基督教諸派合同の説教会や親睦会の相談は、十字屋にて為されたこと甚だ多かつた。

とある。創業に関わったのではなく、原から譲られて十字屋の経営者となったという。経営者として働いていたのなら、岡本のいうことも納得できる。

支配人になったという田村直臣は、この時のことを「原氏経営の十字屋が、戸川安宅氏の手に移るや、私は支配人に依頼され、其処の二階を住居となし」（『信仰五十年史』）と記している。

当の原胤昭自身が、

ハーバーから本を取寄せては売ったが、いわば奉仕のためなので損ばかりしていました。私はこの仕事と一緒に三十間堀の河岸通りに原女学校という日本最初のキリスト女学校を建てて生徒を養った。この学校の学僕をしていたのが先代の十字屋の主人倉田繁太郎で、後に私たちはこの人に店を譲り(中略)

私たちが倉田へ店を譲る前に、銀座一丁目東仲通りの東側に煉瓦家屋一棟を打ち抜いて、質屋をやっていた旧幕臣の戸川安宅という人が一時経営したことがありました。

(『戊辰物語』)

といった証言が残っているようだ。残花が一時的にしろ十字屋を経営していたというのは間違いない。

では、残花はいつ十字屋の経営者となったのか。

正確な年代は割りだせないが、明治七年の十二月に開業した耶蘇教書肆十字屋が、倉田繁太郎経営の「十字屋楽器店」に姿をかえたのは、先ほどの岡本昆石の説によると、明治十二年ということになる。片岡優子氏は『原胤昭の研究——生涯と事業』(関西学院大学出版会、二〇一一年)のなかで、原が携わった十字屋刊の出版物に一八八〇年、すなわち明治十三年の刊行物がないこと、また原女学校の建物が人手に渡ったのが明治の十三年であることから、十字屋が倉田の経営に移ったのは、明治の十三年であると推定しておられる。おそらく、残花が経営していたというのは、十字屋が原、倉田の二人の経営者の間を渡る間の、ほんの隙間をうめる程度の期間だっただろう。

ただし、残花が十字屋を経営していたという直接的な痕跡は残っていない。というのも、十字屋は聖書の販売所であっただけでなく、キリスト教に関する書籍の版元でもあったのだが、この時代、十字屋から出版された書物に残花が執筆した気配はない。

残花が経営していたと思われる期間も含め、十字屋からは画期的なキリスト教書籍が数々刊行されている。十字屋から刊行された書籍に関しては、村上文昭氏の「原胤昭と耶蘇教書肆十字屋」（『関東学院大学教養論集』第十一号、二〇〇一年）にくわしいが、のちに文筆家となった人間にしては不思議な気がする。発行者として名が付されている刊行物にも今のところ出会っていない。

それでは、残花の十字屋経営の顛末はどうなったのかについて、再び田村直臣の証言にもどる。

後に十字屋の店は、会社組織とし、戸川氏は、自分の株を売り払ひ、高田（藤二）飯島（静謙）倉田（繁太郎）の三氏に譲り、私を社長とし、其の計画を試みたが、仲々思ふ様に行かない結果、倉田君一人に総てを譲り、我等三人は十字屋を去った。（『信仰五十年』）

経営者として立ったはいいが、いかんせん商才に乏しかったのだろう。おそらく経営を保ちえなかった。田村直臣を社長に据えようとしたのは、キリスト教書肆、出版社としての伝道の砦を守るためであったか。この時十字屋を譲られた倉田は、十字屋楽器店の創始者となった。

倉田繁太郎は、能登の漁師の家の出身で、海軍に入るという希望をもって上京したが、視力が足らずに断念せざるをえなかった。絶望した倉田は宮城の堀に身を投げた。ところが、漁師の血が幸いしてか、意識を失うすんでに泳ぎはじめた。たまたまその事件に行きあった原が、気の毒に思って身許を引き受けたという。

おそらく、原に対する特別な感謝の気持ちがあったのだろう。さらに、倉田繁太郎の伴侶となったみきが、原女学校の生徒でクリスチャンであったという（中村清郎、倉田恭伸「十字屋創業顚末」『十字屋通信』）ことも関係するのか、十字屋は耶蘇教書肆から楽器店へと大きく経営スタイルを変更したが、その後も「耶蘇教書」の版元であり続けた。経営が倉田に移った明治十二年ないし十三年の後にも、十字屋からは讃美歌集をはじめとしたキリスト教関連の書籍が発刊されているし、販売所としても機能し続けた。「十字屋」という伝道拠点を守る上でも、商売に不得手な士族あがりのキリスト者より、商才の冴えた倉田に譲られたことは、幸いであったのかもしれない。

残花にとって十字屋の経営は純粋な信仰心からだったかもしれないが、このころの秩禄処分でえた資本があったのか、いかにも小金をえた青年らしく企業熱に取り憑かれている。

残花の「手帳」には、このころの状況を表して「農書、会社事業熱、伝道、牧会」とある。ま

銀座時代の残花
明治16年撮影
(戸川淑子氏所蔵)

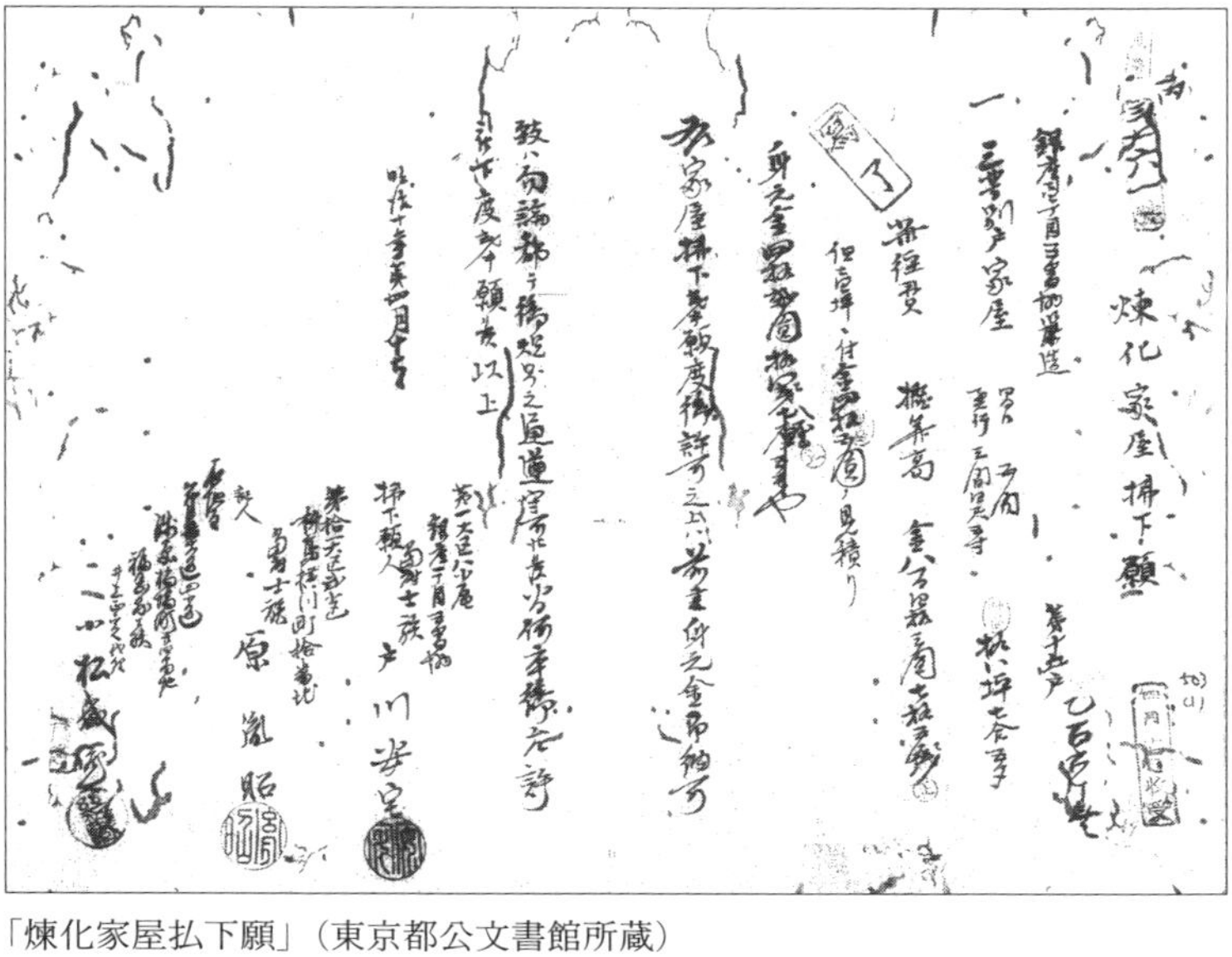

「煉化家屋払下願」(東京都公文書館所蔵)

た別の箇所には、「工業　農業　空想」でまとめている。

「会社事業熱」とはよくいったもので、当時、残花は、様々な商売に手をつけていたようだ。

また明治十年に残花は、銀座の三等煉瓦住宅を購入している。東京都公文書館に所蔵された「煉瓦家屋払下願」によると、日付は明治十年四月十七日、残花が購入したのは、銀座一丁目第十五戸の三等家屋である。願書には、「願人、(東京)貫属士族戸川安宅」とある。東京貫属とは東京府居住という意味であり、居住地ごとの所属をしめす。この時証人となったのは「(東京)貫属士族原胤昭」だった。

残花の家は、玉寿司と料理屋松田の間を入った裏路地、銀座一丁目東仲通りの東側にあった。

銀座界隈が煉瓦家屋に改築されたのは、あの辺が焼けてそれを復旧するに際して建造されたのであるが、その時の費用は、白河楽翁公の七分金と称へた公共事業に使用する金があつたのでそれを基とし、工事を起したのであつた。さうして一等二等三等の区別があつて、無論二等三等は劣つて居たのである。私の家などは前にも述べたやうに銀座一丁目の裏で三等家屋であつたが殊《こと》に煉瓦三枚だけ高くして貰つたのだが、どうしても家の中が湿気て困つた。此の煉瓦家屋が出来た時分にはなにしろ珍らしかつたのだからわざ〳〵方々から見物に出懸けて来たものだつた。

(「銀座の思ひ出」『銀座』資生堂、大正十年)

ここで、残花は質店を営んだという。店の名を「精好屋《せいこうや》」といった（石角春之助『銀座秘録』東華社、昭和十二年）。場所柄歌舞伎俳優たちが主だった客で、彼の出自の正しさを信頼してひいきにしてくれていたようだ。残花が質店の営業にどれほど真剣に取り組んでいたか、どれくらいの身入りがあったのか。いずれにせよ、数年を待たずして廃業の憂き目を見ているから、「成功」とはいかなかったのだろう。

この時代秩禄処分でえた金を投じて失敗した没落士族の商売といえば、有名なのが、兎の飼育、石油採掘への投資、ジャガイモの栽培などが有名だ。

岡本昆石がいうように、原胤昭とともに「石油事業とか工業事業とかに掛つて失敗された」というのが本当ならば、残花も見事にその轍を踏んできたことになる。残花がある時期、骨の折れない傘の開発に投資して財を失ったという話は戸川安雄氏の『戸川残花伝』にもあるし、また末子の戸川行男氏は、ジャガイモの栽培まで云々と書いている。若き日の残花もまた、ポテト王を目指したことがあるのだろうか。「手帳」に記された「農業」とは、ジャガイモ栽培を指すのだろうか。「折れない傘の骨」については、これは原胤昭とともにではなく横浜海岸教会出身の吉田信好とタムソンから洗礼を受けた吉岡弘毅とともに開発を目指した。「遊学」時代に開拓使仮学校や、工部大学で学んだ知識はこうした投資と研究に役立ったに違いない。

いずれにせよ、残花がこの時期、新しい生業を見つけ、生活を立て直そうと懸命に働いていたことだけは事実だ。

銀座の煉瓦街に家を持ち、諸々の起業と十字屋の経営に関わっていた明治十一年四月、残花は生涯の伴侶をえる。

相手は、向井波《むかいなみ》といった。桜田門外の変が起こった文久二（一八六二）年生まれの十七歳で、残花より七歳下。波の実家、向井家は、代々幕府の御船手奉行を務めた三千石の旗本の家柄であった。波は、明治五年にできた官営の東京女学校、通称竹橋女学校を卒業している。のちに結婚は釣り合いが大切、と語っている残花だが、これは自分の成功例を思っていたのだろう。波は、家柄、学識ともに残花に釣り合った女性だった。明治十二年には長女達《たつ》を授かる。

しかし、家を持ち、結婚するからといって安穏無事な暮らしに落ち着くタイプではなかった。原胤昭は、若かりし日、残花とともに、「奉教自由願」を方々の役所に提出して廻ったことを回想している。

> 併《しか》し牧師伝道者の顔で出ると、面倒が深くなるからとて、斯《こ》んな顔、斎藤君は英学、手塚君は漢籍習字の教師、戸川君は質商、私は鉱山業書物商と云ふ教会員で連署し、幾回もく夫々《それぞれ》の役所の玄関へ押掛けて掛官を悩ませたのです。随分凄い愉快な運動であつた事を思ひ出します。
>
> （「新旧時代」『植村正久と其の時代』第四巻）

この「奉教自由願」というのは、

奉教自由願
以書付奉願上候私共儀是迄耶蘇新教を信仰罷《まかり》在《あり》候得共御国制により当時奉教の自由を得難く教旨を相守り候得は御国制に背き背かされは教旨に反し一身安心の地位を得す自然御制法に相触れ候ては甚だ以て恐入り候間何卒奉教自由公許を蒙《こうむ》り度此段奉願候也
明治十一年一月十一日　　原胤昭
戸川安宅
手塚新
斎藤峯雄
内務卿　大久保利通殿

というもので、前にも述べたとおり、切支丹高札が撤廃されたからといって、キリスト教の信仰の自由が認められたというわけではない。あくまで黙許されているに過ぎず、当然、キリスト者としての権利など主張できるところではなかった。

御国に背くか、教旨に背くかしなければ生きてはいけない、法に背くのは恐れ入るから、信仰の自由を公認してほしいといういたって抽象的な内容だが、どうやら、一番の問題は、信者の埋葬問題であったらしい。埋葬地の問題は、死者が出れば放置しておくことのできない急務であった。「異教徒」となった死者の埋葬を寺がしぶった。結局は大概金を積んで納得させるか、別に埋葬できる土地を用意するかのどちらかだった。

原が偶然引き出しのなかから見つけたという「奉教自由願」は、残花の結婚の三か月前のものだが、その前後も同じように宗教者として、起業家として尻の温まる暇のない暮らしを続けていたに違いない。

残花が新栄教会から銀座教会に転出したのは、友人の原胤昭や戸田欽堂の影響と思われる。カロザースが「耶蘇」の読み方をめぐって米国長老会ミッションの宣教師を辞任した、というよりさせられたことに反発して、原や戸田を中心とした東京第一長老会の会員たちが、外国ミッションに頼らない日本独自の日本独立長老教会通称銀座教会を立ちあげたことはすでに述べた。

揺籃期の日本キリスト教社会において、外国ミッションの援助なくして、教会組織を維持することはじつに大変なことだった。まずは資金である。資金はほとんど、原と戸田の持ち出しであったという。原胤昭にいくら先祖代々蓄えた財があるからといって、彼も旧幕臣。収入の道の途絶えた一私人がこれだけの大事業を続けざまに行うのは無謀を通り越して危険であり、不可能とさえいってもいい。戸田欽堂の筋の財力が動いていたことは間違いがないが、それとても無尽蔵の援助があるわけではなかっただろう。

銀座教会にては今回《このたび》いよいよ奥野氏を仮牧師に雇いれ又従来《これまで》の長老は都合により辞職せしにより戸川安宅田村直臣の二氏を長老に井関喬周土屋梅吉の二氏を執事に公撰して去月十三日に按手礼《あんしゅれい》を施せしとぞ

（「七一雑報」明治十二年五月二日付）

按手礼というのは、先達の司祭や教師たちがあらたにその職につく後進の人の頭上に手を置き、聖霊をさずけるという儀式である。かつて、イエス・キリストが、同じように十二使徒にも按手をほどこし、自らの権能を与えて派遣したとされ、そのまま二千年の長きにわたって引き継がれてきた。

この都合によって辞職したという長老というのが、原胤昭と、戸田欽堂のこと。奥野氏は奥野昌綱。明治六年バラから洗礼を受け、明治十一年に按手礼を授けられて日本人最初の牧師となった人である。残花は友人二人に代わって長老を引き受けている。

銀座教会の長老となった十二年以降、残花は「手帳」によると、白金、二本榎、三田辺りで住まいを転々とした。次女道が生まれたのはこの期間である。

十字屋や銀座教会から一歩しりぞいた原胤昭は、その後再び銀座で錦絵の販売をおこなって財を立て直した。原のバイタリティーの強さには驚かされる。

しかし原は、明治十五年の福島事件を契機に大きく運命を転換させることになる。

福島事件とは、時の福島県の県令三島通庸《みしまみちつね》が、会津三方道路の建設に関して、農民に過重な負担をかけた。これに反発して県会議長河野広中《こうのひろなか》らが反対運動を展開した。河野広中らは逮捕され、実刑を受けることになった。

この事件に対し、義憤にかられた原胤昭は、逮捕された六名を「天福六歌仙」ともじった浮世絵を販売して罪に問われ、明治十六年、短期間ながら徒刑場であった石川島監獄に収監される。ちなみにこの「天福六歌仙」を描いたのも小林清親であった。原は、その時身をもって体験した監獄の実態の悲惨さから、その後、監獄の教誨師、出獄人保護活動の道を歩み出す。

そして同じころ、残花もまた新たな人生に向かって足を踏み出している。

ついでであるから、紙腔琴《しこうきん》の話をしておこう。紙腔琴は、いわば、ポータブルの自動伴奏オルガンである。西洋の大道芸人が奏でている手回しオルガンとほぼ同じものだ。戸田欽堂は、アメリカに留学した際それを目にし、日夜研究を積んで開発に成功。明治二十三年、十字屋で販売されることになった。

就中《なかんずく》、本店の販売にかゝる紙腔琴は一に「十字屋紙腔琴」と称せられ、手軽なる尺余の函に機を設け、蓋に紙片を覆ひ、其の機を運転するに従ひ、空気の作用にて自ら音節を調へ曲度に合し、坊間に流布する長唄、琴唄、地唄、清元、常盤津《ママ》、唱歌、軍歌、大祭祝日唱歌、清楽、楽隊の譜、讃美歌等の諸曲は勿論何歌にても意の如くに奏するを得、且つ運転の際手段を要せざるが故に三歳の童子にして堪能の音楽師と一般能く節奏の妙を極め得るの仕組みなるを以て、花の晨《あした》、月の夕《ゆうべ》、雅筵に携へて佳興を添へ又閑しきつれ〴〵の日に弄ひて無聊を慰め心耳を楽ましむる当今の無比の名器なりと称すべし
（『東京模範商工品録』東京模範商工品録編纂所、明治四十年）

という品物で、明治後期に蓄音機が輸入されるまでかなりの売れ行きだったようだ。

しかし、この紙腔琴の生みの親戸田欽堂は、売りだされた紙腔琴が十字屋の店先に人だかりをつくった明治二十三年に病歿する。享年四十。酒好きが祟ったのだという。

残花が勝海舟の『亡友帖』になぞらえて、「存友帖」（『中央公論』第二十三年第九号、明治四十一年九月）という記事を書いたなかに、もはや「存友」ではなく「亡友」となってしまっていた戸田欽堂に寄せた一文がある。

戸田欽堂　江戸ッ子、旧名は三郎四郎と称す、今の式部長官戸田伯爵の実兄なりき、君今は白玉楼中の人なりと雖《いへど》も、夜雨燈前君を思ふ時は、彷彿として其《その》声容に対する感あり、「つく〴〵と春のながめの淋しきをしのぶに伝う軒の玉水」君は綱上を躍る、詩を作る小説を試む、十字屋発売の紙腔琴の創作者なり洋行の極早かりし仲間なり、君若《も》し早世せずは文芸壇に期待せしこと多かりしと噫《あゝ》。

西国で地の塩となる

福島事件の起こった明治十五（一八八二）年、残花は東京を離れて西国に下り、以降、明治二十三年までの間、関西で伝道活動に取り組むことになる。

残花がどのようなきっかけで西国へ伝道に赴いたか。戸川安雄氏の『戸川残花伝』には、やや冗談気味に、財をなくしてにっちもさっちも行かなくなった残花が、職を求めて旧領地に向かったのだと書いてある。

真相はともかくとして、「手帳」に記されたこの時期の滞在先は、「岡山、早嶋、門田屋敷、中山手」とある。東京を離れた残花は、まず岡山に行き岡山教会に転入、それから旧領地早島に数日滞在したのち、明治十六年一月、神戸教会に移る。『近代日本と神戸教会』（日本基督教会編、創元社、一九九二年）に収録された神戸女子学院で撮られた「草創期の男性会員」の写真には、最後列はずれに残花も映っている。

神戸教会は、明治七年四月十九日にアメリカン・ボードの宣教師D・C・グリーンより十一名が受洗して創立した「摂津第一公会」にはじまる阪神地区の伝道の要であった。

阪神地区の伝道は、グリーン、ジェローム・デイヴィス、J・L・アッキンソンらが中心となって行われた。ちなみにグリーンらの所属するアメリカン・ボードというのは一八一〇年、会衆派によって設立された北米で最初の外国伝道団体である。会衆派というのは、ピューリタンの教えを引き継ぐ一派で、日本では組合派とよばれるようになる教派である。したがってグリーンらも、会衆派の宣教師であったが、アメリカン・ボードは長老派、改革派も参加した超教派的性質をもった宣教団体であった。

「摂津第一公会」が創立された同年、京都では、新島襄《にいじまじょう》がアメリカン・ボードの宣教師として帰国を果たし、明治十年、沢山保羅《さわやまぽうろ》らとともに日本基督伝道会社を設立させる。この伝道会社が、日本における会衆派「組合派教会」組織のもととなった。

残花の西国伝道は、このアメリカン・ボードと組合派教会の指導のもと進められることになる。残花が伝道をはじめた明治十六年は、日本の欧化政策の高潮期、いわゆる鹿鳴館時代の幕開けの年だ。欧米のものは何でもすばらしく見られ、西洋文明を作りあげた最も太い根幹であるキリスト教も例外ではなかった。日本全国民をキリスト教徒にするのも夢ではない、キリスト教界にはそんな気運さえもどこかにあった。

また、当時のキリスト教は「リバイバル運動」という熱狂のさなかにあった。徳川時代を通して二百数十年もの間、禁教下密かに信仰をつないでいた長崎などのごく一地域を除いては、キリスト教信仰が行われていなかった日本に「復興」というのも奇妙であるが、状況が米国で起こった「リバイバル運動」にあまりにも似通っていたためそのように表現されたのだろう。それは同志社を母体とした宣教集団から発生したらしい。当時、岡山高梁《たかはし》で伝道活動を行っていた松村介石は自らが体験した「リバイバル」について記している。

なんでも明治十六年の春と覚ゆるが、一日高梁の教会員の重立《おもだち》の一人が、岡山に行くと、丁度其時東京にリバイバルが起り、其のリバイバルの使者として、当時東京築地新栄教会の牧師で、岡山出身の石原保太郎《いしはらやすたろう》と云へる人が、態々《わざわざ》岡山まで下て来て、其のリバイバルの火を伝へて居た。

(『信仰五十年』)

石原保太郎の説教を聞くや否や、その高梁の教会員は、何かに憑かれたような宗教的熱狂に取り憑かれ(当事者たちは「聖霊を受けた」といっていた)、帰るなり、介石に飛びついて、「先生是非とも今夜集会を開いて下さい、私は神の聖霊を受けて帰りました、神の命令を受けて帰りました、私は今まで眠つて居ました、神に大罪を犯して居ました、偽善者でありました、神の子であると称へながら、其実悪魔の子でありました、私は岡山で石原先生の説教を聴て、始めて目が醒めました、始めて甦《うまれかは》りました、始めて神の子となりました」ぜひ兄弟姉妹と喜びを分かち合いたいと泣きながら訴えたという。

介石が目撃したのは、この教会員の例だけではなかったようだが、介石は、「世の中に奇蹟はある、奇蹟は出来る、予輩《わがはい》は其奇蹟を経験した。然《しか》し徒《いたず》らに奇蹟を唱へて、世人を驚かしてはならぬ。宗教の奥義は、矢張り神に事《つか》へ、徳を修め、隣を愛し、永生を信じて、天と人との道を守り行くのが上乗」と奇蹟を認めた上で冷静に対処している。

こうした現象を外部からどのように説明したらよいのかわからないが、キリスト教界におけるこの現象は大正期と戦後にも、ホーリネス教会などで出現している。ともあれ残花の伝道が、欧化主義とリバイバルの熱狂的追い風のなかにはじめられたことを指摘しておこう。

とはいえ、当時の伝道は、決してたやすいものではなかった。

松村介石は、『信仰五十年』のなかで、高梁での伝道で、奸計にあって罪に陥れられそうになったり、礼拝中に会堂が襲撃にあった体験を書き残している。石を投げられ、罵詈雑言を浴びせかけられるなどが日常のことであった当時の伝道者の状況が、残花の場合のみまったく例外であったとは到底思われない。

残花の「手帳」には寓居した地として、「西ノ宮　十六、七、八年」とあるから、西宮伝道に従事したのは明治十六年からだろう。家族はどうしていたのか不明だが、波の弟、向井鍵之助《むかいけんのすけ》からの手紙が「備前国岡山門田屋敷百弐番地　戸川安宅」宛に送られている。残念ながら封筒しか残されていないが、同じように鍵之助が西宮の残花宛に送った封書の中身が姉宛の手紙であることから、東京を出た時からすでに波たちも行動をともにしていたと考えられる。

神戸教会が新島襄の日本基督伝道会社の協力をえて、本格的に西宮伝道に乗りだしたのは明治十五年。西宮には教会の設立を目指し、伝道所が設けられた。伝道所は、原和七郎《はらわしちろう》という有力な教会員の所有する家屋で、残花も伝道師としてそこに赴任した。神戸教会から牧師や宣教師や信徒たちが立ち代わりやって来た。伝道所を提供した原をはじめ、千足甚左衛門《ちあしじんざえもん》ら西宮の信者は、町の実業家で有力者であった。彼らは、神戸教会の教会員であり、地元への伝教に尽くした。

欧化主義の影響か、キリスト教内部のリバイバルの風潮のせいか、伝道は割合順調で、残花在任中の明治十六年四月には「耶蘇大演説会」が西宮の地で開催され、五百人以上の観衆を集める大盛況となった。六月には「婦人親睦会」が開催され、集まった四十六人のうちには、西宮伝道の中心的人物の夫人たち、千足きた、原いと、西宮警察所長横田勝治の妻横田とみがおり、残花の夫人波も参加している。

西宮教会の創立がなったのは、明治十八年一月十五日。教会の場所は西宮浜鞍掛町《はまくらかけ》といい、かつて札場《ふだば》のあった町の中心地だった。浜鞍掛町は、現在、浜の字がとれて鞍掛町として残るが、今も海に向かって町を縦断する札場筋線という大きな道路沿いにある。

最初の教会員は、教会成立のために力を尽くしてきた神戸教会の教会員二十二名であり、その二十二人のなかに、残花とその家族、波、長女達、次女道の四人も含まれている。『西宮教会百年史』（日本基督教団西宮教会、一九八五年）には、初代牧師として残花は次のように紹介されている。

初代牧者の戸川安宅は学識豊富な詩人であり文学者肌の牧師で、千足甚左衛門は戸川牧師の説教に発心したとある。

千足は残花が西宮で伝道をはじめたころすでに有力な協力者であったのだから、むろん残花の教えを聞いてクリスチャンになったわけではないが、残花の説教に深く感銘を受けたというのは事実なのであろう。

はるか後年、残花の孫戸川安雄氏は、偶然にも交友をもった千足甚左衛門の孫にあたる人から、かつて酒造業を営んでいた千足甚左衛門が、昔、残花に「きちがい水を作るような仕事はよくない」と説教を受け、それに感じ入って材木商になったという話を聞いたという（『戸川残花伝』）。

残花の説くキリスト者としての修養のなかで、禁酒は大きなウエイトを占めていた。

明治期のキリスト教の戒律は厳しく、バラは飲酒、喫煙を禁じ、酒を飲めば地獄に落ちるとまでいっていた。バラから教育を受けた松村介石は、日本人にそう説いて憚らないバラ自身がワインを飲んでおり、しかも、それが不注意によって日本人の信徒に発見された時、これは薬だといってごまかしたのを見て、外国人宣教師に不信感を抱きはじめることになった。熊本バンドの横《よこ》井時雄《いときお》は、自分が改心せしめたタバコ屋にはその商品を燃やさせ、酒屋には酒を川に流させていたという。のちに、横井は、キリスト教にだまされたといって信仰を悔い、介石は独自の宗教を切り開き、あえて酒も煙草も飲むようになったが、残花は生涯酒を飲まなかった。父安行も酒を飲まなかったというから、そもそも酒が合わない体質であったのかも知れない。

しかし、最初の伝道地、西宮は灘五郷の酒どころである。現在も、かつて教会があった鞍掛町に接する札場筋線には、酒蔵通という通りが交差しており、大小の酒造会社が軒を連ねている。江戸のころから、灘の酒は「下り酒」といわれ、江戸周辺で生産された、当時いわゆる「地廻り酒」と呼ばれていた酒とは、味の面で比較できない高級品として愛飲されていた。むろん、町の財政基盤も大きく酒造業にかかわっていた。千足の一族も、江戸から続く有力な酒造業者であった。

そうした土地で禁酒を説くのは、非常な困難を伴ったに違いないことは察してあまりある。そのなかで、残花の志に打たれて職替えをした人があったというのは、いかに残花が熱意をもって伝道を試みていたかの証であるだろう。

西宮において残花一家は浜石才町という教会からさほど遠くない市街地に家を構えていた、という。現在の地図で確認しても石才町という地名は存在しない。ただし、教会のあった現在の鞍掛町と現在の札場筋線をわたって、久保町という地名を挟んだところに石在町という地名がある。おそらくここが、「石才町」であろう。

この浜石才町の住まいで、残花は最初の男の子に恵まれている。

残花はこの早島戸川家十四世となるべき長子の名に、戸川家の継嗣が代々継いで来た「安」の字を用いず、「浜男《はまお》」という名前をつけた。誕生の地名にちなんでとのことだが、もしかしたら、教会の在所浜鞍掛町の「浜」であるかもしれない。ちなみに、浜男氏の長子安雄氏の名には「安」

の字が使われているが、これも残花がつけた名だという。だから、この時長子に「安」の字を排した理由は安雄氏にもわからずじまいだったという。

残花の仕事ぶりと、当時の教会の様子がうかがえる記事がある。大阪「福音新報」明治十八年二月十八日に記された西宮教会会員の葬儀の記事である。

本会々員山本《やまもと》利《り》八《はち》氏（三十一年四ヶ月）二月九日永眠らる由て十日后三時自宅に葬式を執行せり司式者は仮牧師戸川安宅《あんたく》氏にて讃美祈禱聖書朗読等の後同氏山本氏の履歴を述られ約翰《よはね》伝十一章を題として説教次にアッキンソン氏の説教祈禱にて式了《をは》れり

と、普通の訃報、葬儀の様子として、べつに驚くにはあたらない。残花が生真面目に葬儀の司式者としての役割をこなしただろうことを推測させるのみだ。

しかし、異様なのは、三十一の若さで亡くなった山本利八というキリスト者の青年の葬儀に、何と二千人近くの見物人が立ったことだ。

会送せる者は凡三拾人葬式執行中同氏の門口には人々雲霞の如く立ちとどまり一時は格子戸をも毀《こぼ》つ勢にて雑踏を極め式了りし頃は特に甚敷かりし故アッキンソン氏は一喝して衆人を静め縷々《るゝ》福音を宣られし時は保羅《ぱうろ》がエルサレム城にて千人の長の許を得て手を揺《うご》かし民に語

れる時を思ひ出したり其より出棺となり兄弟列を正ふして墓地《はかち》へ送りしが其道筋八九丁の間は実に立錐の地もなく西宮は勿論近村の人も押出したる事とを推測《おしはか》らる（凡二千人余）去れと通行中は一人の罵る者なく粛然たる有様なりき

道を立錐の余地なく埋め尽くした群衆は、死者を悼む会葬者ではなく、キリスト教の葬儀というものがどのようなものか好奇心にかられてあつまった見物人である。

しかし、明治の日本人というのは、現代人よりもはるかに行儀がよかったのだろう。物見はしても、葬儀の厳粛な空気は保ちえたようだ。司式者である残花は、罵るでも騒ぎ立てるでもなくただ奇異のまなざしを持って見守る人の壁の間に粛々と葬列を率いただろう。

葬地にては田中助氏祈禱と勧めアッキンソン氏の祝禱にて鴉帰《ひくれからす》の啞々たる頃完《まっ》たく了れり因に云右山本氏の墓地を新たに求ることよりして信者の共同墓地を設けんと遂に藪地を買入れ信者各自番を荷ひ鍬を手にし其日の墓地を拓き且其他の経界の為に二三日前より朝から奔走中なり

当時のキリスト者にとって、墓地は常に問題となるところだが、西宮教会では、共同墓地としての場所を用意、確保していたものとみえる。

残花がたった一つだけ書き残した西宮時代の思い出がある。

明治十七八年の頃なりしか、余は摂州西宮に寓居せり、折々春山を散歩せり、或日甲山《かぶとやま》へ登り人丸桜を見たり、其の地の人の云いし事故、人丸桜か何にか桜種は元より精確ならず、然りながら其の花の清艶なりしことは今に忘れず、其頃より桜は美艶なる花にして人を悩殺する底《てい》の者と思へり。

（「一ト木の花」『桜』第四号、大正十年四月）

伝道活動については一言も述べていない。

ちなみに残花が登った甲山というのは標高三百メートルばかりのおわん型の山で、散策という程度の登山にちょうどよい。市内のどこからでもみることができ、現在でも西宮市のシンボルだ。うららかな春の一日、残花は、教会に集う信徒たちに案内されてわいわい出かけたのか。それとも、妻や幼い娘たちと生まれたばかりの息子とともに眺めたのか。あるいは、一人、山にのぼって桜下にたたずんだのか。背景については語られない。ただこの清艶な桜の印象のみが、残花自らが語る唯一の西宮時代の思い出である。

教会が成立して半年ばかりで、残花は西宮を去る。教会成立まで苦楽をともにした信徒たちにとって哀しい別れであったに違いない。

西宮を去ることは残花の希望ではなく、いわば転勤であった。明治十八（一八八五）年七月二十三日、残花は、教会設立を二か月後にひかえた岸和田教会に初代仮牧師として赴任した。

仕事は山積していた。残花は、着任後すぐに岸和田の教会員とともに、岸和田周辺の伝道に赴いている。残花がおこなった伝道旅行を『岸和田教会百年史』（日本基督教団岸和田教会、一九九三年）に掲載された「伝道資金出納帖」（自明治十八年九月十一日至明治四十年十月末日）から拾ってみると、山岡尹方《やまおかおさかた》とともに、明治十八年九月二十五日大津、十月二十九日大津、三十一日宣教師のシャーロット・デフォレストも加わり大津へ、十一月六日大津、十一月二十七日板原、と、夏に着任してから年を越さぬうちに五回も遠方への伝道を試みていることになる。ただ遠方といっても、滋賀県の大津ではなく、岸和田市の隣、現在の泉大津市のことだろう。同行者の山岡は、岸和田教会設立から大正四（一九一五）年までの永きにわたって執事を務めた教会の要となった人物。

しかし、伝道には情熱だけでなく金が必要だった。『岸和田教会百年史』によると、当時の遠方への移動には人力車が用いられていた。大津への往復人力車代は一人頭六銭五厘。他に、会場費や、宣伝費がかかった。

アメリカン・ボードからの独立を目指す、できたての教会の経済的基盤はいたって脆弱であり、教会経営は良好とはまったくいいがたかった。この頻繁たる伝道活動にかかった費用も、決してやすやすと捻出されたものではない。それでも当時、泉州唯一の教会として伝道の義務を果たそうという強い意欲が見て取れる。

しかし、経済的脆弱さはそのまま残花の生活に響いてきた。岸和田の牧師の給料は十五円と定まっていたのを財務状況の厳しさに、半分の七円に下げた。その半額となった給料さえしばしば分割で支払われた。

岸和田教会で仮牧師に就任した時、残花の一家は残花、妻波、長女達、次女道、長男浜男、伯父安正それに、この岸和田の地で、次男千枝男《ちえお》が生まれている。千枝男はどのような約束事があったのか、生まれてすぐにかつて戸川家の江戸家老であった溝井《みぞい》氏の養子となっている。ただし、これは溝井の家を存続させるための名義上のことであったのだろう。千枝男はその後も残花の手もとで養育されている。また、同居していたかは定かではないが、この時期、波の妹向井鈴《むかいすず》が洗礼志願者として岸和田教会に通っている。

この岸和田教会で明治十八年十一月一日に伯父戸川安正が、明治二十年三月十七日次男の千枝男が洗礼を受けた。安正がいつから残花と行動をともにしていたのかわからない。西宮教会には安正の記録がないが、西宮教会時代にはクリスチャンでなかった安正は教会員として勘定されなかったと考えるのが妥当である。結婚前の残花には、血のつながりがないとはいえ、家族といえる人は安正の他にいなかった。いずれにせよ、この岸和田時代、安正は残花一家とともにあり、その後生涯にわたって家族として生活をともにした。したがって、この時、都合七人ないし八人という大家族だが、それを支える残花の収入はいたって少なかった。

その穴埋めのためにだろうか。残花は英学塾をはじめた。塾は、残花が着任した年の七月七日に開校されている。塾経営は教会主導の宣教活動の一環ではなく、残花個人の活動だった。収入は残花一家のものになったが、それでもあがりは二円にしかならかった。したがって、岸和田時代の残花の月収は、教会からの滞りがちな七円と英学塾の授業料二円の計九円だった。

明治十八年の九円というのはどのくらいの価値なのか。『値段の明治大正昭和風俗史』（週刊朝日編、朝日文庫、昭和六十二年）を開いてみる。食べ物の価格では感覚が違うから、初任給のところをみる。一番近いのが、明治十四年、最下四等巡査の初任給六円。この項を担当した作家山田風太郎は、明治十年代の巡査の給料を、森鷗外の「雁」と「明治百話」を引き合いにしてこのように述べている。

「雁」の物語は明治十三年のことだが、大学生の「僕」が、古本屋から唐本の「金瓶梅《きんぺいばい》」を七円で買う話もある。古本屋といっても野天に縁台を出しているような店で、この本もそれほど稀覯《きこう》本でもないらしいから、もって巡査の給料の安さを知るに足りる。だから、右の「明治百話」によると、巡査はこんなことをやった。

「……まづ政府から其頃下りましたのは夏冬の服、夏服二の冬服一着で、其他に外套、それから長靴、半靴、帽子、靴下ですが、靴類は金子で出しましたから旨く一年送りにして――」

金で支給されたから、一年ごとに買い替えるべき靴は買わずに、金だけもらって靴は二年はいたという意味だ。
これが明治十四年から四年経った十八年であろうと、六円より三円多い九円だろうと、東京と地方の差があろうと、大家族の残花一家の暮らしぶりは推して知るべしである。
ただし、生活には窮していようとも、明るい家庭であったようだ。『岸和田教会百年史』には、山岡の三女で初代の信徒、山岡満寿《やまおかます》（佐藤満寿）が文集『思い出』に書き綴った残花の英学塾の思い出が引用されている。

初代の牧師は、戸川残花先生で有りまして、御宅では英学塾を御開らきになり、男生徒ばかりの中に、私と戸川先生のお嬢さんと二人が、奥様から教へて頂きました。私は毎日の様に戸川先生のおうちへ遊びに行きまして、家では毎月セメンを飲まされて居りましたが、私は薬が嫌らいで、戸川先生の御宅へ逃げて行きますと、家の婆やが追ひかけて来て、戸川先生の奥様と二人で私を押さへ付けて飲まされた事を覚えて居ります。

子供が、毎日のように遊びに行き、虫下し（セメン）を飲まされるのを嫌がって逃げこんでくるくらいだから、岸和田での残花の家庭は、信者のなかにとけこみ、親しみやすい印象をかもしていたのだろう。波は、前述したように結婚以前、日本で最初にできた「竹橋の女学校」に通っていた。英語の教育も受けていたのだろう。塾でも女子の初歩の英語のてほどきをまかされていたとおぼしい。

残花は、明治二十一年二月二十二日までの、二年七か月を岸和田教会の仮牧師として過ごした（教会籍は岸和田教会にとどめたまま。明治二十四年十月六日に東京麴町教会に転出した）のち、伊勢の津教会の伝道師に就任する。津教会については、記録がないため、残花の伝道活動がどのようなものであったのか追うことができない。ただ、「いた」のだという証拠を求めるならば、津教会伝道中の残花一家を、岳父の向井秋村《むかいあきむら》が訪問した折の記念写真が残っている。台紙裏には、明治二十二年五月四日の日付と、「あの津にて」と地名が記され、残花と岳父向井秋村、波、波の妹の鈴、そして残花の子どもたち、達、道、浜男、千枝男の八人の名が書かれている。

津での赴任期間は、一年四か月の短いものだった。翌明治二十二年六月には同教会をやめて京都の平安教会に伝道師として就任することになる。

平安教会のはじまりは、京都に設立した三つの教会がもとになっている。宣教師ドウェイト・ウィットニー・ラーネッド宅（今出川通右側御苑内）が第一公会、新島襄宅（新烏丸頭町）が第二公会、同じく宣教師エドワード・T・ドーン宅（東竹屋町）が第三公会で、もともと一つの教会であったが、信者増加のため、便宜をはかって三つに分けられた。念のためにいっておくと、当時はチャーチの訳語に「公会」を当てているので、「公会」の語に特殊な意味はない。

さらに、新島襄が、明治八年六月同志社英学校を創立し、明治九年には熊本バンドから、金森《かなもり》通倫《みちとも》、横井時雄、小崎弘道《こざきひろみち》、吉田作弥《よしださくや》、海老名弾正《えびなだんじょう》、徳富蘇峰《とくとみそほう》ら三十数名の生徒が入学し、学舎

明治22年5月7日伊勢津にて撮影
前列左より　波、千枝男、浜男、向井鈴（義妹）、道、達
後列左より　向井秋村（岳父）、残花
（戸川淑子氏所蔵）

を現在と同じ今出川に移して同志社に発展すると、第一公会と第二公会を統合して同志社の学生向けの教会とし、第三公会を一般信徒用の教会とした。

明治二十年、松山高吉《まつやまたかよし》が牧師として赴任し、第三公会は平安基督教会と改称された。松山が赴任した年の平安教会は、会衆三十名であったが、礼拝に参加、というより見物に立つ人が多かった。しかし松山は、当時讃美歌編纂の仕事も抱えており、たびたび大阪へ出張せねばならず多忙であった。そのため、津で布教をしていた残花が伝道師として平安教会に招聘された。

京都時代の残花の日常は、著書『伝道師』（福音社、明治二十三年）からもうかがえる。『伝道師』は、伝道師である道野伝《みちのつたうる》と、秋内繁平《あきないはんぺい》という貿易商、探訪記者の真琴探《まことさぐる》の三人の対話形式で、キリスト教がどのような教えであるのか紹介しているもので、入門用Q＆A冊子といったところか。

そのなかで残花は、酒浸りになっていた父親が、キリスト者となった息子の祈りに心動かされて改心を果たしたという話を紹介し、「デスから私は毎度申します伝道の実力は炉辺です、火鉢の脇です。このホームの改良が出来ませんなら真正《まこと》の宗教の力はありません」といい、ホームの意味を問われると「ホームと申す語は日本語には訳し難ふござひますが、まづ〳〵清く楽しひ一家内の有様でせうか」と説明する。

「Home」を訳しづらいという感覚は現代人にはよくわからない。「家庭」「家」「故郷」どの語感もとらえられる。だが明治のこのころ、家族といえば、若夫婦は舅姑に屈服し、妻は夫に仕え、子は親に従い、と縦のつながりで成立する場であった。これに対し、西洋のホームは夫婦を基調とした横のつながりをもって成り立っている。どちらがよいか、というのは軽率に述べられるものではないが、残花が、理想としていたのは、仕え仕えられる家族関係ではなく、平等に横につながった家族関係であった。

対話を読み進めると、この当時の人のキリスト教解釈のずれと、それを正そうと懇切に説明する残花の様子が偲ばれる。

例えば、秋「へイ先生ある漢学の先生から承はりましたら、御宗旨では忠孝などは一向に御教へにならんと申されましたが如何のもんで」道「左様な事はありません、聖書を御覧に入れませう、（中略）羅馬《ろま》書十三章一節です、上に在て権を掌《もて》る者に凡《すべ》て人々服《したが》ふ可し（中略）爾《なんじ》の父母を敬ふべしとありますが、亦《また》他に夫婦の教も厳重であります」と説明し、また、キリスト教を進歩思想ととらえた真琴が、日本国中でキリスト教が行われるようになれば、「国力は破竹の勢でせう。南洋の諸島も、亜細亜の弱国も、南米の半開化国も日本帝国の権下に属して」といいかけるのを道野はとどめて「真琴さんは宗教を政治上の器械に用る御考へがあつてはいけません、イエスの聖書《みことば》にも我が国はこの世の国に非ずと、申されまして、基督教の支配する処は人の霊魂上の事です、徳義上の事です、其ですから、米国の様な共和政治の国にも、独逸の様な帝王を尊む国でも、英国の君民同治と申す様な国でも同様に行はれます、（中略）真《まこと》の神を信じ、其の神の子イエスキリストを信じ、人間がたがひに相愛する誡めは五大洲に行なはるゝです」という。

キリスト教の教えの第一義は「愛」である。そして、残花は「愛」を、しばしば家族愛に還元して説いた。

残花が「福音新報」（第七十七号、明治二十五年九月二日付）に記した「一巻の聖書」と題された家庭欄の記事をのぞいてみる。

残花は、自分が手元に置いて大切にしている小さな一つの硯のことから述べはじめる。「余が机上には一個の石硯あり、この硯は丹渓にや又は赤間の石にや、いと小さなる物なり」という。なぜこの小さな硯を大切にしていたかといえば、骨董的な価値が高いからというのではない。

主人にこの石硯の慕はしく、この石硯の愛らしきは、亡き父の遺物《かたみ》なるがゆへのみ。父は余が生るゝ前に世を逝《さ》りぬ、其の容貌《かんばせ》、その声音、見るによしなし、聞くにすべなし、をり〳〵母や又旧《ふる》くより家に仕へし人々の話説《はなし》を聴きて、其の風采《すがた》を忍ぶのみ、其の忍ぶ縁由《たより》にこの生命《いのち》なき石の硯が、こよなき友とはなりけらし。木石とは云へど、我より迎へて、父の手に墨摩り給ひし時は、父の手に筆をもちてこの池に染め給ひし時は、父が軍書を写字し給ひしをりは、父が端冊を持ちて和歌を案じ給ひしをりはかくさま〳〵と往時《むかし》もあるべき事柄を想像《おもひや》れば一個の硯は恰《あたか》も物いふが如し。

この硯からしみだす思いを、残花は讃美歌の一曲に重ねている。

おもひみれはむかし　ち丶のかたへに坐し
ち丶がいとしづかに　うるはしきこゑもて
よみきかせたまひし　そのきよきみふみは
いまわが手にもてる　このみふみなるぞよ

すぎにしとしごろを　おもへばち丶は丶が
よみきかせたまひし　みふみはのこれども
ち丶は丶はいまさず　みこゑもきこゑねば
まどゐせしむかしを　いまはたしのぶなり

「頃日《このころ》奥野昌綱大人と稚児《おさなご》の為に讃美歌集を編集せんとて英文のを訳し丶に」とあるから、『童蒙讃美歌』に掲載する候補として訳したものだろうか。選曲に漏れたものか、讃美歌集には掲載されていない。

見たこともない父は、残花にとって、いつの間にか自らを律する理想的存在になっている。伝道時代から二十年後の明治四十一年、雑誌『成功』の「当代名士発憤《ママ》の動機」というアンケートに答えて、残花は、自らを発奮させる格言について、

一、亡父の言行に候、亡父は酒を飲まず妾を置かず節約を重んじ、武芸を勉強しをりく発
句とか一と節切《ひよぎり》とか申す楽器を弄候由を承り候、これが聖人の格言よりも力あり候

当時の大身の旗本として、飲酒や畜妾制（一夫多妻）の習慣は、度を超さなければ決して悪徳とはいえなかっただろう。人づてにしか知らぬ父のことを、残花は、どうしてこれほど強く想い続けたのか。

残花の説教の原稿が一つだけ残されている。速記ではなく、雑誌記事の形式での掲載である。「サウロ、サウロ」（『福音新報』第四号、明治二十四年四月十日付）と題されたそれは、『新約聖書』「使徒行伝」第九章三―五の伝道者パウロ（キリスト教入信以前はサウロと呼ばれていた）の改心の瞬間を描いた箇所であり、残花はこのパウロの改心の瞬間について説明し、神の愛について説いている。

パウロは、三度にわたり異邦人に対するキリスト教の伝道の旅に出ており、聖書の巻末には、大概パウロの宣教地図が付いている。パウロの伝道の旅というのは、初期キリスト教の発達においてそれほど大きな貢献であった。

このパウロ、当時のサウロはかつては、キリスト教徒を迫害する立場にあり、ある日、キリスト教徒をとらえるため、隊を率い、馬に乗ってダマスコへ向かっていた。道中、突然「忽ち天よ

り光ありて」地に打ち倒される。その時、「サウロサウロ何ゆゑ我を窘迫《せむる》や」という天からの声を聞き、「主よ爾《なんじ》は誰ぞや」という問いに、神は「我は爾が責る所のナザレのイエスなり」（聖書引用は残花記述による）と答えたと聖書に記されている。残花は、この「イエスなり」と答えた声が「慈母が其の子を責る声なり一語一句愛の衷情《ちゅうじょう》より溢れしものなり」として、親が子どもをみるような神の愛を感じている。

ダマスコへの道中、パウロが出会った神の愛は、迫害にあっても信仰を貫いて死んでいった他のキリスト教徒と同じく「大水《たいすい》も消ことあたはず洪水も溺らすことあたはず一切《すべて》の物をことごとく与へて愛に換へんとするとも尚いやしめらる可し我を絶《はな》らする物は剣なるか火なるか水なるか否キリストの愛より絶らすこと能はざるなり」（「サウロ、サウロ」）という揺るぎない絶対のものであった。パウロは、その後キリスト教の布教に生涯を捧げ、最後は、皇帝ネロ統治下のローマで殉教したと伝えられる。

キリスト教を知らない者にとって、特に日本人にとって、もともとの文化のなかにないこの神の愛「アガペー」というものは言葉で説いても簡単に感得できるものではない。

そこでやはり残花は、神の人に対する愛というものを理解させるため、キリスト教を知らない人の心にも響く家族への愛を導入として語っている。残花が語ったのは、死後時を経ても心を去らない亡兄への思いである。銀座時代、亡き兄の姿を油絵に描かせ、飾っていたことはすでに語った。

其の画をながむれば愈々《いよいよ》益々昔日の事を忍びて其の姿は絵画を離る時は明亮《あきらか》に記憶せざれども其の愛其の情は身を二十年の昔に置くの思あり絵画の色料は褪色して容貌も分ち難き日ある可しと雖《いへど》も骨肉同胞の愛は永久《いつまで》も堕《おつ》ること莫《なか》る可し

（「サウロ、サウロ」）

もはやその面立ちの記憶もおぼろになってしまった兄だが、それでも兄弟としての愛は微塵も失せることはない。人であってさえそうなのだから、まして神の「愛」においてをや、というのだろう。

明けて明治二十三年、平安教会にとって暗い年明けとなった。三が日も明けやらぬ一月三日、福田という教会員の十九になる娘が亡くなり、その年は葬儀からはじまった。さらに二十日には松山牧師の母親が死去、大阪の島之内教会で葬儀が行われている。

さらにこの一月、平安教会にとって大切な人物が死の床についていた。平安教会の創始者ともいえる新島襄である。

二十二日、新島の療養先の大磯から危篤の報が寄せられ、平安教会では、新島の回復を願う祈禱会が行われた。「人員多カラストイエドモ熱心ノ状況ヲ顕ス」という。松山の発言で、新島の安危が定まるまで祈禱会を開くこととし、翌二十三日早朝五時より一時間、また夕方六時より一時間の祈禱をすることになった。松山は、一番汽車に乗って大磯に駆けつけた。計画していた六時の祈禱会の前に新島臨終の報が教会に届いた。二十四日、大磯から松山の電報が届く。臨終に間に合わなかったのだろう。

「アー　ステニエイミンス　ミコ、ロナルヘシ」。

新島の亡骸は同日夜十一時三十分には京都に戻ってきた。二十七日、新島の葬儀が行われた。教会の精神的支柱であった新島は亡くなったが、伝道活動は停滞していない。二月十一日には、平安教会で基督教大演説会が催され盛会だった（残花は演説や説教などはおこなっていない）。四月二、三日には、組合教会の総会の会場となり、この会議上、新島の遺言であった松山高吉の伝道会社社長就任が決し、平安教会牧師を辞任することになった。そしてこのタイミングで伝道師の残花も東京での仕事に赴くため平安教会を去ることになる。

明治二十三年四月二十七日の安息日にヨハネ第一章一節から十四節の説教を最後に、残花は平安教会を辞し、翌二十八日信徒たちの送別会に送られて、京都を去る。

わずか一年三か月ばかりの平安教会在任期間は、残花にとって人生のターニングポイントとなった。この平安教会時代に、文人戸川残花が登場する。

ちなみに残花の平安教会での最後の説教「ヨハネ福音書」第一章一節から十四節というのは、「太初《はじめ》に言《ことば》あり、言は神と偕《とも》にあり、言は神なりき」（『新約聖書』米国聖書会社、大正十一年）というロゴスの礼讃からはじまる箇所である。

神のための筆、人のための筆

残花の手になる最初の本は、現在確認できる限り明治二十二（一八八九）年七月三十一日刊行の『むーでー　さんきー二氏小伝』という翻訳書である。原本はアメリカの聖書学者エドガー・J・グードスピードの『The Wonderful Career of Moody and Sankey in Great Britain and America』。ムーデーは、アメリカの名説教家ドワイト・ライマン・ムーディーで、サンキーは、讃美歌の作曲家として業績を残した人である。訳者名は戸川安宅、住所が「京都上京区室町通り中立売下ル三十二番戸寄留」。版元は福音社。これ以前の著作が見つからないため、残花がいつ文筆活動をはじめたのか、正確なことはわからない。これに先立つ著作物、翻訳、また無記名で書いた記事などがどこかに埋もれているかも知れない。あくまで、現段階の調査で発見できた最初の出版物が『むーでー　さんきー二氏小伝』ということである。

残花によるムーデーの翻訳には、『天路』（警醒社書店、明治二十五年）、『道の栞』（警醒社書店、明治二十五年）がある。

翌明治二十三年一月、京都村上勘兵衛《むらかみかんべえ》版の『撫子《なでしこ》』という童話集が刊行される。奥付の住所は、京都市上京区下長者町新町西入藪内町十二番戸だから、先の室町通りの家は、手ごろな住まいが見つかるまでの仮寓であったろう。

この本を古書市で入手された南部亘国氏は、『撫子』について若松賤子《わかまつしずこ》の「小公子」よりも早く「言文一致で少年の読物が発行されたことは、驚異とすべき」(『日本古書通信』昭和四十九年三月)と述べた。『撫子』には、「アレクサンドル物語」と「ねこ」の二つの小説が収められている。「撫子」第一集とされているから、もしかすると継続して小説を書きためる予定であったのかもしれない。

「世にある猥褻《みだら》なる絵画、けがれたる物語りにかへて、面白く容易《たやす》き一ト巻を編みてよ」(「序文」)と子供に読ませる良質の本をつくるよう、版元に請われて書いた本である。「ねこ」は、ある一家に飼われた老猫が孫のこねこたちに、ご主人たちに甘える上手い鳴き方や態度を教えるという話で、翻案物というが、文章のなかにまぎれこんだ江戸っ子ふうの話し言葉には、日常江戸の下町言葉が使われていたという残花の家庭の空気が香る。

先に紹介した翻訳書を除けば、この『撫子』が残花のデビュー作ということになる。

残花が口語の文体をえたのは説教からかもしれない。難解な思想を解する知識階級だけでなく、富めるも貧しきも、老若男女すべてに教えを伝えるには、噛んでふくめるような優しい言語が必要だっただろう。

残花は、言文一致の文章を書くために、芥川龍之介のようにわざわざ一度英語で書いて翻訳する必要などなく、おそらく、ただ話しかけるようにと筆を運ぶだけで十分だっただろう。

そして、このようやく発揮されはじめた文才をもって残花は、新体詩人として躍り出ようとしている。

日本人が西洋の音楽にふれ、また新体詩という西洋の言語の音律を自国の言葉に移し替えようという試みに目覚めた一流として、キリスト教の讃美歌との接触を無視することはできない。讃美歌を日本語に移し替えるという行為が、短歌、俳句でも漢詩でもない新しい言語感覚を磨いていった。

では、残花が、讃美歌の翻訳に触れたのはいつかといえば、当時、組合派と、一致派で共同で使う讃美歌集の刊行が進められていた『新撰讃美歌』の編纂時の可能性がある。

この讃美歌編纂は、一致教会と組合教会から八人の選考委員が選出され、明治十九年に具体化された。

一致教会からは奥野昌綱、植村正久、瀬川浅《せがわせん》、フルベッキが、組合教会からは松山高吉、宮川経輝《みやかわつねてる》、田村初太郎、ジョージ・オルチンが選ばれていたが、実際に仕事をしたのは、奥野、植村、松山の三名であったらしい。明治二十三年、オルチンによる作曲の楽譜が付された組合一致会共用の『新撰讃美歌集』として結実した。この『新撰讃美歌』は、欧米の風味を加えた新しい日本文化の成立に貢献した。収録された曲は『小学唱歌集』にも取り入れられ一般の子どもたちの唇にのぼり、また浪漫派詩人たちの筆に搦められて新しい詩の韻律を創りだしもした。

そして、ちょうど『新撰讃美歌』の編纂時期にかさなる明治二十一年から二十三年、残花が京都の平安教会にいたことを考え合わせると、その翻訳事業には残花も協力していた可能性が成り立つ。三人の編者との関係、さらにこのすぐ後に、『新撰讃美歌集』に登場する用語の解説『新撰讃美歌集のてびき』、奥野と共著の『童蒙讃美歌』などの執筆を手がけていること、また明治二十七年に同じく教派合同で新たな讃美歌集が決定された折、残花がその編纂委員に選出（さわりがあって辞任したが）されていることを勘案すると、『新撰讃美歌』編纂時に残花が裏方として何かしらの協力をしていたと考えても不自然ではない。

いずれにせよ、残花の隠れた文才に目をつけたのはその『新撰讃美歌集』の編者の一人植村正久だった。植村は安政四（一八五七）年生まれ、残花と同じ旗本の家の出だった。明治十三年に十字屋でキリスト教界雑誌『六合雑誌』が創刊された時の発起人の一人でもあった。バラから洗礼を受けた横浜バンドの一員でもある。

明治二十三年三月、東京の植村正久から京都の残花に、創刊予定の雑誌『日本評論』への執筆依頼がある。『日本評論』といかめしい雑誌名だが、内容は評論というよりもかなり文芸よりの雑誌だった。残花はこの創刊号に、二篇の詩文を寄せている。一つは、「京上臈」で平家物語に題をえたもの。もう一つは「たそかれ」と題されて、詩文というより讃美歌の作詞にみえる。先の署名は「残花生」。そして、後者は「京都　戸川安宅」である。

同じ書き手の重複を避けるためか、本名の戸川安宅、その省略形である「と、や」、残花、この時使いはじめた百合園主人の数種をその変形を交えて（残花道人、残花庵主、百合園、ゆり等）

使い分けている。使い分けている、といったが、ペンネームの使い方は、評論にこれ、詩作品にこれと、とりわけ定められていたわけではなく、その時々の都合と、気分によったものと思われる。

四月二十八日、五人目の子どもを宿して九か月の身重だった波を京都に残して東京に引きあげてきた残花は、一家を呼び寄せる手ごろな住まいが見つかるまで、牛込区神楽町三丁目の正導舎に身を落ち着け、伝道、執筆、編集に携わることになった。

石川《ママ》安宅氏は自今福音週報の編集に従事せらるること丶なりたり同氏は重に史談及ひ家庭の欄を受持るべし之が為に紙面は更に光彩を添るならん

（「福音週報」第十号、明治二十三年五月十六日付）

主に、史談、家庭の欄を受け持つと書かれているが、その大概は無記名記事であり、残花が書いたという確たる証拠はない。むしろ「福音週報」において、残花が担当していたのが明らかなのは、巻頭の讃美歌である。

彼の文人としてのキャリアは、信仰を謳いあげる新体詩人としてはじまっている。

「福音週報」明治二十五年九月からの紙面改正の告示で、残花は讃美歌の作歌を任され、「讃美歌是は新体詩に工《たくみ》にして基督教社会の詩人なる戸川安宅氏の作歌を掲ぐ」（「福音週報」第二十号、明治二十四年七月三十一日付）とあり、残花の詩才が当時のキリスト教社会のなかで評価され、期待されていたことがうかがわれる。

一方明治二十三年五月、残花夫人の波は夫のいない長者町の家で女児を出産、平安教会にちなんで「安《やす》」という名が付けられた。八月八日付の「福音週報」第二十二号に残花の転居記事があり、牛込築土八幡町十四番地に移っている。ようやく東京での生活の基盤ができた残花は、京都で待つ家族を迎えに行く。長子の浜男氏は、この時、一家そろって鴨川の床で流しそうめんを食べたと、父残花の履歴をまとめた「浜男メモ」の片隅に書かれている。

長女の達氏は、晩年、長男の遼太郎《りょうたろう》氏にしばしば父の伝道時代の思い出を語っていたという。が、語った人も、語られた人もともに、思い出を胸に抱いたまま泉下の人となり、もはやその「思い出」を知るすべはない。楽しい思い出であったろうか。

何せよ耶蘇というものは切支丹伴天連《バテレン》で、子供の生肝を取るの魔法を使うのといわれていた時代のことだから、信者や牧師の子はみじめなもので、外へ出たって誰も遊んでくれるものがない（中略）明治十年代の基督教の迫害ということを、今の教会の故老がよく自慢そうに話すが、大人は既に大人の心を持って、その迫害に耐ゆるべく決心していたのだから何でもないが、子供はかわいそうなものだった。大人以上の迫害を受けて毎日泣かされぬ日とてはなかった。

（結城禮一郎《ゆうきれいいちろう》『旧幕新撰組の結城無二三』中公文庫、昭和五十一年）

とこれは、同じころ静岡教会で伝道していた旧新撰組隊士結城無二三《ゆうきむにぞう》の子息の回想だが、大人の主義、理想に巻きこまれた子どもの悲惨というものは戸川家とて変わらないだろう。

したがって子供同志の頼りになりつなられつすることも非常なもので、ばかばかしい話だがどこかの家で子供が一人生まれたと聞くと、それがモウひとかどの味方でもあるかのように嬉しがったものだ。（前掲書）

残花の子どもたちは、今なお子孫にしみじみと語られるほど仲がよく、長女の達氏は、晩年にいたるまで、接する人が自ずと姿勢を正してしまうような居住いの凛とした人であったという。このころの残花は、男の子女の子問わず、叱る時には木に縛りつけて叱ったという。達氏は苦労しただろうし、その分、下の弟、妹を庇護してやろうという気持ちも強かったのだろう。

家族と合流して生活の基盤が盤石としてきた残花の、文人としての人生が動きはじめている。京都時代から寄稿していた『日本評論』への執筆は、「福音週報」の編集と並行して続けている。十二月には奥野昌綱と共著で、『童蒙讃美歌』（十字屋書店、明治二十三年）を刊行している。

十字屋は残花から経営を譲られた倉田が指揮を取っていた。すでに十字屋楽器店と姿をかえているが、キリスト教書の出版販売元としても機能していた。

つづいて明治二十四年には警醒社書店より『新撰讃美歌のてびき』を刊行、表紙の著者名は筆名の戸川残花、奥付には本名の戸川安宅が記されている。

「福音週報」が「福音新報」と名を変えた明治二十四年三月以降、残花は正式な「編集人」となる。編集人の住所は、牛込区市ヶ谷仲ノ町四十一番地（しかし、ムーデーの説教の翻訳『道の栞』〔警醒社書店、明治二十五年〕の奥付は、牛込区市ヶ谷仲ノ町四十番地、また、残花も加わっている「聖書研究会」の場所は四十二番地。仕事場として続きの家を借りていたのか）。

幼年時に築地の戸川屋敷を出て以来、一か所に腰を落ち着けて定住しないのは、今にはじまったことではない。が、仲ノ町の家は手ごろであったのか、明治二十七年三月まで居住している。

このころの残花は、文筆家、編集者、伝道者という三つの仕事をこなして多忙だった。隔週で刊行される十四ないし十六頁の新聞の編集作業と並行して、伝道者としてたびたび説教をおこなっているが、明治二十三年六月くらいから毎週日曜、麹町教会で説教をするようになる。麹町教会を平河町教会と呼ぶことがあるが、これは当時麹町区には、平河町のほかに、番町教会があり、混同を避けたためであろう。

麹町教会は、明治十年十一月三日に東京一致神学校（横浜海岸教会の会員が中心となって築地につくった学校）の神学生によって成立。設立当初は麹町一丁目にあったが、火災で焼失、平河町三丁目九番地に移転した。したがって残花が伝道活動をしていたころの麴町教会は、現在の、清水谷公園からホテルニューオータニに沿ってのぼってゆく坂の中腹あたりにあった。

残花は、日曜は朝の十時、安息日の礼拝における説教、そして、夜七時から、聖書研究として旧約聖書の講義をもよおしていた。麴町教会での活動は、こののち、正式な牧師として赴任するための布石だっただろう。

麴町教会の牧師として残花が按手礼を受けたのは、明治二十五年四月三十日のことだ。

〇戸川安宅氏按手礼式 幷《ならびに》 牧師就任式　は去る三十日午後三時より麴町教会堂で催ふされ石原保太郎氏の司会にて井深氏の説教あり石原氏誓約をなさしめたる後ち来会の諸教師按手礼式を行ひ田村直臣氏牧師に対するの勧めをなし和田秀豊氏会員に勧め戸川氏の祝禱にて閉会を告けたるは五時頃なりし是れより来会者一同を清水谷の公園地に請じて懇談会を開き茶菓の饗応ありたり

（「福音新報」第六十号、明治二十五年五月六日付）

とある。残花の牧師就任パーティーが行われた清水谷公園は、旧紀州藩邸で、その名のとおり、清水の湧き出ることで有名だった。明治十一年、この付近の紀尾井坂で暗殺された大久保利通の殉難碑が建てられ、明治二十三年に土地の所有者から公園として開放された。現在は湧き水も絶え、樹木が雑然と生い茂ったあまり見栄えのしない小さな公園だが、明治二十五年当時は、清い湧水が池に水をたたえた出来たての美しい公園だった。

麹町教会の牧師就任以来、残花は毎日曜、教会学校として朝の九時に聖書講義をし、十時からの礼拝の司式と説教をおこなった。

田村直臣や、松村介石など、残花と同時期に洗礼を受けて伝道を志した者は、たいがい伝道地に赴く前に牧師となる按手礼を受けている。それに対し残花は、明治七年というごく早い時期に洗礼を受けたこと、そして、これまでの伝道のキャリアを考えれば、洗礼から按手礼までの十六年という歳月は長い。資格というならばすでに十分である。

残花自身に伝道師から一段のぼって牧師となることに「わだかまり」があり、この時按手礼を受けて晴れて牧師となったが、積年、胸の内奥に一点残っていた「わだかまり」は完全に氷解しえてはいなかったのだろう。


その「わだかまり」は、同じようにキリスト教へのわだかまりを抱いた人物との交流で残花の心の前面に現れることになる。

残花が麹町教会の牧師となった明治二十五年、一人の男が北陸での仕事を終えて東京に舞い戻って来ていた。

松村介石である。介石は高梁での伝道を切りあげたのち、大阪福音新報の記者を務め、山形英学校、北越学館で、教育に乗りだした。

このころ、介石は信仰について、見識を大きく変えていた。

予輩《わがはい》は十四五歳まで漢籍を学んだが、然《しか》し何れも朱子派で、陽明学の如きに至ては、トンと知るところが少かつた。然るに一日《あるひ》大阪一致教会の牧師である吉岡弘毅君の処へ遊びに行くと、端《はし》なくも王陽明の啾々《しうゝ》の吟を見せられて、君は之を御承知か、王陽明は余程基督教に似たところがあると聞かせられ、始めて王陽明の詩の堪らぬほど面白いのを知つたから、其れより復《ま》た漢籍を繙《ひもと》くやうになり遂に儒教を以て基督教を説き、基督教を以て儒教を説くことゝなり、ソコで松村のは儒教的基督教であるとの評判をとつたのである。予輩は基督教を信じてより、殆《ほとん》ど十年間、全く漢籍を棄てゝ居た、而して儒教は地より出た人の教であると云ふ宣教師の言を信じ、又た自分も其の如く信じて、大に之を馬鹿にして来たが、此時代より更に漢籍に興味を有し、基督教と共に之を弁唱することゝなつた　（『信仰五十年』）

介石は淡々と語っているが、この気づきは、介石にとって天地がひっくり返るようなものであったろう。何しろ、これからの介石の人生は、この「気づき」を実践してゆくことに捧げられることになるのだから。

山形英学校、つづいて北越学館の教頭として赴任した介石は、早速自らの理想に準じた陽明学的な教育を実践した。「精神教育」という「宗教でも倫理でもなく、精神を鼓舞する講話」として、キリスト教だけにとらわれず、儒教、仏教、神道、すべてを精神の素養とする教育をおこなった。教育自体はうまくいった。しかし、外国人宣教師たちの思惑と折り合いがつかず一度辞任、結局資金繰りの問題からやむをえず北越学館をたたみ、帰京した。

明治二十五年には、東京神田仲猿楽町にあったキリスト教青年館で講師を務めていた。後に道会という宗教団体を創設し、永く精神の支柱となった人だけあって、話しぶりにも非常な魅力があったのだろう。日曜日ごとに開催された彼の講話を聴いてキリスト教に改宗する者も少なくなかったという。むろん、介石が講話で語るのはキリスト教に関することだけにはとどまらなかった。この日曜講座の講師を残花もまた務めた。

明治二十六年三月、残花は松村介石とともに、雑誌を刊行する。これから生涯、無数に刊行することになる雑誌の第一号は『三籟《さんらい》』といった。創刊号の発行は、明治二十六年三月三十日。発行所は三籟社とあるが、住所は牛込区市ヶ谷仲ノ町四十一番地で、残花の自宅である。毎月一回発行の月刊誌で、十号まで続いた。

この雑誌は残花の、松村介石が説きはじめた「デビニチー」への共感から生まれている。介石は明治二十五年十一月に『デビニチー』（警醒社書店）という本をだしている。『デビニチー』は、介石の「気づき」を理論的に開陳した書でもある。孔子や陽明をもってしてキリスト教を説きつつ、人間の持てる感覚や、善悪の問題について述べている。残花もそれを読んでおり、「福音新報」に「松村介石のデビニチーを読みて」という書評を載せて後押ししている。

では「三籟」とは何か。

我党が三籟を発刊する所以は世に「三大真理《ツルス》」を宣揚せんが為めなり「三大真理」とは何ぞ。一曰天道（デビニチー）、二曰人情（ヒューマニチー）、三曰実力（アビリチー）是なり　（「三籟発刊の趣意」『三籟』創刊号）

と難しい。発刊当時、残花もよく人に聞かれたのだろう。

客あり三籟の意を問ふ、我れ指を以て空中に円環を書く。客あり円環の意を問ふ、雑誌の表を指して三籟と答ふ。客あり円環は宇宙大を表するかと問ふ、我れ答へて曰く然《しか》り。客あり円環は基督教の聖典に云へる所の、回転《まわ》りて見る可き影もなき光明かと問ふ、我答へて曰く然り。客あり三籟とは父、子、聖霊かと問ふ、我れ答へて曰く然り。客あり三籟とは天地人の三才かと問ふ、我れ答へて曰く然り。　（『三籟』第二号、明治二十六年四月）

問うた客は驚いて、「唯心説を教ふるか」「凡神論を説くか」「三位一体説を教ふるか」と問うが、残花はこれに対しては「否」と答える。結局残花が客に与えた回答は、抑々円環の相は虚なり、無なり、大虚は空にして空に非ず、空に非ざるにも非ず虚は玄なり妙なり、衆徳の門なり（中略）実に円環は真理を代表す、社会は円球の層々として極みなきに似たり、新層は旧層に由りて進む、円環は神秘に入るの門なり　（前掲誌）

まるで禅問答のようだが、ここにはキリスト教と禅の思想の混じり合った残花独自の不可知論、懐疑主義とともに、円環によってしめされる真実が決して一面的なものではなく、多面的なものであると考えていたことがうかがわれる。であるから、円環の意を「宇宙大」「回転りて見る可き影もなき光明」「父、子、聖霊」「天地人の三才」かと問われれば、そのすべてであるので「然り」と答え、「唯心説を教ふるか」「凡神論を説くか」「三位一体説を教ふるか」とその円環の性質を限定する問いをされれば「否」と答えている。

介石が「孔子論」等、自らの理論を展開していく一方で、残花は理論や思想よりも詩や小説の執筆が多い。『三籟』の執筆陣は、プライベート雑誌とは思えぬほど実に豪華だ。宗教界だけでなく、文学界の書き手も誌面をにぎわせている。植村正久、大西祝《おおにしはじめ》、志賀重昂《しがしげたか》、内田不知庵《うちだふちあん》（魯《ろ》庵《あん》）、山田美妙《やまだびみょう》、尾崎紅葉《おざきこうよう》、北村透谷《きたむらとうこく》が、詩や小説、評論を寄せている。

残花と介石には終刊の意志はなく、隔月誌にしてより充実した雑誌をだすつもりであったらしいが、二人の意気込みにも関わらず、『三籟』は発刊から一年足らずの第十巻で終刊となる。

残花と介石が『三籟』を発刊した時、当時二十四歳だった透谷は、『評論』（明治二十六年四月号）で『三籟』の発刊を祝してエールを送っている。透谷は、『三籟』のどこに感銘を受けたのだろう。

吾人は「三籟」を得て始めて純文学界に、剛強なる東洋的趣味を得たるを喜ぶこと頻《しき》りなり、頑固なる国粋主義は渠《かれ》と共にあらず、而《しか》して却《かへ》つて洋外の森厳なる思想、かの「調和」とかいふ天使の翼に乗りて翶翔《こうしょう》し来るを見るなり。「三籟」は明治文学の一希望を充《みた》せり。

（『北村透谷選集』勝本清一郎校訂、岩波文庫、一九七〇年）

という。東洋思想と、西洋思想の「調和」。一方を取るためには、一方を否定しさらねばならないか。キリスト者であるためには、日本人として空気のようにまとい肌に馴染んできた思想のすべてを否定しさらねばならないのか。いや、おそらくそうではない。宗教の本質には、教えの違いを越えて共通するものがあるのではないか。

残花の「わだかまり」は、キリスト教を信奉しながらも、生来の懐疑的、不可知論的な性格ゆえに、キリストを至高とは思えても、唯一無二の存在とは思い切れなかったところにあったのではないだろうか。残花にとり、世界は円環の積み重ねである。キリスト教という真実もまた、円環の一回りに生じた「一つの」真実に他ならないのではないか。洋の東西、時代の新旧、正義と悪、どれも円環の一面であって、何か一つを選ぶために他を否定するのではなく、調和の道こそ、多層に重なる円環の先の真実を見いだす扉へいたる道ではないか。そのことに気づいた時、残花の第三の人生がはじまる。

明治二十六（一八九三）年四月二十三日、残花は自らが司牧する麴町区平河町教会で、通常通り朝九時の日曜学校で詩編の講義、午前十時からの礼拝を司式、説教で「全体の帰する所を聴べし」との演目で説教をおこなった。そして、その日を最後に、残花は麴町教会の牧師を辞する。以後特定の教会に所属して伝道活動をおこなうことはない。

ただし、この四月二十三日をもって「伝道者」を辞めたといいきってしまったら語弊がある。麴町教会を去ってのちも、残花は、キリスト教の伝道からまったく身を引いたというわけではない。現に、麴町教会で最後の説教をした翌週の四月三十日、麴町区一番町教会で説教をしているし、キリスト者として公の場に立つことを拒絶したわけでもないのだ。九月二十三日には、新栄教会二十年記念祝会にて同教会出身者総代として祝辞を述べ、十一月二十五日、市ヶ谷青年会で開催された演説には伊深梶之助とともに演壇に立っている。

ちなみに、残花が牧師を務めた麴町教会は現在存在しない。

当時の会堂は、大正十二（一九二三）年、関東大震災で崩壊した。会員たちは、バラックの仮会堂で信仰の灯を守り続け、昭和六（一九三一）年に新会堂が建てられた。が、昭和二十年五月二十五日の大空襲で会堂、牧師館ともに焼失し、当時の牧師であった松尾武《まつおたけし》が、説教台と聖餐台だけをかろうじて避難させた。

　サンフランシスコ平和条約が結ばれた昭和二十七年、麹町教会は、高輪教会と合併し、戦災を生き延びた教会員たちは高輪教会に転出、麹町教会は事実上消滅した。高輪教会で今日も用いられている聖餐台は戦火をくぐり抜けた麹町教会の形見の品である。

第3章

調和をもとめて

菅千春という人

前章でも少し紹介したが、新撰組の生き残りで明治になってキリスト教徒として伝道にいそしんだ結城無二三《ゆうきむにぞう》という人物がいる。徳冨蘆花《とくとみろか》の『黒潮』の主人公の一人東《ひがし》三郎のモデルとなったといわれる人である。

結城は甲州の浪人で、回天の志を持って京に出、新撰組に参加、甲州鎮撫隊として戦い、戊辰の役を生き残った。明治になってからは、キリスト教の伝道者となった。

結城はカナダメソジスト派の宣教師チャールズ・サミュエル・イビーとともに明治二十三（一八九〇）年に建った本郷中央会堂の設立にも力を尽くした。残花とはもしかしたら一面識くらいあったかもしれない。

晩年はやや不遇であった。生活のために下宿屋も菓子屋もやった。そんな彼が、長男へ語った言葉が、「おれは人からあきらめがよすぎると言って攻撃された。おれもそれを知らぬのではない、もっと一つの事に執着していたなら必らず成功していたと思う、それだから今お前に向ってもこれからの世の中はねばり強く行かねばだめだ、一つ捕《つらま》えたら決して離すなと言いたいのだが、おれはそう言わぬ、成功するにはその方が利巧なやり方かもしれぬが、何も人間、成功するばかりが能ではない。だからおれもお前に物事執着心が弱くてはだめだのアキラメがよすぎてはいけないなぞと言わぬ。ただいつまでも野心だけは棄てないように、どんなになっても野心さえ燃やしていれば、人間いつでも楽しく暮らせる」（結城禮一郎『旧幕新撰組の結城無二三』中公文庫、昭和五十一年）だった。

移り気は、旧幕臣として生まれ、明治を生きた人々にある程度共通のものであったかもしれない。一度破壊された既成概念を立て直すというのは、思うよりも難しかったのか。多くの若者が、明治維新により価値観を破壊され、次に心の柱とするものを探して迷走したのだろう。

この言葉を読んだ時、ふと残花の人生を重ねた。

大正三（一九一四）年九月二十六日夜、還暦をむかえた残花が、自らの生涯を振り返って書いた漢文「自叙伝」のなかにこんな一文がある（末尾に「××溘焉而逝　行年××　葬於××地」とわざわざ伏せ字を置いて、死後、遺族が追記できるようにしてある。還暦を期に「死に支度」のつもりで書かれたのであろう）。

為学生　為牧師　為記者　為教授　皆落于人後

「人後に落つ」つまり何をしても人並みにはならなかったというこの自嘲的な言葉は、残花が亡き後、波夫人が孫の安雄氏にいっていたという言葉に裏付けられている。

祖母が、生前、僕によく言った。「あなたは顔形から、気紛れで移り気な性格まで、お祖父さんそっくりだから気をお付けなさい。お祖父さんは、一つの仕事をずっとやっていれば、もっと偉くなれたのに、いろんなことに手を出し過ぎたので、あまり偉くなれなかったのよ」

（『戸川残花伝』）

残花の生涯もまた、身内からさえも「気紛れで移り気」と見られていたことがうかがわれる。明治七年にキリスト教の洗礼を受け、青年期をまるごと伝道に捧げた残花は、明治二十五（一八九二）年ついに牧師の按手礼を受け、麹町教会の牧師となった。ここまではある意味一貫した人生といえるだろう。しかし、翌明治二十六年、十四歳で維新を迎えた残花はこの年かぞえで四十。不惑の年にこの一貫した人生を棄てた。以降、残花の人生は、枷をなくしたかのようにめまぐるしく展開する。

残花のめまぐるしい転身の根底には、懐疑がある。キリスト教を無二と思えなかったのと同じく、どれも残花にとっての唯一になりえなかったろう。もし、この懐疑が、残花に万事を否定する方向に働けば、残花は沈鬱な哲学者になっていたかもしれない。だが、残花は、万事を否定する代わりに万事を肯定した。それが、「気紛れで移り気」という一種の軽さをかもしだした。

残花が麴町教会を辞するひと月前、文壇をリードする気鋭の若者たちが集って一冊の雑誌を創刊した。『文学界』である。

月刊文芸雑誌『文学界』は、巖本善治《いわもとよしはる》主宰の『女学雑誌』の執筆陣から、若い執筆者たちが、自由な表現の場を求めて創刊したものである。星野天知《ほしのてんち》が経営、編集人として立ち、同人は、北村透谷《きたむらとうこく》、平田禿木《ひらたとくぼく》、戸川秋骨《とがわしゅうこつ》、島崎藤村《しまざきとうそん》。のちに馬場孤蝶《ばばこちょう》、上田敏《うえだびん》が加わった。

北村透谷は明治元年生まれ、島崎藤村はその五つ下で明治五年の生まれ、戸川秋骨は二人の間で、明治三年生まれである。『文学界』を創刊した明治二十六年一月、彼らは二十歳を出たばかりの若者であった。かろうじて三十路を越えていたのは星野天知であるが、それでも、文久二（一八六二）年の生まれで残花より七歳若い。

すでに新体詩人として名をはせはじめていた残花もまたこの若者たちが作りあげた雑誌に作品をよせることになる。残花が『文学界』に加わったのはかねてから原稿を寄せていた『女学雑誌』の縁によるものという。

『女学雑誌』は、巖本善治が主幹として明治十八年に創刊した。毎週土曜に刊行された週刊誌である。「女学」雑誌といっても、女学生が読んで楽しめるようなものではまったくなかった。三十頁に満たない薄手の小冊子のなかに、キリスト教による教化を目指し、禁酒、廃娼問題、矯風、良妻賢母たるための修養といった女子にまつわる社会問題を、内容に因んだ娯楽性のない口絵や最小限の挿絵のほか、ほとんどカットの一つさえなしに、文字も内容もびっしりとまじめに論じている。明治二十三年の第二百二十七号から巖本の妻、若松賤子《わかまつしずこ》の小説「小公子」の連載もはじまっているが、文学臭は薄く、社会雑誌、女性啓蒙雑誌というのが相応しい。

残花による最初の寄稿は、明治二十四年第二百五十四号（二月二十八日）の随感「小学女教師」。女性教師の地位向上を目指した新体詩で、「雲峯磯貝詞兄《うんぽういそがい》のもとによみておくる」と枕書きがある。

残花が人気作家の一人として『女学雑誌』をリードしていた、というような記述もあるが、実際には、時々新体詩や短歌をよせる程度で、『女学雑誌』への執筆は意外に多くない。

むしろ、残花の文才が遺憾なく発揮されたのは『文学界』誌上においてであった。

『文学界』は創刊以来、明治三十一年一月に終巻を迎えるまでに、五十八号が刊行された。どのような経緯で『文学界』に作品を寄せることになったのか明らかなことはわからないが、残花の作品は、第四号「明智光秀」から、第四十七号の「露八《ろはち》」にいたる二十四作品である。

作品のほとんどは評伝、随筆であった。詩作品は「桂川」と「真美人」を除けば、透谷の追悼「北村透谷君をいたみて」「一年は夢の間にすぎぬ今日は北村透谷ぬしの世をさり給ひし日なりと思ひいでゝよめる」の二作品のみ。他に随筆中に新体詩が詠まれているものもある。小説は「月かげ」の上下のみである。

歴史に着想をえた散文詩的な作品はともかくとして、残花の小説、純粋に想像力のみで仕立てあげる物語は残念ながらあまり面白いものではない。残花は、無から人物を作りあげ、骨を組み、血肉を与え、心を持たせるというような想像力には恵まれていなかったように思われる。それゆえに、小説を書こうとした場合、まるで、自分が経験したこと、そして知る人物を縫い合わせたかのような登場人物が出来上がる。

例えば、『三籟』（創刊号、明治二十六年三月）に発表した「茫々漠々」のこんな未亡人の話。彼女の家は旧幕時代には八千石の旗本だった。夫たる人は、某大名家から婿養子に来た。その夫は、徳川幕府滅亡に際して、彰義隊に参加することを望むが、本家の反対を受け、結局朝臣となる。運命のいたずらか、大名家を継いだ義弟は伯爵となって栄達を果たし、身分を失った夫は、以降、事業を始めても失敗、鬱々とした日を過ごすうちに、病をえて亡くなった。肺患の質のある家系であったらしく、夫との間に授かった子どもたちも次々と死去し、四十になるかならないかという若さで一人ぼっちとなった夫人もほどなくして一人寂しく命を終える。

そして「剣影鬼」（『三籟』第四号、明治二十六年六月）。主人について彰義隊に参加した主人公は、ひょんなことから、非戦闘員である男女を斬り殺してしまう。以来、刀をみると、刀身に斬り殺した男女の顔が浮かぶ。最終的に主人公は、キリスト教の教えに出会い、救済される。

これにくらべれば、より文学的に洗練されている『文学界』（第三十一号から三十二号）に発表した「月かげ」は、掌篇小説三篇からなり、テーマは死である。「一眼寺」は気死（憤死）、「無動寺谷」は自殺、「遠州灘」は入水と、それぞれ死に魅せられた人物の寸景が描かれている。美しいがどこか生硬なぎこちなさがある。

何よりも残花の真骨頂は評伝にあった。

残花は好んで評伝を書き、「明智光秀」「静御前」「深草元政」「塙団右衛門《はなわだんえもん》」「法然上人」「牡丹花老人」「露八」等を発表している。彼の人物評論は、比較的に客観的で、理路がととのっており、文章もまた雅健で、いたずらに自己の感情を浮きあがらせるようなことがなかった。その対象とするところは多方面にわたり、光秀の反逆のほか、静御前の貞節・歌僧元政の人間味・塙団右衛門の豪侠・法然《ほうねん》上人の求道・牡丹花肖柏《ぼたんげしょうはく》の風流・幇間露八の奇行等をつぎつぎに取り上げて、観察叙述ともに周到を期しており、そこに彼の常識の広さと学殖の豊かさとが示されている。しかも彼は、つとめて事実に忠実であろうとし、ほしいままな主観的解釈に陥ることを避けようとした跡があり、その点、業平《なりひら》を以てバイロンに比した天知の行きかたなどとは、おのずから異なるものがあつた。

（榊原美文『文学界派明治浪曼主義評論』日本評論社、昭和二十三年）

「つとめて事実に忠実であろうとし、ほしいままな主観的解釈に陥ることを避けようとした」というのは事実であろうが、むしろ残花の評伝は、残花の思想と理想を映し、それでいて淡白にみえるほどの冷静さがあったといえる。

残花が客員として最初に『文学界』に寄せた評伝「明智光秀」を、キリスト者で当時女学雑誌社で働いていた川合信水《かわいしんすい》（山月《さんげつ》）はくり返し読み、その文句を暗唱するほどに愛したという。明智光秀という人物は、現在では様々な評価もあろうが、残花の当時は、単純明快で、後醍醐天皇を「裏切った」足利尊氏が朝敵なのと同様、主君織田信長を弑《しい》した明智光秀は一言の余地もなく「謀反人」だった。

その明智光秀について、残花はこのように描く。

明智光秀は逆臣の醜名を百載の下に留め、人の其名を談ずるを潔《いさぎよ》しと為さゞれども、渠《かれ》は王師に抗せし者に非ず、又《また》万乗の位を覬覦《きゆ》せし者にもあらず、境遇は渠《かれ》を駆りて端《はし》なくも不忠の臣と為し逆賊の汚名を蒙《こう》むらしむるに至れり。

残花は、明智光秀を通して、忠なるものを問い直している。そして、織田信長が光秀にとっていかに「君」に値しなかったのか、を説き、「本能寺に於て織田信長と称する一人の尾張武士を殺せり」として光秀を弁護した。斬新な視点かつ、奇抜な論の運びだ。

残花の理想をもっともよく映しているのは「深草の元政」（第十二号、第十四号）ではなかろうか。

元政は、元は井伊《いい》掃部頭《かもんのかみ》直孝《なおたか》の家臣であった。出家したのは厭世ではなく、「寧《むし》ろ芭蕉が『造化にしたがひて四時を友とす、見る処花にあらずと云ふ事なし、おもう所月にあらずと云ふことなし』と厭世嗟嘆の声よりせずして逍遥遊てふ立脚地より武門と云へる齷齪《あくさく》の一天地、蝸廬《かろ》の社会を脱せしに同じ」という人なのである。冒頭残花は、「元政上人は僧にして詩人なり、詩人にして頗《すこぶ》る隠者の趣味を具《そな》へし人なり。やゝもすれば情熱に傾き易き、法華宗の人なれども反て寧静淡薄なりき」と説明し、一方では、「法華天台禅等の派別に属する人に非ず、況《いは》んや詩人隠者と云ふ名に縛せられたる人に非ず、なほ仏弟子と云ふ名目に制せられし人にも非ず」と、今度はないないづくしで、では何なのかと問いたくなるが、この「なり」と「非ず」の対句は韜晦ではない。人の世が定めたカテゴリーに押し籠めることのできない元政という人物の執着や拘泥のない自由さを表している。

元政の飄然さは、星野天知が語る残花の印象にどこかしら似通っている。

会計の話から想出したのは、残花君の貧乏好みの事である。其《その》祖父は相馬大作の名裁断を下した戸川播磨守《はりまのかみ》で、随分殿様暮しをしたものだが、元来の風流心は「どうか貧乏を味はつて見たい」の心願で、到頭幕府の瓦解後、その本望通り葛籠《つづら》一つにまでなつたと云ふ。其時米が無いと奥さんが嘆くと、米屋にあるではないかと真面目に解答した程だと云ふ。其大名気分が生涯その人品を保つて上品な人であつた。その老荘観で、松村介石《まつむらかいせき》と私との三人が持《ママ》に親しみが深かつた。（中略）常住坐臥これ俳といふのは此人の事で、江戸趣味の寂《さび》て洒落風流のある所は岡野知十《おかのちじゅう》君などゝ意気が協《あ》つて居る。

（星野天知『黙歩七十年』聖文閣、昭和十三年）

戸川播磨守云々の下りは星野の勘違いである。「どうか貧乏を味はつて見たい」と思っていたというのは、残花が戯れに語ったことか、天知の冗談か知らないが、上品な人であったというのは、誰もが口をそろえていうことだ。残花の友人たちは、しばしば彼の無欲さに驚かされた。残花は、自らを「天資恬淡」（「自伝」）といったが、星野天知などはその天性の禅風をうらやんだという。

明治二十六年六月の『文学界』（第六号）で「桂川（情死を吊《とむら》ふ歌）」と題する新体詩を発表した。桂川を歩いていた詩人は、水面を照らす蛍火にも似たかそけき光に導かれ、夢現の境界に迷いこみ、情死を遂げ幽鬼となった男女の言葉を聞く。姿の見えない影は詩人に訴える。

そも愛といひ恋といふ、
ふかき意《こゝろ》を世の人は、
さらく＼くまず氷より
霜より冷えしそのこゝろ。

親のゆるさぬ道芝を、
あゆむは罪としりぬれど、
二人が中の恋衣、
かさねし日より如何にせん、
心の手もてはなるまじ、
きれるまじとて契《ちぎ》りしを。
真玉白玉、種類《しな》あれど、
愛に易《か》ふべき物はなし。
黄金白銀たふときも、
恋に代《か》ふべきものならず

この愛を身にしいだかば、
厭ふべき伏屋《ふせや》のうちも、
おそろしき深山《みやま》の陰も、
情《こゝろ》より宮殿《みやゐ》となりぬ。

この恋を身にしつけなば。

谷水も玉うつひゞき、
枯蘆《かれあし》のさびしきさまも
きさらぎの花と匂ひぬ。

この男女の霊魂は亡霊となって川面をさまよう運命となっても、情死という決断を悔いてはいない。

われらが罪をゆるせかし
犠牲《にゑ》となりしは愛のため。

いい残して幽霊は消える。一人残された詩人は歩きだす。

降り来る雨の音、吹き来る風の音、月も星も、雲に沈みぬ。
きこえし声は、主観的《われ》よりか、客観的《かれ》よりなるか。蛍火の、
またもや二ツ、あとやさき、我がゆくさきに、しるべ顔なる。あはれあはれあはれ。

詩人の感想はない。よいとも悪いともいわない。「あはれ」と思うのみである。ただ、聞いた

声を自分の思いこみか、それとも幽霊が語るのを本当に聞いたのか怪しみながら陰鬱な道をゆく。

この詩が発表された翌月、北村透谷は『文学界』誌上で「桂川（吊歌）を評して情死に及ぶ」と題した評論を執筆。詩全体の構成の巧みさを褒め、「余は残花氏の巧妙と幽思、この篇にて尽くるを見る、明治韻文壇、斯《か》かる佳品を出すもの果して幾個かあらむ」と残花の詩を絶賛した。

しかし、「人の世に生るや、一の約束を抱きて来れり。人に愛せらるゝ事と、人を愛する事之なり」といい「人間の心界何ぞ常に静謐《せいひつ》なるものならんや」という透谷は、「桂川」の作者である残花よりもずっと激しく、ずっと遠くを見ていたのかもしれない。

この詩は、謡曲にも似た幽玄さの他、あまり残花らしくない。残花の書いたものに、男女の情愛はまったくといっていいほどに登場しない。おそらく「恋愛」という概念自体が、透谷とは違っている。残花には『文学界』によせた「恋愛之辞」（第四十二号）という作品がある。

我哲学者に非ず、詩人に非ず、いかでか深く恋愛の趣を解するものならむや、さりとて生《いき》とし生ける我なれば恋愛の情を味はざるにも非ず、妻あり子あり父あり母ありき、抱かれし母の温かきふところ、握る子のいたいけなる手は常に春なり恒《つね》に霞める弥生の空ならん

という。確かに、父母、妻、子に対する思いは愛には違いないが、男女の「恋愛」というかといえばそうとはいえない。

さらに「恋愛之辞」では、西行の恋の和歌を「肉欲の浅く汚れた」恋ではなく、「仏神を観し自然を念ふ心の奥より溢れし恋なり」と評価する。西行は桜に恋した歌人であるが、のちに桜を愛し、桜の保護活動に従事することになる残花は、西行の歌を愛吟していた。彼も桜に恋した詩人だったのである。

つまるところ、残花にとっての「恋愛」とは、家族愛や、人間愛、神の愛、自然への愛であって、いわゆる男女「恋愛」は、「肉欲の浅く汚れた」低次元のものと見なす傾向があった。であるから「桂川」を執筆した理由を、心情として、主義として「恋愛至上」に心動かされたとは思いがたい。ゆえに、何故残花が突然情死を歌いあげたのか不思議なのである。もしも、残花が「情死」を理解したとするならば、その情念よりもその至誠によってであろう。

明治三十年、『社会雑誌』に、「至誠」という単文を寄せている。

天下の事は至誠にあり、信仰と云ふも、慈悲と云ふも、愛と云ふも至誠より発《おこ》らざれば偽りなり。

その至誠の行き着くところとしての「情死」を残花は憐れみ、一つの「美」として詩に定着させたのだろうか。この一篇の詩は、透谷の讃辞ゆえに残花の代表的な作品として知られるのだが、実際は、残花の一生の作品のなかで最も異質な作品なのだ。

「桂川」よりも、随筆「志らぬ」(『文学界』第十六号)の末尾にそえられたこちらの詩のほうが、残花らしい。
残花のなかには、自然と一体にある幼年時への憧憬があった。自然と宇宙と渾然となった魂のふるさと、それは、キリスト教の原罪以前の楽園であり、また蝶と己が一体となった老荘の夢でもある。

一

志らぬむかしは　おもしろや。
花とたはむれ　鳥とゆき、
すみれたんぽゝ　むしれども
菫菜花、蒲公英も　にこやかに
稚児の心と　ともなりき。

二

志らぬむかしは　面白や。
月の光りも　しらゆきも、
たゞ心なく　ふみゆけど、

月もわらひて　抱くなり。
雪もゑみつゝ　むかふなり。

三

志らぬむかしは　面白や。
苦楽差別の　帯もなく、
親のむすびし　付紐の、
赤きがまゝに　ゆきゝする、
園生は稚児の　天地なり。

四

志らぬむかしに　いざかへれ。
苦楽差別は　きはみなし
きはみなき世に　さまよひて、
なにをくよ〳〵　今日明日と、
身につまされし　ひとりごと。

五

志らぬむかしに　いざかへれ。
遊ぶと云ふ名も　なにもなき、
志らぬ遊びに　遊ぶべし。
胡蝶か、稚児か　稚児か、蝶、
わかぬさまこそ　たのしけれ。

一定の評価をえながら『文学界』へ執筆を続けていた残花であったが、『文学界』に集った若者たちと、どの程度の距離をもってつきあっていたのだろう。

先に述べたとおり、まず年齢が違う。北村透谷も、島崎藤村も、戸川秋骨も明治の生まれであり、『文学界』を創刊した明治二十六年、彼らは二十歳を出たばかりの若者であり、対する残花は不惑を迎えようとしていた。

島崎藤村の『春』に登場する残花の書かれ方をみるに、彼らと残花の間には、友人とはいいがたい距離感があったように感じる。

『春』は、藤村の十代のころを描いた『桜の実の熟する時』に続き、壮年時代の『家』へと橋渡しされる青年期、明治二十五年から二十九年、年齢にして二十一歳から二十五歳までの自伝小説である。描かれた時期がちょうど、『文学界』刊行時期に重なる。『春』の初出は明治四十四年からの「東京朝日新聞」の連載であるから、実際の出来事からは二十年の熟成の歳月を経て書かれたことになる。

物語では、主人公の岸本捨吉《きしもとすてきち》に仮託して、青年藤村の恋愛や、友情の苦悩が語られている。軸となっているのは、「勝子」という初恋の女性に対する思いと、青年期、藤村が最も強い影響を受けた友人北村透谷をモデルにした青木俊一《あおきしゅんいち》との交流である。青木俊一は、実生活との闘いに次第に精神を蝕まれ、物語中盤で縊死をとげる。精神を病み始めた青木が療養もかねて国府津《こうづ》（現・神奈川県小田原市）に引っ越し、訪ねて来た岸本と交わした会話のなかに菅千春《すげちはる》という人物が登場する。

菅千春という人の噂なぞが出た。この人は雑誌を賑す寄稿家の一人で、年齢《とし》から言っても思想《かんがえ》から言っても、若い連中とは余程違っていた。この人の書くものは岡見の畠に近かった。同姓で間違い易いところから、連中のは菅君、この人の方は菅さんと呼ぶことにしている。千春さんとも言った。千春はもう好い阿爺《おとっさん》で、娘が五人もある。

青木は不相変《あいかわらず》の調子で、

「千春さんも骨が折れるよ、風船を買っても五個《いつつ》だからネ」

こんな戯語《じょうだん》を言う青木の顔には何となく憂いの色があった。

（『春』新潮文庫、平成十九年）

この菅千春が残花のことで、雑誌はもちろん『文学界』を指す。岡見は星野天知、若者連中で同姓の人物というのは戸川秋骨である。してみると残花は、『文学界』の若い連中から、戸川さん、あるいは残花さんと呼ばれていたのだろう。

ただし、正確にいうならば、この時、残花の娘は四人であり、しかも、最初の娘と最後の娘では二十歳近い差があって、この時すでに上の娘は十代半ば、父親に風船を買ってもらって喜ぶような歳ではない。藤村の、娘が五人云々のいいは、勘違いというより、若者の、年長者に、もっといってしまえば、中年の家庭持ちに対する軽い揶揄が感じられる。「年齢から言っても思想から言っても」というのは、大人はわかってくれない、どうせ理解しあえないという断絶の気持ちがこめられているともいえる。間違いといえば、『文学界』について述べた何かの文章で戸川秋骨が残花の息子と誤解されているものがあった。「同姓で間違い易い」ことの例であると同時に、そのような誤解が生じるほどの世代差があったということでもある。

『春』にはもう一か所残花が登場する。それは主人公の岸本が恋人「勝子」の卒業式に顔をだした時、残花の姿を見かけたというもの。

菅は来賓の中に、若白髪の多い、面長な、洋服姿の人を見つけて、

「千春さんも来てるネ」

と岸本に私話《ささや》いた。

恋人の卒業を見届けに来た岸本に対し、千春はおそらく娘の卒業に立ちあっている。年齢的にも精神的にも父と子ほどのへだだりがあったということか。

馬場孤蝶は、樋口一葉に宛てた手紙のなかで、『文芸倶楽部』九巻に掲載された一葉の「にごりゑ」を絶賛すると同時に、ともに掲載されていた残花の作品について次のように述べている。

驚く可《べ》きは小倉山人と残花先生との小説に候、銭が欲しければ此んな物までも書くかと、悲しきやうなる心地も致し候ひき、如何にしても老朽の士はだめなるべし、盛春妙齢の御許《みもと》様などますく御奮発なされ度くと只管《ひたすら》祈上候。

（『樋口一葉　日記・書簡集』ちくま文庫、二〇〇五年）

ここで孤蝶が話題にしているのは、一葉の「にごりゑ」とともに掲載された「たのむの木」のことで、確かにさほど優れた作品ではない。しかし、「老朽の士」とは酷ないい様だ。江戸に生まれた残花と、江戸を知らない「新時代」明治の賜物ともいえる青年たちとは精神的な構造として大きなギャップがあったのかもしれない。

彼らが感じていた世代差を、残花は感じていなかったのだろうか。

残花というのは不思議な人だと思う。『文学界』同人の仕事を、文学史的には近代自我の目覚めなどと語られるが、文学的な価値を無視して極普通の人間の一時期として考えれば、彼らは、生き方や恋愛といった青い悩み真っ盛りの若者に過ぎない。分別盛りの妻子持ちが、その若者連中とまじめに、しかも、敬意を持って接することができるというのは、よほどの包容力があるか、あるいはよほど若い精神性を保っている人物であるかだ。

残花が『文学界』の若者たちのなかで、もっとも関係が深かったのは、十四歳下の北村透谷だろう。

透谷は、『三籟』の創刊を喜び、『評論』誌上で賛辞を述べたのみならず、『三籟』本誌に「満足」（随筆）と「蛍」「蝶のゆくへ」の二篇の詩を寄せ、また、『文学界』では先のとおり残花が「桂川」を発表すると、すかさず賞賛の文章を寄せた。

透谷はしばしば残花の家を訪問していたようである。文芸評論家で透谷の研究で知られる小田《おだ》切秀雄《ぎりひでお》が、八十六歳になった残花の長女達氏にインタビューした時、氏は「北村透谷さんや内田《うちだ》不知庵《ふちあん》さんは、いつも雪駄を鳴らしながらやつてきて、玄関の式台のところで大きな声で『ごめん』と言うので、わたしがいつも父に取次ぎました」（小田切秀雄「戸川残花の遺族と樋口一葉」『日本現代文学全集』月報55、講談社、一九六五年）と語っていたという。

『文学界』に寄せられた三度の追悼を読む限り、少なくとも残花にとって透谷は大切な「友」であったことが感じられる。

透谷の死については、多くの友人たちの証言が残っている。透谷は、死の一年前すでに一度自殺未遂をしており、一命は取り留めたが病んだ精神はすり切れる一方だった。透谷と親友とでもいうべき間柄であった島崎藤村が、当時の透谷の様子を伝えている。

細君も心配して、も一度芝公園の家を借りて、それには友だちながらもいろいろ心配してくれた人があって、そこで養生した。ちょうどかれこれ半年近くも、あの公園の家で暮らしたろうか。もうよほど違った頭脳のぐあいだったから、なるべく人にも会わなかったし、細君もまた客なぞ断わるというふうであった。二度目にそこへ移ってからは、もうほとんど筆を執るような人ではなかった。巖本君が心配して、押川方義《おしかわまさよし》氏を連れて、一度公園の家をたずねて、宗教事業にでも携わったらどうか、という話をしたということを聞いたが、後で私がたずねて行くと、「巖本君たちが来て、宗教の話をしてくれたが、どうしてもぼくには信じるという心が起らないからね」と、そんなふうに話したこともあった。北村君もそんなふうになった以上はしかたがないし、われわれはわれわれで、またさらに新しく進んでみようという心持になって、文学界の連中はめいめい思い思いに歩き始めた時であった。たまにたずねて行くと、奥の方の小さい、薄暗いような部屋にはいっていて、「めったに人にも会わないのだが、君らだから会うのだ」と言って、突いてなおったのどの傷などを、出して見せた。「何しろどうもこの傷の跡があるんだからね」なぞと言って、しきりにその傷の跡を気にしていた。「戸川君といっしょにたずねた時には、なんでもエマルスンの本が出来た時で、細君が民友社から届いた本を持って来て、私に見せたが、北村君はその本を手に取って見たというくらいで、中をあけて見る気もないというふうであった。

（「北村透谷の短き一生」『島崎藤村全集6』筑摩書房、昭和三十一年）

ここに登場する「戸川君」は戸川秋骨。透谷はこの数日後の明治二十七年五月十六日、自宅の庭で縊死を遂げた。

葬儀は、芝公園にあった自宅で執りおこなわれた。透谷がもはや「信じるという心が起らない」といっていたキリスト教式の葬儀だった。

透谷終の棲処は、芝公園の中、現在の東京タワーの足下あたり。尾崎紅葉《おざきこうよう》をはじめとした文人が愛顧した芝の紅葉館はすぐ裏にあった。「紅葉館は我庵の後にあり、古風の茶亭とは名のみにて、今の世の浮世才子が高く笑ひ低く語るの場所なり。三弦の音耳を離れず、蹈舞の響林を穿ちて来る。その音の卑しく其響の険なるは幾多世上の趣味家を泣かすに足る者あるべし。紳士の風儀久しく落て之を救済するの道未だ開けず。悲いかな」（「秋窓雑記」『女学雑誌』第三百三十号、明治二十五年十月）と透谷のいうとおり、酔客の笑いさざめく声が届いたという。残花も、透谷の生前幾度かこの家を訪問したはずである。

透谷が死んだ時、「ふうちゃん」と呼ばれていた娘の英《ふさ》は三歳で、「おとうさんねんね」といったという。自身娘を持つ身であった残花には、物心もさだかにつく前に父を亡くした娘がことさら哀れにみえたのだろう。透谷の死後十五日後（明治二十七年五月三十日）『文学界』第十七号に「北村透谷君をいたみて」に娘のことを詠みこんでいる。

ちふさにすかるみとり子を
　ひとりのこして君はいま
いかなるさとにゆきまし丶
　蝶とやなりて花に舞ひ
ほたるとなりて君はいま
　葉かけをてらす身とやなる

残花も参列した葬儀の様子は『春』にも詳しく描かれている。

　生前縁故のあった人々は次第に芝の公園を指して集って来た。岡見は大磯より、清之助は日本橋より、足立と福富とは本郷より、菅、市川、それから岸本、連中は皆な集った。千春も来た。栗田も来た。

清之助は星野の弟夕影《せきえい》。足立は馬場孤蝶、福富は上田敏、市川は平田禿木、岸本は藤村、栗田は秋骨の従兄弟で俳人の大野酒竹《おおのしゅちく》。

式は九時頃から屋《うち》の内《なか》で始まった。なにしろ狭いところへ種々《いろいろ》な方面の人々が集ったので、そうそうは坐りきれない。中には庭に立つもあり、青葉の下に集るもあり、後れて来た会葬者なぞは谷間《たにあい》の小径《こみち》のところに並んでいた。

「浪風《なみかぜ》の荒きうき世のなかにも
休らふ処はめぐみの宝座《みざ》なり。
吾等が遁《のが》るるめぐみの宝座には、
罪も、哀《かなしみ》も、消えてあとぞなき」

讃美歌が歌われ、牧師による祈禱と説教ののち、透谷の亡骸は、会葬者たちの葬列に付き添われて、徒歩、白金の瑞聖寺に向かった。

埋葬の時にも、讃美歌が歌われた。

「短きこの世の旅の友よ、

しばしは別れて、離るるとも、
再び相見てともに語らん――」

こうして透谷は墓に眠り、墓石には、透谷北村門太郎と刻まれた。

透谷が自死を遂げてから二年ほどしたある日、「あまりに慕はしさの余り白金の里の瑞聖寺に詣で」た残花は、まるで方丈の家のように生垣に囲まれた透谷の墓に、一輪赤い桃の花が献じられているのを見つける。「誰がさゝげしか、愛の薫りの紅ゐは世にのこしたる君の手か、秋の夜長も子ン子ンと抱き給ひし君の手か、春寒むにもまけず桃は花筒にさゝれたり」（「透谷子よ」『文学界』第三十九号、明治二十九年三月）亡友の墓に捧げられた一輪の花、それを捧げた手を透谷の遺児とでも思って心動かされたのだろう。墓参の風景からはじまる残花の三度目の追悼は、残花の亡友を哀悼する心情があふれている。

透谷子よ君は今ま天に昇りしか地に下りしか、（中略）昔は芝の公園か麻布の霞町に車を走らせて訪はざれば相ひ見ることあたはず、別るゝ時は実に別れしにて子と我とは所を異にし身を別になせり、されど眼に見る現身のあればにや子と別るゝは一ト日二タ日あるは一ト月二タ月と思ひぬ、こは大なる謬《あやま》りなりき、実に別れしは子が世にありし日にして世に在らざる今は別れしに非ず、昔は呼ぶに如何に速きを求むるも電話より早きはなく、書翰にては人して別に送るも一ト時は過ぐ可し、今は時と処を論ぜず呼べば応ふるなり思へば来るなり、我が家にても路にても覚めても眠りても子は直ちに来るなり、かく来るを思へば我には死別の悲哀を覚えず

（「透谷子よ」）

残花と透谷の交流がどれほど深さであったかわからないとしても、死後二年を過ぎての、この哀悼はあまりに強すぎるように感じる。残花にとって透谷はただの年下の友人というわけではなかったに違いない。

残花は、透谷の死を精神を病んだ末の自殺とは見ず、美にあこがれてふらふらと死へさまよい出てしまったのだと思っていた。いや、思おうとしていた。

透谷が自死を遂げたのは月の美しい夜だったという。

自分の考へでは、子の自殺と云ふ事は、探ねたらば色々複雑な原因もあらうが、第一は自然の美に同化して知らず知らず死と云ふ事に成つたらうと思ふ。曾《かつ》て山水の美しい大和の奥へは入つて行つて、如何にも風光の美はしいので我知らず頭を巌に打ち当てゝ無意識の内に死なうとした人があるが、其れと同様に子も風光の美に誘はれて、我れ知らず死の境には入つたのでは無いかと思はれる。

（戸川残花談「北村透谷君」『新古文林』第二巻第十一号、明治三十九年九月、『小田原史談』一九九四年三月再録）

残花にとって、透谷という存在は、「美」の世界で交わり、「美」を分かちあうものだった。だからこそ、知識を披瀝する必要もない追悼文で「子も愛しゝ山家集」といって西行の話をし、自らの心情を花月の修飾をもってする。そして透谷の亡魂に呼びかける。

子よ梅白く月清き夜は志ばし姿を昔にかへして我を訪はざるや、子よ花香り月朧《おぼろ》なる宵には蝶となりては来たらずや

（「透谷子よ」）

蝶は、造化の幻、はかない人間の存在である。それが厳しい現実と、幻想のあわいを危うい存在として飛んでいる。現と幻の間を行く蝶、「現実」の荒野に耐えられぬ蝶の姿をとったはかない夢の化身は、残花にとって、美を語らいあった透谷自身であった。

「蝶となりし君は何処ぞ桃の花」この一句に、透谷の墓前に備えられた桃の花の一輪だけ摘み取って添え、残花は、原稿とともに星野天知に送った。

現在、透谷の墓は瑞聖寺にはない。歿後六十年を経た昭和二十九（一九五四）年、故郷小田原

の高長寺に改葬されている。

高長寺は、繁華街とは反対側の小田原駅西口を出てしばらく歩き、緩く続く坂道をのぼったところにある。透谷の墓は北村家の墓所にあり、白金から運んだのか、古い墓石に当初と同じく、「透谷北村門太郎」と刻まれている。墓は墓地の中でもやや高台にあり、遮るもののない日ざしがまっすぐに注ぎ、敷かれた玉砂利が白々して、明るいというより、乾いた印象がした。

高長寺には、小田切秀雄の墓もある。

記者をしてみる

残花には「わが徒然草」（未刊行）と題された短い日記が残されている。随想や俳句がちりばめられた明治三十九（一九〇六）年四月二十九日から六月十九日までのわずか二か月弱の記録のなかに、こんな言葉が記されていた。

世界ハ空　人我ハ塵　人世ハ夢
万事ハ縁　諸法ハ真　幸福ハ宜
せねばならぬ事のほかは心身ともに
遊ふのよし　遊行上人がよ志
読書喫茶色音の三天のほかハ護摩の方丈のみ

遊行上人といえば時宗の開祖一遍のことを思いだす。一遍は念仏による他力往生を説いて、生涯を旅に暮らした。遊行とは、僧が修行や説法のために諸国を旅することをいう。
しかし、残花の言葉には修行や説法といった厳しさは感じられず、字面だけみたならば、この一文を書いた主は、いずこか風光明媚なところに隠遁者さながら風雅な庵を構え、時折訪れる風流の友だけを相手にして、さぞかし閑雅な文人生活を送っており、また送ってきた人に違いないと感じられる。

だが、事実はまったく逆である。牧師をやめた明治二十六年から、この日記の明治三十九年にいたるまで、残花は多忙だった。残花に「せねばならぬ事」に追われず、心のまま気のままに遊んで過ごせた時など、いったい幾日、幾時間、あっただろうと思われるほどである。ただ、残花の「せねばならぬ事」と「遊び」の感覚は、現代人が通常思う「仕事」の概念とだいぶ違う。前章で波夫人が孫の安雄氏に亡夫を「気紛れで移り気」といっていたことはすでに述べたが、もしも、残花が、漱石のように鬱々とした顔をして仕事に赴いていたら、いかに転職が多かろうと、家人も「気紛れで移り気」などとは思わなかっただろう。残花は楽しげにしていたに違いない。いわゆる「仕事」も「せねばならぬ事」ではなく、「遊び」であるかのように。転職転身も気ままな旅に身をゆだねているかの軽さであったろう。

明治二十七年一月、残花は、毎日新聞社で仕事をはじめている。

まぎらわしいので先に述べておくが、この「毎日新聞」は現在の毎日新聞の母体となった旧東京日日新聞とも、東京日日新聞と合併した大阪毎日新聞とも関係はない。まったくの別組織である。

「毎日新聞」は、明治三（一八七〇）年、横浜で創刊された。日本語で発刊された日本ではじめての日刊新聞である。当時は「横浜毎日新聞」といった。明治十一年には、根拠地を東京に移し、「東京横浜毎日新聞」と改題された。

創刊時の社長島田豊寛《しまだとよひろ》の養子、島田三郎《さぶろう》が社長に就任したのは明治二十一年のこと。島田三郎は、ジャーナリストであると当時に政治家である。少なからず熱血派で、田中正造《たなかしょうぞう》を援護して足尾鉱毒事件を戦い、廃娼、禁酒など社会正義のために尽くした木下尚江《きのしたなおえ》によると「自由の使徒」である。また、島田三郎は、横浜海岸教会のブラウン塾に通い、洗礼を受けたキリスト者でもあった。残花は島田を「存友帖」（『中央公論』）の列に加え、

江戸ッ子なり、島山、沼南《しょうなん》の号は云はずとも人知る、君は実に篤行の政論家、懸河《けんが》の弁士なり、また君の如き平民的の人はなし、君の眼中には大臣も書生も其の新聞社員も一様の観なるが如し、君は基督教会に属せしことあれども其人格は孔子の教徒なり。

とその人格を評している。

残花はその島田三郎に請われて毎日新聞社に勤務することになった。

残花の毎日新聞入社時期だが、残花自ら語るところによると、「明治二十八年の九月頃に毎日新聞社へ入社しまして」（『卯杖』第二巻第十号、明治三十七年十月）というが、当時の「毎日新

聞」を参照してみると、明治二十七年一月一日、残花はすでに「徳川武士銘々伝」の連載をはじめている。「徳川武士銘々伝」の連載は三月二十五日まで計四十回。ちなみにこの作品は、明治二十七年六月二十三日に博文館から刊行された『徳川武士銘々伝』と同名であるが、単行本化に際して書き下ろしが加えられ五十話にかさ増しされた。富岡永洗《とみおかえいせん》の挿絵が付されている。

では明治二十七年一月当時、残花は毎日新聞社の社員であったかといえば、そうともはっきりいえない。同日の新聞は元日のため「生等毎日新聞社務多忙ニ付新年拝賀ノ礼ヲ欠ク」の挨拶のもと、島田三郎以下社員一同の名が列ねられているが、その中に残花の名はない。ないが、すぐ横の広告欄に「恭賀新年　戸川安宅」とある。もしかしたら実務的なこともおこなってはいたが、まだ正式な社員ではなかった、ととるべきか。

明治二十七年三月二十七日から随筆「心声余音」連載開始。明治二十七年五月二日まで、途切れることなく執筆を続ける。

明治二十七年、「福音新報」の編集人を三月十六日付（第百五十七号）をもって辞した残花は、市ケ谷仲ノ町四十一番地の家から、牛込区薬王寺前町八十一番地に転居した。

この家は、加賀町牧場の隣で、残花は毎日しぼり立ての牛乳が飲めるのが気に入ったらしい。（中略）家は古い武家屋敷で、玄関には二間の敷台があり、敷地は三百坪、十数本の桜の樹と梅の木、茶の木があって、梅干しとお茶はただだった。これで家賃は月に四円五十銭とか。

（『戸川残花伝』）

その家に、かつて残花の旧領があった岡山から、少年の面影を残した男が尋ねてくる。十八歳の正宗忠夫、のちの正宗白鳥《まさむねはくちょう》である。

その当時から、将来のように辛辣な性格であったのか、都会というもの、文士というものに憧れて上京してきた少年にとって、はじめて会った文士である残花は少し失望を与えたようだ。

訪問時の印象を白鳥はこのように書き残している。

門構へもない平家建ての古い家であつた。直ちに奥まつた居室に通されたが顔も身体も細つこい翁が細い兵子帯を締めて低い机の前に、ちよこなんと坐つてゐたことは、今も覚えてゐる。威厳もなく気軽で、一見親しみ易く思はれた。（中略）それにつけても、「小説や歴史によつて、英気颯爽たる面影の想像されてゐた旗本八萬騎なるものはかゝる人の集合であつたのか」と私はまづ幻滅を感じ、これでは薩長の田舎武士の蛮力に打挫がれた訳だと気がついた。（中略）

「牛乳をお飲みなさい」と、残花翁は先づ忠告してくれた。私の身体が弱さうなのを見たためである。「××から手紙であなたのことを知らせて来ましたつけ」と云つたのによると、私を基督の道に志してゐる純真な少年であるとの前触れが、××からあつたらしかつたが、それは、翁に取つては何の興味もなかつたらしい。「東京は大きな風呂敷のやうなもので、種々雑多なものが入つてゐる」と、翁は云つたが、どうして、東京を風呂敷に譬へたのか、あの時分にも分らなかつたし、今でも分らない。

（「残花翁と学海翁——思ひ出す人々」『正宗白鳥全集』第十三巻、新潮社、昭和四十一年）

この××というのは、溝手文太郎《みぞてぶんたろう》のことだ。残花のかつての家臣の家に溝手という家名があったが、この文太郎が、残花と元々どのような間柄にあったかはっきりとはわからない。白鳥はかつて主君と家臣のような関係であったらしい云々といっているから、やはり、戸川家の家臣であった溝手家の血縁の人なのかもしれない。溝手文太郎は神戸教会の出身で、松山高吉に洗礼を授けられた。『日本組合教会便覧』（田中左右吉編、日本組合基督教会本部、昭和十年）に、次のように紹介されている。

溝手文太郎君は安政三年三月二日岡山県児島郡灘崎村字彦崎に生る。漢学を鴨井守郷に学び、更に当時藤戸町に開設せられたる静修館に於て普通学を修め、小学校教員となる。奉職すること十年余、明治十五年六月辞任す。同郷の先輩戸川安宅氏を頼りて神戸に至り、同氏の教導を受け神戸教会に於て松山高吉氏より同十七年五月受洗す。

明治十四年、残花が東京を引き払って西国に下り、一時旧領の早島に滞在していたことと、溝手青年が、明治十五年六月に十年間務めた小学校教員の職をなげうち、神戸教会にあった残花のもとに至ったことに何か関係はあるだろうか。いずれにせよ、溝手はその後、同志社に学び、生涯を伝道に捧げることになる。

しかしこの年、残花は、まだ数えで四十歳。翁というのはあまりだが、若くから白髪がちだった残花は少年には十分「翁」にみえたのだろう。

威厳のなさに幻滅したといっているが、白鳥は残花に一定の評価をしていないわけではなかった。漱石について評した文章で、

漱石氏は流石《さすが》に学殖があるだけ、鏡花ほど浅薄でもないが、その人生に対する考は一種の道学先生である、「野分」や「二百十日」を見れば常識的道徳小説の臭ひが漲つてゐる。氏はイブセンなどに比ぶれば、「退き場所《の》」を持つてゐるだけえらいと悟つたふうな口を利いてゐれど、吾人にはさう信じられぬ。氏の作を見ると、氏は与へられたる道徳に跼蹐《きょくせき》してる人で、今の家庭小説家と多く異る所がない。若《も》しも氏がその自から云ふ如く禅的態度で、真に世上紛紛の事、老病死苦に超越してるのなら、何で「野分」等の婆婆臭い者が書けよう。要するに氏は超越したつもりなのだ。吾人も現実に苦んでいるよりは、出来る事なら超越した

いが、生きてる間は出来ぬ相談だ。超越していると思つてる時は、それは已れを欺いてるので、現実に接触すれば直ぐ壊れてしまう。

同じ俳人でも戸川残花氏の如きは多少現実を離れて「退き場所」を持つてゐる。少くも超越的分子に於ては漱石氏と段違ひだ、「霞とく〳〵試みに浮世すゝがばや」の滋味を多少解している。「浮世三分五厘」の域に住んでゐる。

（「夏目漱石論」『正宗白鳥全集』第六巻、新潮社、昭和四十年）

正宗白鳥が、残花のどの作品に触れてそのように評価したのか知らないが、人格、作品の好き嫌いに関わらず、残花にはどこか清風が吹き抜けるような清々しい禅風があったのだろう。それはえたいと願っても容易にうることができない天の賜物であった。

明治二十七（一八九四）年五月二十七日に日清戦争が勃発。

日清戦争当時の明治日本人の興奮状態を、当時の人の感覚で感じるのは難しい。が、残花が連載をしていた「毎日新聞」の紙面だけ眺めても、明治国家が成ってはじめての対外戦に戸惑い、やがて高揚してゆく国民の様子が臨場感をもって伝わって来る。明治十年前後には嚶鳴《おうめい》社の陣営となり、民権派の牙城であった毎日新聞であってすら、といえる。毎日新聞は来たる日露戦争に際しては、徹底的な反戦論を貫くのだが、日清戦争時の記事をみる上で反戦の色合いは見受けられない。

開戦ごろの新聞にはやたらと黒塗りの部分が多い。おそらく、具体的な部隊名や戦力、位置などを書いてはいけないというような戦時ルールが徹底されておらず、検閲にかかったものと思われる。検閲を受けて所々黒く活字を潰された戦局報道、従軍記や、至急電報や、戦病死者名欄「名誉の死亡」に埋め尽くされた紙面は、やがて文学などの入りこむすきまはなくなってゆく。

残花の小説「看護婦　ドロセア、ヂックス女史」は、明治二十七年八月十日連載開始。八月二十三日まで計十回。続いて、明治二十七年九月八日から、「水師提督　子ルソン伝」の連載を開始するが、日清戦争戦局報道のためか掲載は不安定で、十一月十六日、二十一回で中断。トラファルガーの戦いを目前にした佳境で打ち切られた。作品自体は、十二月八日に、福音社より完成版が内村鑑三《うちむらかんぞう》の序文を頂いて単行本として刊行されている。

明治二十八年の新年も社員の列には加わらず、前年同様広告欄で新年の挨拶をしている。

その新年一号の第一面に「明治二十八年の初春の歌」と題して残花の新体詩が掲載されている。

窓うつ霰《あられ》さら〳〵と
　さむさ身にしむ音すなり
つみては崩しくづしては
　つむ火に沸《に》ゆる袖の露

こは私の心なり
妻子の敵《あだ》は唐人ぞ
わが夫《せ》よ猛くふるまひて
君と国に尽せかし

といった調子で、妻、子、母、父の立場からいえば、夫、父、子が戦場にあることは哀しい。哀しいことであるが、君のため、国のため、勇ましく闘え、という。特に変哲のない国威発揚詩だが、同じ「明治二十八年の初春の歌」という題で「福音新報」に掲載された詩は、

一
あな尊とエホバの御稜威《みいづ》
あなかしこキリストの聖徳《みとく》
明かに治れる代も
みな神の恩恵《めぐみ》なりけり
二
去年《こぞ》よりは隣の国と

あさましや雄たけびの声
うたてしや砲音《つゝおと》の響
　聖慮《みこころ》はいかにやおよばず

三

初春は血と煙より
　あけきたるこゝちするなり
梅もさかじ柳もあらじ
　軍士《いくさびと》いかにやあらむ

四

さりながら神は愛なり
　これもまた御摂理《みはかりごと》と
かしこみて我らも人も
　唱《うた》ふなりハレルヤ、ハレルヤ

一方で国威発揚、もう一方でやや厭戦的な作。発表の場にあわせた「大人の対応」というべきなのだろうか。

戸川残花という人間は、拳を振りあげて何かを主張したりしないため、どこに本心があるのか、何が本質なのかつかみかねるところだ。この同じ時、同じ題名を持って発表された二つの詩に関していうならば、おそらくどちらも本心であり、本質であっただろう。武士として生まれ、明治人として成人した彼は日本国民、臣民として、自己を滅却して君と国に尽くすということに、何ら疑問をもってはいなかったに違いない。ただ、手放しで戦争に熱狂するには、残花はあまりに懐疑的で枯淡であったかもしれない。

明治国家設立初の対外戦に沸き立つような紙面に居場所を見いだせなかったのだろうか。日清戦争が白熱している最中、連載記事は見られないものの、残花には「毎日新聞」でまた別の仕事があった。それは「国民的音響」と題して広く一般から詩、歌、俳句を募った企画の新体詩の選者をすることだった。残花は二月十三日から三月九日の間に、十二篇の作品を選んでいる。どれも、戦争を扱ったものばかりだ。もともと、この企画自体が、「国家の盛事を鳴らさんと欲し」て為されたものであるから当然といえば当然のことだが。特に選評などはないが、この時期、残花が新体詩人の第一人者として遇されていたことの証ではある。

それよりも、明治二十八年一月三十日付紙面に百合園主人の名で掲載した「友まつ雪」の一文がすがすがしい。一応最後だけは、「俳句さへも印度と希臘《ギリシャ》に勝つ況《いは》んや支那をや」と結んでいるが、本当に語りたいのは、春の残雪を「友まつ雪」と擬人化した『源氏物語』の文言であり、感興で作った詩であっただろう。

> 友待雪のほのかにと書《しる》したる紫の式部も雪にいかなる同情をかもちし、我想ふに成住壊《じょうじゅうえ》空《くう》、梅花は散れど梅花観はあり、白雪は消ゆると雖《いへど》も白雪観はあり、されども有為のならひ忍び難く、庭上の残雪に対して感慨無量なりき。

戦争で白熱する紙面で、散り行く花、消え行く残雪に思いをいたした残花の一文だけがやけに静謐なのである。

日清戦争が一段落した明治二十八年十月六日、戦勝後の国民の精神向上のために、毎日新聞は紙面改良を発表する。特に、文学文芸欄に力を入れるようになった。

残花の紹介で毎日新聞で仕事をするようになった俳人の岡野知十は、安政六年生まれで、残花より四つ年少。「毎日新聞」には明治二十八年九月十八日付から「俳諧風聞記」の連載をしている。

> 私が戸川君を知つたのは明治三十《マ》一《マ》年の頃「毎日新聞」を島田三郎氏がやつてゐた時分のことである。昔から戸川君はプランを非常に持つてゐた人で、あの新聞に入つても余り紙面が政治方面ばかりであるからといふので、それに文芸趣味を加へるといふ風にそのプランを実行されてゐた。（「戸川残花君を憶ふ」「読売新聞」大正十三年十二月十五日付）

といっているから、残花の意見が加わった結果の改良かもしれない。

十月六日の改正で、新連載として、小西増太郎《こにしますたろう》「露国事情」、残花の「新田勢」、本野杢阿彌「二束三文ふみ反古」がはじまっている。残花が連載した「新田勢」は歴史小説で、全二十五回だった。

さらに名家の談話を掲載するということで、まず大隈重信の談話が取りあげられている。改正を予告した四日付紙面で俳句を募集。ついでに新体詩の募集もかけている。「わが社には戸川残花大人あり文学欄に筆とるいとまには新体詩（韻文）見んとおほするなり玉稿を送られよ秀逸なるは日々の紙面に載すべし」という募集の文言をみるに、残花の所属は社にとって誇らしいものだったのだろう。

毎日新聞での残花の立場は低いものではなかった。教誨師として北海道の監獄を渡っていた十字屋以来の友人原胤昭《はらたねあき》が東京に戻って来た時、島田を通じて毎日新聞の会計の仕事を紹介したのも残花であるし、岡野知十を毎日新聞に推薦したのも残花である。普通、入社したての会社でそのような「権勢」をふるうことはできないだろう。

一葉女史

明治二十九年の正月、岡野知十は、牛込区薬王寺前町八十一番地の残花宅を年始の挨拶に訪れている。「丁度入社した翌年の年始に残花さんのお宅へ参ると、これから一処に年始廻りをしましょう」と誘われたが、岡野は「出不精な性《たち》」で滅多に自分から初対面の人に会いに行くということはない。出不精というより人見知りというべきか。そのため内心喜ばなかった口調だ。

実はその頃戸川残花さんのお世話で毎日新聞の編集の幹部に加はりたての、交際まめの残花さんに引ぱり出されては、イヤともいはれず、よく方々へ同行した事がございました。

（「一度見た事のある一葉女」『たけくらべ』博文館、大正七年）

まず訪れたのは哲学者大西祝《おおにしはじめ》の家。大西は元治元（一八六四）年の生まれで岡山県出身。明治十一年に新島襄からキリスト教の洗礼を受けた。大西が留学先のドイツで精神を病んで、留学を切りあげて帰国した時、埠頭まで迎えに行ったのは原胤昭と残花の二人だった。

岡野は俳人と紹介されたのだろう。俳諧ばなしを交わしている。

大西宅を辞したのち、二人が向かったのは早稲田の大隈重信邸。その年第二次松方内閣の外相に就任する人だけあって来客が多く、短い会話を交わしたのち、大隈邸の温室の花を眺め、続いて、坪内逍遥《つぼうちしょうよう》の宅を訪問するがあいにくの留守。

最後に訪れたのは、本郷福山町の樋口一葉の陋居だった。

残花さんは、一葉さんからは先生と呼ばれる懇《ねんご》ろの間であつたので、気軽く迎へ入れられて、私も残花さんから一言たしか毎日新聞記者として紹介されたかと思ひます。残花さんは何か一葉さんの作をほめられると、おからかひ遊ばしてはいけませんと軽く笑ひ抔《など》されたと覚えますが、ほんの当座の、話しといふほどの話はなく、やがて甲斐〴〵しく用意の屠蘇を侑《すす》められたと思ひます。

（「一度見た事のある一葉女」）

この時の訪問のことは、一葉の日記にたった一行記されていて、岡野自身も「ほんの一筆岡野正味《しょうみ》（この当時使っていた岡野知十の別号）と記入されてありますのも、私には不思議な追想の一つとなります」と記している。

残花は実際に会う前から一葉の名に注目していたようだ。

なつ子ぬしの名をしりしは三年《みとせ》の前よりなり、一葉女史の名をしりしは、都の花の匂へる頃よりなれば六年か七年の前よりなり、天知子《てんちじ》が文学界てふ雑誌を刊行せられし初に透谷、藤村、棲月、禿木の秀才と共に女史の雅号は世にあらはれ、我もいつかは其人を訪《と》はまほしと思ひぬ
（「樋口なつ子ぬしをいたむ」『女学雑誌』第四百三十一号、明治二十九年）

しかし、一葉との交流の機会は、父より先に娘にあった。残花の長女達は、東京小石川の中島《なかじま》歌子《うたこ》の塾「萩の舎」に通っており、当時そこで、一葉が講師としてアルバイトをしていた縁で、一葉の教えを受けていたのだった。裕福な華族の令嬢の多いなかで、生活苦に喘ぐ一葉と、「学者貧乏」の残花の娘である達だけがいつも同じ着物を着ていた。

明治二十八年一月十五日の一葉の日記に、「戸川の達子、はじめてわがもとをとふ。残花道人といふ父なる人の質《たち》はしらねど、雨よのしなさだめにいひけるかしこ人とはかゝる人をや」という。

ついで、明治二十八年一月二十日、娘達に続いて、残花が一葉を訪れている。

二十日　残花君にとはる。みなわ集一冊これ見よとて也。なほ毎日新聞が日曜付録にものせよとたのまる、稿をば二十六日までにといふ、文学界のかたもせまれるを、こはいとあわただし。
（「しのぶぐさ」西尾能仁『全釈一葉日記』第三巻、桜楓社、昭和五十一年）

本を貸すついでに、「毎日新聞」への原稿を依頼しに訪問した、ということらしい。ちなみに、残花が依頼した一葉の作品は「軒もる月」で四月に二度に分けて掲載された。貸した本は『水泡集』（森鷗外の作品集）。残花は、一葉に内田魯庵訳の『罪と罰』も貸している。

なによりも悦《よろ》こばるゝは和漢の書ことには翻訳小説なりき、不知庵君の罪と罰をかしまひらしゝ時にはいと〳〵悦ばれ後の日に来られて繰り返し〳〵数度よまれしと云はれぬ

（「樋口なつ子ぬしをいたむ」）

明治二十九年十一月二十三日一葉は二十五歳の若さでこの世を去る。埋葬されたのは、築地本願寺。残花が幼年期を過ごした築地戸川屋敷の隣である。「余は築地本願寺の傍にて人となり、女史は智相院妙葉信女と名づけられて芳骨を又た本願寺の中に埋められたり、奇縁なり奇遇なり」。不思議な縁を感じたのだろう。残花は後年にも彼女の墓のある築地本願寺を思い、ついでに過去の追憶に誘われている。

今は昔となりにけり、窓の村竹に風戦《そよ》ぐ朝、机上の盆蘭に月ほのかに匂ふ夕《ゆふべ》など不図《ふと》、女史の昔を思ふと共に、僕の幼時築地の居邸にて本願寺の塔中の笙《しょう》の音を聞き何とわくことも無く哀れに感ぜしことを思ひ出す。

（「一葉と其師」『たけくらべ』博文館、大正七年）

残花にとって、自分の娘と同年配であった一葉は、文人仲間というよりは娘のような存在であったかもしれない。

一葉女史と僕とは十代と三十代の差で有つた。僕の長女が本年四十歳で有る、女史の令妹に伺ふと女史が御在世で有ると本年《ことし》は四十いくつとのお話、思へば『文学界』の時代は女史と僕とは親子の間に近い。今も女史の話が出ると、お短冊とお手紙を長女が大切に秘蔵して居る事と、市ケ谷薬王寺前の宅へお見えになると長女と中島歌子先生のお稽古日の話などをなされたことを思ひ出す。　（「一葉と其師」）

だからこそ、残花は、一葉に「何某学士を訪はれよとか、何博士を尋られよとまめだちに勧めてアドバイスを与えたのだろう。これに対し一葉は「いと喜ばしくは見ゆれど、みだりに名ある人の家にゆくもいかゞ」（「樋口なつ子ぬしをいたむ」）といってアドバイスは喜んだが、結局訪問はせずに終わったという。

残花が毎日新聞社に勤務していた期間だが、明治二十九年の年頭挨拶の欄では、残花はちゃんと社員一同のなかにおさまっている。が、翌明治三十年以降の新年広告には残花の挨拶はない。

したがって残花が毎日新聞社に「在籍」していたのは、長く見積もって明治二十七年から二十九年の暮れまでということになろう。

ちなみに、「毎日新聞」は、明治四十二（一九〇九）年、経営難のために報知新聞社の傘下となり、昭和十五（一九四〇）年に帝都日日新聞社に吸収されて消滅した。

「遊び」の俳句

明治二十八（一八九五）年、毎日新聞社で仕事をしていた残花は、社長の島田三郎にある人物を紹介される。紹介されたというよりたまたま行き会ったといったほうがふさわしいか。その時の出会いを、残花はこのように回想している。

髯《ひげ》の黒い方と色の白い方とが何にか笑談を云つて居る傍《そば》で、島田沼南さんがニヤ々々と笑つて居た、後に聞くと髯が波多野傳三郎さんで、白いのが角田眞平《つのだしんぺい》さん、でお二人とも政界法界の大家で居らせらるゝとの事でした

（『卯杖』第二巻第十号付録、秋声会十週年紀念録、明治三十七年十月）

角田眞平、号を竹冷《ちくれい》という。角田竹冷は、本職は政治家だが俳人としても名高く、別号を聴雨《ちょうう》窓《そう》といった。残花が「新田勢」の連載をはじめた明治二十八年十月六日付より紙面改正があり、角田は、俳句欄の選者を務めていた。色が白いのは、貧血症であったからだが、島田から二人の名を聞かされた残花は、どうやらあまりピンとこなかったようだ。それまでの残花は現代俳句に

も政治にもあまり興味がなかったからだろう。

これまで新体詩人としてはそれなりに名をあげて来た残花であったが、「十二三の少年時代に発句だの詩だのを玩弄《おもちゃ》にした後は、二十何年全く一句も作らないのみならず、紅葉君や子規《しき》君が俳談に旗を立てられた事も知らず、眼と鼻のさきの、竹冷さんが俳道の『ヒーロー』であることを知らなかつたのです」と自ら暴露しているように、俳諧にはとんと疎い、というより関心すらなかったのではないか。

本人は本格的に俳句をはじめたきっかけを、「毎日新聞」に自作の俳句と俳画のようなものを気軽に載せたところ、角田竹冷が、こんな発句を載せたのは誰だと、血相をかえてどなりこんできたのだという。残花としては、ただの埋め草程度の軽い気持ちであったに違いない。が、竹冷は、自らの与り知らないところで、勝手に「駄句」が載せられたのが勘弁ならなかったのだろう「プップと大変なお小言で」それで恐縮して、教えを請う気になったという。「どんな句でしたか?」と記者に尋ねられ、「忘れてしまいましたがね」とインタビューしてきた記者を煙に巻いている(『卯杖』第二巻第十号付録)。それで、「毎日新聞」紙面の無記名俳句でそれらしいものを探したが、この出来事があったと思われる明治二十七年から二十八年にかけて俳画が添えられた無記名の俳句作品は見当たらなかった。この話自体が残花の韜晦なのかもしれない。

こうして「教えを乞う」つもりで、当時神田猿楽町にあった竹冷宅「聴雨窓」に通うようになった残花だが、話が盛りあがって、俳句結社をはじめようということになった。それではというので、竹冷は尾崎紅葉に協力を求めた。紅葉は、すでに硯友社の門下を中心に俳句結社、紫吟社を主宰していた。紅葉は巖谷《いわや》小波《さざなみ》をはじめとした知人や門下に声をかけ、メンバーが集まった。

明治二十八年十月五日「秋声会」結成。この日のことを「毎日新聞」では、

円《ま》ろみ損なわぬ程な望《もち》の後二日去る五日の月影を踏みて竹冷許訪《がたおとな》ひしは戸川残花、森無黄《もりむこう》、大野酒竹、岡野正味、蠣崎潭龍、篠原良雨、間宮静霞、の諸風子にして頓《やが》て俳話に移り更闌《こうた》けて散ぜりと左に掲るは同夜を以て世に生れし秋声会の掟なり紅葉、眉山《びざん》、漣の三子三森松江子など何れも大に賛成する所にして次回よりは一同出会するよしなれば珍らかなる俳句ども世に紹介するを得るも近き事ならまし

（「毎日新聞」明治二十八年十月九日付）

と、やけに名調子で紹介されている。尾崎紅葉等、硯友社の面々は何か都合があったのか、結束の日の参加はなく、翌回から参加している。この年の年始廻りに付き合わされた岡野知十は、またしても残花に引っ張られて、席を並べている。

さて僕は残花子から促がされて、その第一会に列した、旧派の方から故松江子潭龍子抔《など》も加はるのでこの会の主とする所は、（一）新旧を調和する（二）聯句を研究するといふのであつた。

（岡野知十「秋声会論　上」『俳声』第一巻第五号、明治三十四年六月）

旧派というのは、江戸以来の伝統を引き継ぐ宗匠派の俳諧を指し、正岡子規が「月並俳句」とよんで新派の急先鋒日本派の連中などには、打破すべき悪しき旧弊と取られていた。しかし、秋声会のどちらの派に与するでもないおおらかさは残花の好むところであっただろうし、旧派の俳人を招いたのはもしかしたら残花の発案であったかもしれない。

「毎日新聞」の発会の知らせに続く「掟」にはこうある。

発句連句或ゐは俳談に浮世の余閑を楽しまんとて此会を開く秋の声は風はかりにもあらねば詞調の新古門派の異同は問ふ所にあらずうたゝ其益々多からんことこそ願はしけれ、蓼喰ふ虫のすき〴〵を互ひに評し合はんも修文の一助ならずやされば詞海の狂瀾を既倒にかへし琴柱に膠《にかは》するの陋見《ろうけん》を去りて真の風雅を振ひ興さんことこれ此会の期するところなり。

（「毎日新聞」明治二十八年十月九日付）

旧きを打ち倒して新しきを打ち立てようというのではなく、新旧ともに手を携えて「真の風雅を振ひ興さん」というのである。

会は毎週土曜、開始の時刻は定めず「点灯頃」としている。まず宵の口から、というところだろうか。会場は、神田猿楽町の角田竹冷宅と決まった。『幕末百話』のインタビューアー篠田胡蝶《しのだこちょう》

博文館主催「文学美術雑話会」明治 31 年１月 30 日芝紅葉館にて
（『太陽』明治 31 年２月号所載）
落合尚文、合田清、石橋忍月、高山林次郎、徳富猪一郎、大野酒竹、木村鷹太郎、坪谷善四郎、前田香雪、岡田正美、島文次郎、野崎左文、太田資禎、戸川残花、佐々木信綱、三宅青軒、角田竹冷、上田敏、山本直良、幸田露伴、高田早苗、尺秀三郎、岡本甚吉、大橋新太郎、新海竹太郎、大橋乙羽、岸上質軒、泉鏡花、広津柳浪、尾崎紅葉、武内桂舟、森田思軒、塩井雨江、大町桂月、白河鯉洋、田岡嶺雲

人名は、江見水蔭『自己中心　明治文壇史』（博文館、昭和２年）による

によると、その後は、角田邸の他、木挽町の万安、不忍池畔の長蛇亭などでも開催され、もっとも頻繁に使われたのは日本橋倶楽部であったという。

だされた茶菓をかじりながら、同行の士としゃべり、句を楽しみ、遊ぶ。秋声会の例会は毎度盛り上がり、しばしば深夜に及び、たいていが主宰の竹冷が持病の貧血を起こして散会となる。深夜の一時を越えることもたびたびあった。名士の多い出席者の俥が主人を待って並び立つなか、残花は、深夜の道を角田邸のある猿楽町から市ケ谷まで、犬の遠吠えをともづれに歩いて帰った。歩いて帰ることを残花は「テク々々流」といっている。この当時の流行言葉でであったのだろうか。

尾崎紅葉の日記に秋声会のことが記されている。

明治三十四年十月五日の「十千万堂《とちまんどう》日録」によると、紅葉は、昼食に錦町苔花店で牡蠣フライ、ローストチキン、タンスチウを注文し、タンスチウが硬いと文句をいってビイフスチウと替えさせたのを食して、茶を飲んで猿楽町の聴雨荘に向かった。遠からぬ未来、胃病で死ぬことになる人物とは思えない恐るべき健啖ぶりである。

この日の秋声会参加者は、十一名で、残花も参加している。

紅葉は、しゃべってばかりで吟興が訪れず、また俥に乗ってきたせいで気分が優れず、この日の成績を一句しか詠めなかったと愚痴を言っているが、では「吟興」が来た日には何句詠めていたのだろう。紅葉が大変な遅筆であったのは有名なことだ。紅葉が、執筆に詰まった時に、画家武内桂舟《たけうちけいしゅう》の家に集中できる環境を求めて訪問したが、一日呻吟して進んだのはたったの三行であったというエピソードはしばしば語られるが、句を詠む時もこの調子であったらしい。「紅葉さんの句も私は嫌ひだ、何、句が如何だつてそれは上手でしたは、文章と同様に凝つたもので、修辞は奇麗なものでした、凝るものだから句作は遅い」（「子規子に対する雑感」『中央公論』第二十二年第九号、明治四十年九月）。どちらが良い悪いの問題ではなく、凝ってつくるのが嫌いなのは残花の心の問題だった。子規について問われて残花は答えている。

> 豪放とか洒脱とか磊落《らいらく》とかの許せる人ではないらしく、それが能く作風に現れて、規模の極小な細々としたことがばかり歌はれて居る、世の名聞などに執着が深く、孜々として勉めて己が句の後世に伝はらざらん事を恐れる様な感じがある、（中略）私には右様な考へ方が大嫌だ、俳家は洒々落々浮世の外に超脱して、萍跡《へいせき》も唯ならぬ名聞栄華などは、さらりと一風呂に流した気持で居つて欲しい
> （「子規子に対する雑感」）

ここからは、文人、俳家としての見識というより、残花の理想の人生観が見える。

> 私は俳句は娯楽三昧のものと思ふ、（中略）何俳諧ばかりぢやない文学そのものをも其様《そう》思ふのだ、要するに私は此世に執着のないといふ事が一番好きなのだ。（中略）仁斎《じんさい》門下に尾

澤詢吾といふ人がある、その人の詩に、「十年蹤跡遍中州　伏枕帰家過暮秋　他日人若問遺稿　絶無一詩一風流」といふのがある、絶えて一詩なきも一風流、実に我意を得たる趣である、我身一つの楽みに過ぎない、身後に残らうと残るまいと其様なことは不関焉ではないか。

（「子規子に対する雑感」）

残花は、現世の栄達も、ましてや死後の栄誉など望みもしなかった。そもそも、死してのち、おのれの営為の何かしらを世にとどめたい、「自己の精神籠めた作句をば不朽の作《イムモータルウヲーク》として永く後昆に伝へん」と考えること自体が嫌いだった。子規の自らの仕事を残したいという態度も嫌い、良いものを残そうとして、こりにこった紅葉の句の作風も嫌いだった。残花は、文学とは何も永遠のものを創りあげるのではなく、おのれ一代の娯楽に過ぎないというスタンスをとっていた。

残花と交流を持った人から語られる残花の禅風というのは、こうした現世に対する徹底した無欲さから生じているのだろう。この希有な無欲さは、むろん俳句や文学だけにとどまらず、残花の行動全般に通じていた。

秋声会は、二十六回、発会からおよそ一年にして機関誌をもっている。

明治二十九年十一月創刊のその機関誌は、『秋の声』と名付けられ、尾崎紅葉が編集役を買ってでた。

創刊二号には、秋声会に集う二十八人十九種の職業が紹介されている。意外に人数が少ないのは、婦人や地方会員を含まないためと、おそらく、本人たちをよく知っている人たちならば肩書きを見れば本人の顔が浮かぶ、会の中核を担う人物に限ったのかもしれない。

△裁判官　二人　　△弁護士　三人
△小説家　二人　　△宗教家　一人
△市会議員　一人　△市参事会員　一人
△帝国大学生　一人　△専門学校生　一人
△俳諧師　二人　　△官吏　二人
△詩人　一人　　△著述業　二人
△新聞記者　二人　△鉄道社員　一人
△洋画家　二人　　△果物問屋　一人
△醤油問屋　一人　△農　一人
△無職　一人

文人、芸術家のみならず、官吏から学生、商売人、農業従事者まで実に多彩な顔ぶれが面白い。果物や醤油の問屋という参加者はいったい誰だったのだろう。無職というのは、どこかのご隠居か何かか。

ちなみに、小説家二人は尾崎紅葉と巖谷小波、市会議員は博文館編集主幹でのち取締役となった坪谷水哉《つぼやすいさい》、弁護士の二人のうち一人は角田竹冷、俳諧師の一人は伊藤松宇《いとうしょうう》と、森無黄という人物らしい。肩書きは自己申告によるのだろうが、残花はどの肩書きで換算されているのだろう。著述業、あるいは新聞記者だろうか。

匿名の参加者の肩書きが創刊に記された理由は、多彩な人士の集まりであるという表明だけでなく、秋声会は、俳諧以外に別に職業を持つ趣味人、つまり大人たちの悠々たる集まりであることを知らせているのだろう。篠田胡蝶が秋声会の特徴について述べている。

秋声会の俳人は、素人俳士であつて、俳句で飯を喫《く》おうという人はいない。俳諧師二人とあるのは別とし、立派な職持であるから、深く研究する根気はない。面白半分気散じ構えだから、宿題の即題の選抜にも、自分批判＝気分採点である。雑誌『秋の声』が刊行されても、雑誌へ執筆する会員は、常連であつて、俳論、指標、専攻、新説といつた、読みごたえのする文字はなかつた。十巻の中で、後世へ伝統する何物をも見出し得ない。

（篠田胡蝶庵「秋声会をめぐる人々」『俳句往来』一九五一年十一月）

篠田が指摘した「面白半分気散じ構え」というのは確かだろう。秋声会の特色は一言「遊俳」「閑俳」であった。それが必ずしも芸術性の低さと直結するわけではないが、そのおおらかさ故か、当時、新派俳句のもっとも大きな集まりだったにも関わらず、現在、秋声会の俳句史的な意味での価値はほとんど語られない。

しかし、それも当然のことなのかもしれない。参加者は大まじめに俳句とは何かを探究し、新しい俳諧を切り開こうなどとは思っておらず、俳諧にかこつけて集い、しゃべり、遊ぼうというつもりであったのだから。遊俳、閑俳、でなければ、句角力などという遊びをやるはずがない。

秋声会では、しばしば句角力という遊びをしたらしい。角田邸に小さな土俵をもうけ（場所が違う時は運んで行ったというからおもちゃのような簡便なものであったのだろう）、きちんと呼び出し役、行司役が定められていた。呼び出しが掛かった二人の「力士」は、土俵に上がる。土俵上に置かれた小箱から題を取りだし、即興で詠む。それを行司役が読みあげて、衆人が勝ると思った方に手をあげる。あがった手の数が多い方に白星がつく、という仕組み。

尾崎紅葉は、こうした遊びが好きであったらしく、他にも「ねつき」の会を催して硯友社の若手を遊ばせたりしているから、この句角力も紅葉あたりの発案かもしれない。

では残花は、静観していたかといえば、そうでもなさそうで、自身も句相撲の題をだしたり、幾度か行司役を務めてさえいる。

秋声会の逐次活動は、機関誌『秋の声』の他、「毎日新聞」紙面で逐一報告されている。また、『秋の声』が明治三十年十月号第十巻で廃刊になると、その代替として『太陽』（明治二十八年一月創刊）でその活動を伝えている。秋声会会員の坪谷水哉は『太陽』創刊から編集に携わっている人物で、また、当時博文館の支配人を務めていたのは硯友社の作家でもあった大橋乙羽《おおはしおとわ》であった縁もあるだろう。『秋の声』に続く秋声会の機関誌には『俳声』『卯杖』がある。
篠田胡蝶が記す秋声会における残花の印象はこうである。

戸川残花といい、旧幕臣旗本であつた。白髪能弁の人物であつたが、俳句は旨くない。『旧幕府』という雑誌を発行し、旧幕臣の余先を輝かしていた、いろ〳〵経歴のある、面白い座談の上手な人であつた。

（「秋声会をめぐる人々」）

『旧幕府』のことは次章で詳しく述べるが、ともかく話の面白い人であったらしい。話上手が過ぎてややもすると少し調子のよい人物に見られたきらいがある。
秋声会でしばしば残花と同席した巖谷小波は、

此人は頗《すこぶ》る円転滑脱の人で、またよく他人の句を褒めちぎるところから、おワキと云ふ渾名《あだな》がついて居た。おワキとはお脇の事で、即ち立句に対する脇句の心持を云つたものだ。

（「残花翁のおワキ」『私の今昔物語』早稲田大学出版部、昭和三年）

と、残花の死後の追想で書いている。
脇句とは、連歌や俳諧で発句のあとにつける、五七五のあとの七七の句のこと。軽い悪意で使っているとすると、調子良く面白いことをいうが、主観性がないという意味か。

もう一つ。

巖谷小波は一度、角田竹冷が残花をつかまえて小言をいっているのを目撃した。小言をいっているうちに、気持ちがエスカレートして来たのか、竹冷の語勢は周りがヒヤヒヤする程の調子になってきた。どうやら残花に何か約束を反故にされたことで、竹冷が怒りを爆発させたらしい。対する残花の態度はといえば、「例の長顋《ながあご》をつき出して、其頃から白味の勝つた頭をうなづかせながら、しきりにあやまつて居たものだつた」（「残花翁のおワキ」）という。

それにしても、一度は自分の証言、二度目は巖谷の目撃談ながら、竹冷に二度も叱られたことが記されているのは面白い。少なくとも残花は竹冷より年長であり、頭ごなしに叱りつけられる立場でもない。竹冷は、巖谷が目撃したような、暖簾に腕押し、糠に釘の残花の反応にかえっていら立ちを募らせたのかもしれない。

篠田胡蝶は残花の句を「俳句は旨くない」というが、それでもファンはついていたようで、ある日、復員する兵隊が、里の父へのお土産にと短冊を持って残花を尋ねてきた。対応した五女千代が取り次ぐと、「ちょっと待っていてもらいなさい」といって、気軽に応じて書いて「気をつけて帰りなさい」と渡してやったという。

秋声会は、多い時には月に二度も催されていたが、次第に下火になる。参加者たちが発展性のない遊びを繰り返すのに飽きてしまったというところだろうか。残花自身も秋声会に最も熱心に通っていたのは、明治三十一年あたりまでのこと。その後は、「本業」が忙しくなって疎遠になったという。心ばかりの遊びにも割く時間がなくなったということか。

創立メンバーであり特に熱心な先導者でもあった尾崎紅葉が、明治三十六年十月三十日、三十七歳で病歿すると、会はさらに衰退した。

村山古郷（「秋声会の歩いた道」『俳句』第十八巻第七号―十号、一九六九年）によると、明治四十年にはすでに秋声会は結社としては消滅したという。

秋声会という場にこだわらず、残花にとって、俳句は生涯の楽しみとなったようだ。

残花が残した雑記帳や日記は、その日にあった出来事を細かに書き記したものはなく、ほとんどが、感興をそのままに俳句に移したものである。また、残花の死後、遺族の手によって刊行された遺稿集『大井の春と秋』は、隠居してのち住んだ大井町の春秋を詠んだ句集だった。簡潔で諧謔を含んだ俳句という表現手段は、新体詩よりも和歌よりも、残花の心になじんだのかもしれない。

ただひとつの神、教えではなく

明治二十六（一八九三）年四月に牧師として勤めはじめたばかりの麴町教会を辞し、キリスト教の伝道とは一線を画した残花であったが、宗教そのもののあり方の追求をやめたわけではない。明治二十八年七月五日、残花は、巖本善治とともに一冊の雑誌を創刊する。巖本は、文久三（一八六三）年生まれ。明治十七年に木村熊治《きむらくまじ》から洗礼を受けた。当時、木村熊二の妻で明治女学校の創立者、明治十九年にコレラで急逝した木村鐙子《とうこ》の跡をうけて明治女学校の校長を務めていた。その多忙な巖本を社長に担いで作った雑誌のタイトルを『日本宗教』という。『日本宗教』は特定の宗教、宗派の布教宣伝のために作られたのではない。日本で信仰されているあらゆる宗教、宗派の信条、主張を紙の上に平たく並べて傾聴しあう場として開かれたものだ。「日本宗教発刊の辞」にいう。

宗派の陋域を混同し、教界普通の意識を長養し、各宗派共同の美を認定し、真誠宗教心の需要を明らかにし、以て先づ日本宗教の心を公大正明にするにあらんか。

今や、各宗、宗に僻し、各派、派に偏す。互に大道を私して、小岐に入る。人心、未だ安んぜざるに、法士、先づ争ふは、豈《あ》に救世の慈悲ならんや。戦の紀念新鮮に、愛者を失へる人太はだ多し。何ぞ顕正積極の伝教なきや。吾党素と人に教ふ可き者に非ず、教を請はんとするもの也。則ち、同志の需《もとめ》に代つて、茲《ここ》に大公至中の法教を要《もと》め、各宗派の先輩及び教外の潜龍に就て其の教を請ひ、総ての宗教の精美を尋ね、所在る宗教文書に於て其の福音を聞かんと欲す。

この発刊の辞は無記名だから、確実に残花が書いたとは断言できないのだが（ちなみに『日本宗教』では残花、本名の安宅の他に、円還子の筆名を用いている）、ここには残花の宗教観が明白に表明されている。重要なことは各宗教や宗派の違いに拘泥し排除し合うことではなく、日清戦争止んで間もない時、宗教の真の役割とは、弱者を救済し、傷ついた人の心を慰撫することではないだろうか、という。

残花の宗教観は『日本宗教』明治二十八年九月十日号掲載の「釈宗演《しゃくそうえん》禅師を訪ふの記」にも現れている。

この時残花が訪問した釈宗演は、禅宗の僧侶、しかも、鎌倉円覚寺の管長という高い地位にあった人物だ。管長というのは、一宗一派を管轄する最高責任者を指す。つまり鎌倉円覚寺派とよばれる禅宗一派の長であるということだ。

釈宗演は、明治二十六年、シカゴ万国博覧会に合わせて開催された万国宗教会議に参加、その

「みやげ」として、『万国宗教大会一覧』という書を著している。他の宗教についても理解し、偏見のない懐の深い人物だった。

したがって、残花が宗演を訪問したのは、ただ禅について教えを請いに行ったのではなく、まず、残花の宗教和合の思想を語り合い、理解を示してもらえるならば、これから『日本宗教』誌を母体に展開していこうとしている活動に賛同を求めたのかもしれない。

案内されて、大きな油絵と安楽椅子のある和洋折衷の室に入り、蝉の羽の墨染の衣に香染の袈裟を着けた宗演と向かいあう。テーブルには、煙草と茶菓がしつらえてあった。その様子、姿に気持ちがほぐれたのだろう。残花はこの時の宗演の印象を、「初対面の感なく、いはんや管長など﹅云ふいかめしき地位におはす人とも感ぜず、春風の裡《うち》に親しき友と語らふがごとし」と語っている。

まずは、『日本宗教』誌について質疑応答をしてから本題に入り、残花は、「仏教の前途改良の高見は如何ん」と問う。

問答は、聖職者の妻帯の問題などに及ぶが、残花は終始キリスト者としての立場を取っている。これは相手が仏教の僧侶であったためでもあろうが、釈宗演に「何派」であるか尋ねられると、残花は教派は答えず、ただ「新教」プロテスタントであると答えている。

懐中していた「ヨハネ伝」の小冊子を取りだして、

「禅宗でも斯《こ》んな冊子を刊行して宣伝なさらぬと、生命ある宗教とは申されません」と若干挑戦的な提言をすると、釈宗演は、すこぶる賛成して、「伝道の方法は基教等が進んで居る方ぢや」と一歩ゆずる（『宗演禅師と其周囲』国史講習会、大正十二年）。

宗演は、万国宗教会の実行委員長を務めたジョン・ヘンリー・バロースに「何故に仏教は基督教をも包みて説かざるや。（中略）一切衆生、三界万霊を済度するが仏教ならずや」と問われたことに対しどう思うか残花に尋ねている。

この問いに対する残花の答えはあまり積極的肯定を含むものではなかったが、残花はこの会談のなかで自らの宗祖であるキリストを唯一絶対のものとは考えていないことをはっきり表明している。

残花は、釈宗演に「君の宗教上の異見は如何」と問われ、次のように答えている。

解釈は人によりて多少の相違ある可《べ》しと雖《いへど》も、神ありと信ずる事と宗祖と仰ぐ可き一大英《ヒー》雄《ロ》は必ず欠く可からず、生命をとほして現れざるは空理空論と存じ候、又愛には天下に敵する者は無之候、所謂「ヒユマニチー」が最大の教理に候。

これがおそらくキリスト教を突き抜けてあった、残花の宗教の根本であろう。

「発刊の辞」でも「宗教の理に新らしきとあるなし、たゞ之れを顕現するの人に於て新鮮たり。宗教は、即はち『人』を要す」と述べられている。「一大英雄（ヒーロー）」はキリストでも、釈迦でも、達磨でもよく、みる「人」の側の問題で、どの神格、人格についていくかはもはや個人の問題である。重要なのは、「神」は存在すると信じ、その神格を通して「ヒユマニチー」に徹することである。つまり、大切なのはどの「神」を選ぶかではなく、「愛」なのである。「敬天愛人」ということになろうか。

明治二十八年十月、残花は博文館から『世界三大宗教』を島田三郎、三宅雪嶺《みやけせつれい》に序文をもらって上梓する。現在世界三大宗教といえば、仏教、キリスト教、イスラム教を指すが、残花のころも「三大宗教とは仏教、基督教、回々教の三教と称す可し」と認識されていた。が、残花は「儒教の如きは頗《すこぶ》る穏当ならずと雖《いへど》も、我が国の現状より視れば三教は鼎立して三大宗教と称するに足るものあり」（『世界三大宗教』例言）としてイスラム教ではなく、儒教を三大宗教の一つとして取りあげている。ちなみにイスラム教、印度教（ヒンズー教）、道教のことも「付録」として末尾に述べている。「一教の大意を示すのみにても小冊子の中に収む可きに非ず。況《いは》んや三大宗教を示さむと為すは頗《すこぶ》る難事なり」と自らいっているように、当時、便利な宗教ガイドブックなど、それほどなかっただろう。残花はこの書を信仰を持たない人の「三教の案内」とするために著した。

一　著者の望む所は三大宗教の大意を知らしめむが為なれば褒貶《ほうへん》の管見は加へず、其教義も極めて正統的普通の説を取れり、この書をして仏教家の手になりしものと為すなかれ、基督教家の筆によりてなりしものと為すなかれ、法海の深きをさぐり、神の御業《みわざ》の高きを攀《よ》づる縁に由りて著し丶のみ。

残花の願いは、特定の宗教を布教するのではなく、当時日本で知られていた宗教を平易に紹介することによって、特定の信仰を持たない人に宗教と出会ってほしいのである。

そこで残花が思いついたことは、『世界三大宗教』で紙の上で仏耶儒に回教、ヒンズー、道教を加えた六教を集わせたように、今度は『日本宗教』を母体に、諸宗教の代表を集めて懇談会をおこなってみようということだった。この宗教家懇談会というのは、どうやら、シカゴで行われた宗教博覧会の影響らしい。この出席を持ちかけられた、宗演も乗り気であったに違いない。

第一回目の宗教家懇談会は明治二十九（一八九六）年九月二十六日に、芝区の松平頼英《よりひで》子爵邸で催された。

宗教家懇談会の開催を『日本宗教』誌上で宣言すると、宗教界の各論陣から猛反発があった。特にキリスト教界の諸氏からは、非常な冷笑をもって迎えられた。各陣の意見は、『日本宗教』の第四巻にまとめられているが、非難の原因は、どうやら会の目的を宗教融和により新宗教を起こすための相談であると判断されたせいである。

確かに、そう判断される要素がなかったわけではない。この懇談会の開催を告知した記事中には、はっきりと宗教融合をにおわせることが語られている。

「宗教家」撮影年度不明（戸川淑子氏所蔵）
前列に残花、小西増太郎ら、中列に本田庸一、大西祝、原田助ら、後列に横井時雄、松村介石、村井知至、山路愛山ら

第1回宗教家懇談会　明治29年9月26日　松平頼英子爵邸
（『太陽』明治29年11月5日、第2巻22号所載）
前列左端が残花、2列目中央が釈宗演

いずれにせよ、互いの教えを否定し合うのではなく、話し合い、理解し、学び合い、社会救済事業の時には手を携えることも必要だという思潮が生じていたことは確かなようだ。

この日、参加したのは残花、巖本善治他、ユニテリアンの宣教師グレイ・マッコレー、松村介石、大西祝、横井《よこい》時雄《ときお》、この後日本女子大学で同僚となる易学の高島《たかしま》嘉右衛門《かえもん》、熊本バンドの出身で当時神戸教会の牧師、のちに残花も所属した本郷教会を牧すことになる海老名《えびな》弾正《だんじょう》、下谷教会の牧師で、残花がやめた後の「福音新報」の編集を引き受けた湯谷《ゆや》磋一郎《さいちろう》、前島《まえじま》密《ひそか》、無宗教の立場で宗教学者の姉崎《あねざき》正治《まさはる》などの名も見える。

残花の所属は一致教会の流れにできた「日本基督教会」とある。仏教界からは、釈宗演の他に、残花が親しく交流した仏教学者島田《しまだ》蕃根《ばんこん》。神道からは帝国道徳会員の丸山《まるやま》雅彦《まさひこ》、実行教の管長柴《しば》田《た》禮一《れいいち》が参加している。キリスト教側の出席者が多いが、宗教家懇談会と銘すにふさわしいおおむねバランスのとれた出席者であろう。

残花自身には、おそらく、宗教を融合して新宗教を創りだそう、という考えはなかった。当日、開会の辞を述べた残花は、「今日の懇談会を世の新聞雑誌などにて、彼是と批評いたし、なにか新宗教設立のやうに申せども、左様なる儀には無之」と明言している。

第二回宗教家懇談会は、明治三十年四月二十一日に催された。会場は小石川植物園である。この時は、主賓として予定していたシカゴ万国宗教大会委員長バローズが帰国するというので急遽開催が決まったらしく、一回目に比べるといささか盛り上がりに欠けた。必ず参加するといっていた釈宗演も所用で欠席している。第一回の折には、敵対していたかに見えた各宗派の宗教家が集まるといって注目していた世間の関心も、二度目となるとインパクトは弱かった。

季節がら桜が咲き、閉会のころ吹いた風に花びらが舞った。


この動きはキリスト教会側には認められなかったようである。

残花は最近のキリスト教界の動きについて『日本宗教』第三巻第二号（明治三十年八月）に「風紀振粛《しんしゅく》」という文章を寄せている。

振粛というのは近ごろはあまり聞かない言葉だが、「衰えたものを振るいおこし、ゆるんだものをひきしめること」（『広辞苑』）ということで、要は、最近のキリスト教界のたるみをどうにかしようというのだ。振粛の対象は十一条にわたる。

「第一　酒博淫に溺れて不徳を働く者」や、「第二　家政修らず屢々《しばしば》世の物議を生ぜしむる者」などといったあたりは、特に宗教によらずしても道徳として戒めるべきことで、とりわけ疑問とするにあたらない。

しかし、おそらくこの明治三十年に、日本キリスト教界が風紀振粛のターゲットとしたかったのはこうした道徳的な事柄でも、信仰が緩んだ一般の信者たちでもない。

「第六　基督教の外に仏神等の宗教の説を採りて筆舌に論ずる者」「第七　ユニテリアン派の如き広義の説を奉ずる者」「第九　教会へ出でずと雖《いへど》も、宗教道徳の為に思を焦し力を労し、其《その》言行に欠点少し諸宗教を平等に視て其見識後来の信者とは称し難き者」

これが暗にどのような人たちを指し示しているか、露骨なくらいにわかる。

問題視されたのは、一度キリスト者となりながら、教会側が純粋と考える教養から離反した知識階級の存在である。

明治初年にキリスト教の洗礼を受け、爾来、伝道の中心を担い牧師教師でさえあった人々が、軒並み、思想的な変容を遂げていた。

しかも、第十で、「洗礼を受け教会員と為りたれど、今日は全く教会に関係せず政治文学経済の方面に在りて智徳ともに力ある者」と対象を指定していることから、文士、名士、財政家、教育家といった社会的影響の大きい立場にある人物の「造反」は、教会側としては教義の純粋性を保つために、看過しておけなかったのだろう。

第六条などは、どう考えても、残花あたりのことを指しているとしか思われない。

これに対して残花は、

異教徒と交際せず其《その》宗教的文字を言論文章に用ひず。（或は禁酒禁煙等）少しにても異端の聞へある可《べ》からず

然《しか》れど斯《こ》の事果して行はるゝや殆《ほと》んど信ぜられず若《も》し果して行はるゝとも、天国は建設せられず其《その》結果は有為多望の人を教界よりは逐《お》い出し、唯々諾々の無為絶望の士をのみ留め、

偶々《たまたま》一二の傑士ありとも一事を為すこと能《あた》はず、教界は衰老白髪の老翁となりて外国伝道の仁恵に依頼するの外なかる可し。

と、明白な苦言を呈している。

思想や信仰の純粋性にこだわって狭量に至れば、それに外れた人士を排除することになる。それは時に、多彩な才能、個性を遠ざけることになり、結局は守ろうとした教義、信仰自体の衰退につながることと残花は看破している。

だからこそ、自らの主義信条を越えて、ともに理解し、協調しあう道を求めて宗教家懇談会を催したのではなかったか。

雑誌『日本宗教』、またそれにまつわる一連の活動は、明治七年にキリスト教の洗礼を受けてからこのかた、残花が育んで来た宗教意識の集大成であったかもしれない。

こののち、残花自らが主導して宗教的活動をすることはなくなる。

『日本宗教』は明治三十年八月第三巻第二号（全二十六号）をもって終巻（明治三十年十一月『社会雑誌』第一巻第七号に合併）となる。残花は宗演に「一年だけはともかく出すが、その後は丸くなるか、四角くなるか」と語ったが、二年強刊行を続けていたことになる。

ただいい加えておくが、残花は宗教というものに絶望したのではない。牧師、さらにはキリスト教者でさえなくなったとしても、残花は生涯「祈る」ことをやめなかった。残花にとって宗教とは、「神ありと信じること」であり、「愛」「ヒユマニチー」であって、地上の問題で崩れるようなものではなかった。多相に見える神の顔のいったいどれが神の本当の顔にしろ、残花にとって、その聖なるものとの交流は万事に勝って大切なことだった。

残花は、文学とは、信仰、尊きものとの交流なくしては意味をなしえないと考えていた。いや、文学だけではない。行動のすべて、つまりは己の中心を、我欲我執に満ちた俗世のなかにおかず、尊きものとの交流のうちに置くべきだと説いている。

敬坐する可《べ》し、冥想す可し、坐禅す可し、祈禱す可し、電燈電車電話の二十四時間中に静閑の時間を獲得せよ、露とく〳〵試みに浮世すゝがばやと生命の霊的洗濯を為す時間を要す、霊養なき活動は木偶《でく》の活動のみ、其の果は砂上の楼閣空中の宮殿なり、科学的物質的人道的の文明は楼閣宮殿なり、其の基礎をば必ず宗教的文学的芸術的の上に置く可し金剛不壊の生命は肉に非ずして霊なり。

（「明治前後の厭世観」『中央公論』第二十二年第十一号、明治四十年十一月）

それにしても、このころの残花の暮らしをみるに、まさに「電燈電車電話の二十四時間」。残花がこの慌ただしい日々のどこで静閑の時間を見いだしていたのか知りたい。末子の戸川行男氏が印象に残した父の姿「日がくれて暗くなつた座敷に灯もつけず庭をみていることもあつた」

（「父残花のこと」『明治文学全集三十二　女学雑誌・文学界集』月報、筑摩書房、昭和四十八年）。こんな時、残花は何を思っていたのだろう。何か霊的なもので魂を洗っていたのだろうか、それとも暮れ行く庭に、亡き人たちのおもかげを見ていたのだろうか。

明治三十四年、日本基督教会を指導する植村正久《うえむらまさひさ》と日本基督組合教会の海老弾正の間で神学論争が交わされた時、残花は、海老名の側に立ったと思われる。というのも、残花自身は論争に加わっていないが、その後、本郷教会の牧師をしていた海老名に乞うて（この時の残花から海老名宛の書簡が同志社大学に所蔵されている）宗派を越えて本郷教会に籍を移しているからだ。「本郷教会はこのため、日本基督教会の押川方義、明治女学校長で女学雑誌の主宰者たる巖本善治、文学者戸川残花等斯《こ》う云ふ人々が海老名君と運動を共にする事になつて、一時超教派的立場を執るやうになつてゐた」（『植村正久と其の時代』第五巻）という。

残花が植村に、また植村が残花に対しどのような感情を抱いていたかは、書き残されたものがないからわからない。少なくとも、残花の側では植村に個人的な恨みなど抱いてはいなかっただろう。明治四十一年の「存友帖」の恩人友人のリストのなかには植村正久の名がみえる。ありし日、文筆家としての才をみいだし、宗教界の中央に引っ張ってくれた植村は残花にとってやはり恩人であっただろう。また植村の側も、「福音新報」創立二十年の記念（「福音新報の二十年」『植村正久と其の時代』第三巻）には、初期の功労者として残花の名をあげている。

第4章

紙の墓碑

旧幕臣として明治の臣民として

明治三十（一八九七）年十月二十九日、残花は、氷川の勝邸を訪れている。

氷川の地名は数あるが、勝邸のあった氷川は東京都港区赤坂、平成三年に統廃合された氷川小学校のあった場所である。広大な敷地には、勝の親戚縁者だけでなく、かつて徳冨蘆花も暮らしていたことがあった。

巖本善治《いわもとよしはる》が勝海舟のもとを訪れるたびに話を聞きだして編纂した「海舟語録」には、「午後二時から四時半、戸川残花子あり」とあり、残花と海舟は二時間半ばかり会話を交わしている。その折、巖本善治もやってきて二人の会話を傾聴、記録した。

巖本は、明治二十年『木村鐙子小伝《きむらとうこ》』を執筆し、序文を故人と生前縁のあった勝海舟に依頼した。鐙子は、夫木村熊治《くまじ》とともに明治女学院を創設し女子教育に取り組むとともに、婦人の地位向上の最前線で活躍、明治十九年にコレラで亡くなった。明治女学院を継いだ巖本には鐙子を悼む気持ちが強かったのだろう。序文を書いてもらった縁で、以降勝邸に出入りしていた。

勝と残花の会話に、まず話題にのぼったのはかつて残花も評伝をものした深草元政《ふかくさもとまさ》で、元政は二代目高尾太夫とわりない間柄となったが、高尾はすでに身請けが決まっており、悶々としているのを主君に見とがめられ、昼寝をして休養をとるように命じられた。その時下賜された枕に三百両入っており、元政はさっそく身請けに行ったが高尾はすでに自害しており、それが出家の原因となったという俗説が語られた。

それを受けて残花が「あの頃の人は、大キイやうです。あれから、あとの徳川人は小さいやうです」といったのに対し、勝は「ナニ、さうでないて。初めから小さいのだ。何しろ、権現さまに敵《かな》ふものがありやしない」とはじめ、徳川前期の人間が大きく見えたのはすべて家康が一人で采配をふるっていたからで、中期、後期に至って、「毛色の変つたことをした」大久保長安《おおくぼながやす》、田沼意次《たぬまおきつぐ》や、柳沢吉保《やなぎさわよしやす》などは、徳川の「外」から来た人たちで、「たゞ真正直につとめて、困れば腹を切るといふやうに教へ」られた正直な徳川の家臣たちはみな騙されてしまったのだとし、最後に「戸川などは、モツト大きく目をつけて、徳川の事を見なければイカンヨ。いかにも小さいからネ」とアドバイスを与えている。

まるで子どものような扱いだが、勝を先生とよんで敬っていた残花は敬意をもって傾聴していたに違いない。残花にとって勝海舟の存在は別格だった。

この対談にさかのぼること半年の明治三十年四月、残花は、徳川時代、特に幕末期の証言や史料を編纂した月刊誌『旧幕府』を創刊した。

創刊に際しては、勝をはじめとした旧幕臣の古老たちの助力をえている。『旧幕府』「刊行の趣意」には、こうある。

明治も既に二十九年の星霜を重ね戊辰の少年も今や不惑の齢に達し鬢辺《びんぺん》の霜寒きを感ず況《いはん》や当時幕閣の枢機に参せし人の如きは古稀の頽齢《たいれい》に至らざるなし今日もし旧幕府の遺聞零冊を収拾することなくんば今より三四年の間には元老は皆墓に入り尋ぬるに道なく問ふに法なく恨を百載の下に抱く者あらん余も徳川家の旗下に属せし者なり転《うた》た感慨の情に堪へず奮って幕府特に幕末の史料纂集に従事せんと欲し木村芥舟翁に計る翁は此挙を嘉とし常に示教せられんと約す又勝伯榎本子大鳥君に計り更に亦《また》故栗本鋤雲向山黄村杉浦梅潭田辺蓮舟の諸老に計りしに諸君も皆此挙を助けんと諾せられたりき唯如何にせん余が浅学微力なる十分に尽す能《あた》はざるの恐れあり希《ねがは》くは同感の諸君一臂《いっぴ》の力を惜むことなかれ

これによると、残花は『旧幕府』の創刊を思い立った時、まず木村芥舟《きむらかいしゅう》に相談、賛助の約束をえたのち、勝、榎本武揚《えのもとたけあき》、大鳥圭介《おおとりけいすけ》に協力を求め、さらに、栗本鋤雲《くりもとじょうん》、向山黄村《むこうやまこうそん》、杉浦梅潭《すぎうらばいたん》、田《た》辺蓮舟《なべれんしゅう》らに力添えを仰いだという。古老たちに、掲載させてもらえる史料を請うて歩いていたものと思われる。残花が最初に助力を仰いだ顔ぶれが面白い。木村、栗本、向山、杉浦は維新後明治政府に仕えるのを潔しとせず、市井人として一期をまっとうした。対し、勝、榎本、大鳥は新政府の高官となっている。蓮舟田辺太一《たいち》は、閨秀作家三宅花圃《みやけかほ》の実父で、明治以降も外交官として政府に仕えたが、旧幕時代は、徳川昭武《とくがわあきたけ》のパリ万博行きに随行した栗本鋤雲の同僚でもあった。

隠遁組と官職組の間には確執とまでいえないながらも、割り切れないわだかまりが長く存在していた。

特に栗本は大の勝嫌いで知られ、「明治半ばの或る折に、旧知相会せる衆人の面前に於て『勝ツ下れ！』と大喝怒罵せしことも、栗本の情として洵《まこと》に尤《もっとも》である。勝は自ら曰く『やせ蛙お辞儀のみして済しけり』と」（蜷川新《になが わあらた》『維新前後の政争と小栗上野の死』日本書院、昭和三年）ということもあった。

栗本はがさつな人間ではなかった。旧幕時代は箱館奉行を務めた外交畑の能吏であり、すぐれた文筆家でもあった。島崎藤村はフランス滞在中、栗本のパリ印象記『暁窓追録』を愛読し、さらに栗本をモデルに『夜明け前』の喜多村瑞見《ずいけん》を描いた。栗本は格調ある文化人であった。それが人前で声を荒らげるほど、徳川家に降伏を選択させておきながら明治の世で高官となった勝を許すことができなかった。

勝海舟はその毀誉褒貶の激しさからしても、人物の評価の難しさがうかがわれる。

福沢諭吉は、「瘠我慢《やせがまん》の説」（「時事新報」明治三十四年一月一日付）を記して、勝が江戸開城を説いて主家の滅亡を招いたにも関わらず、その後明治の高官として富貴をえたことは、日本人の精神を穢したと批判した。

木村と福沢と勝の三人は、ともに咸臨丸でアメリカに渡航した。が、三人の立場は違い、木村は遣米副使で一行の司令官、勝は咸臨丸の艦長の役割、福沢は木村の従僕であった。

航海中の勝は、自室に籠もり、たびたび癇癪を爆発させては木村を困らせた。木村の日記や同船した者たちの記録の側から判断すると、まったく傍若無人に思われる。

一方の木村はこの時勝の七つ年下であったが、これに憤ることなく、勝の忿懣の原因の一つが己の家格の低さ、つまり自己評価に対して他の評価が及ばないことにあると知っていながら「上げてやることもできぬので」とただ困惑しているのである。

木村のおおらかさは、彼の人格の成熟度とともに、勝との生まれ育ちの違いを感じさせる。サンフランシスコに上陸した際、地元の新聞に「上から下まですべて貴人」と評された木村は、将軍家の別荘である浜御殿で奉行の子息として生まれた。二千石の家柄である。木村摂津守《せっつのかみ》は、維新後芥舟と号して隠棲し、生涯明治政府に仕えることなく、半生を市井に生きた。

福沢の「瘠我慢の説」は理論としてはさほど優れたものではない。ただ、心情としては切に訴えるものがある。栗本はこの「瘠我慢の説」を読んだ時、涙を流して喜んだという。

福沢に発表前の「瘠我慢の説」を送られた勝は、「行蔵《こうぞう》は我に存す、毀誉《きよ》は他人の主張、我に与《あず》からず我に関せずと存候」（『明治十年　丁丑公論・瘠我慢の説』講談社学術文庫、一九八五年）と返した。勝には勝の思いがあった。江戸開城以来三十年間、勝は徳川家を守ることに心を砕き、明治三十一年に慶喜《よしのぶ》が参内を果たした時、日記に「我が苦心三十年、少しく貫く処あるか」（『海舟日記』明治三十一年三月二日『勝海舟全集』勁草書房、一九七三年）と記している。

残花は、どちらの陣営にも属さず、双方に等しく共感と敬意を抱いていた。だからこそ隠遁組と官職組、どちらにも受け入れられ、気持ちよくその助力をえることができた。

明治三十一年六月二十日付の「読売新聞」に、残花は「吹塵余録」という一文を寄せ、栗本と勝を比較している。


嗚呼両翁は同じく幕臣にして同じく多感多情の人なり涙を呑むで事に当るは勝海舟泣いて節を守るは栗本鋤雲なり

という。もともと両者の人格は正反対で、選んだ道は違えども、幕臣として負った傷の深さは変わらない。

この両者の生きる道の両方が、深い共感とともに残花の心に響いていただろう。それのどちらもが、旧幕臣として、明治人として生きてきた残花の生き様とかさなる。

栗本は『旧幕府』刊行の少し前、残花を呼びだした。残花が訪ねると、病身の栗本は床の上に座っていた。旧請西《じょうさい》藩主で、遊撃隊とともに箱根や奥州で新政府軍と戦った林昌之助《はやししょうのすけ》から書簡が来て、四月に行う予定の旧藩士の慰霊祭に参加して欲しいと誘われたのだという。しかし、栗本は、自分でまともな返事さえおぼつかない。非礼を気に病んで、残花に林によろしく伝えてくれるように頼み、四月の慰霊祭までには体調を治すから、どうか付き添って欲しいと依頼する。

残花は了解して栗本の元を辞した。三月になって、『旧幕府』の創刊に向けて多忙であった残花は、何かの用事で栗本宅に長男を使いにだした。栗本は玄関先まで出てきて、あらためて四月のことはよろしく頼むとことづてした。が、同月、栗本の訃報を受けた。

残花が協力者としてあげた古老のうち向山黄村も、栗本に先立ち明治三十年に歿していた。

こうした古老たちとの交流、そして別れは残花の心の中に降り積もり、『旧幕府』刊行への思いをより切実な、真摯なものにしたに違いない。

残花が旧幕時代の証言の収集を急いだのは、こうした古老に戊辰の記憶をしまいこんだまま墓場まで持っていかせてはならないという義務感に似た思いであっただろう。「刊行の趣意」にも語られているように、明治二十年代後半から、櫛歯を欠くように、維新の古老たちが世を去っていた。

またそれは古老たち自身が身をもって感じていた。「海舟日記」明治二十九年一月十九日の項には、「此頃、旧知死する者多し。来訪中半ば逝く」とぽつりとつぶやくように記され、未練であるかのように生存している高齢の友の名が並べられている。確かに、明治二十七年ごろからの「海舟日記」には物故者の記述が目立つ。

そもそもなぜ、残花は旧幕臣、佐幕派諸藩の証言を集めようとしたのか。「発刊の辞」にもあるように残花自身旗本の出であり、口にはせずとも明治維新以来三十年あまりの歳月、それを忘れえたことはないのだろうが、それでも、キリスト教伝道に、文学に、俳諧、宗教活動とめまぐるしく活躍してきたこれまでの生涯に、たとえ官途に就かずとも、旧時代に操を立てて逼塞してきたようには到底みえない。『旧幕府』を刊行した理由を少年時に敗者として明治維新を迎えた残花が、旧幕臣として、やがてその汚名を雪《そそ》ごうとしていた、といえば話は単純なのだが、残花の複雑なパーソナリティーはさすがにそう一筋縄ではいかない。

時代的な背景を考えれば、明治二十年代から三十年代にかけて、勝者の側からだけでなく、戊辰の敗者の視点からの歴史の記述がはじまっている。

明治二十一年刊行の島田三郎『開国始末』、岡本武雄《おかもとたけお》『王政復古戊辰始末』。明治二十二年『江戸会誌』。明治二十五年、福地源一郎《ふくちげんいちろう》（桜痴《おうち》）『幕府衰亡論』、木村芥舟『三十年史』、『史談会速記録』の刊行開始。明治二十七年、福地源一郎『懐往事談』。そして明治二十九年、同方会機関誌『同方会報告』刊行開始（田中彰「『旧幕府』の時代背景」『旧幕府』四巻、マツノ書店、平成十五年参照）。

明治三十一年は、徳川慶喜がかつて自らの居城であった江戸城に参内を許された年でもある。日清戦争に勝利して盤石となった明治の世で、旧幕臣の昔語りはもはや害悪でさえなくなっていた。維新以来二、三十年の星霜を経てようやく、敗者が歴史を語ることが許される空気が生じていたのである。

旧幕臣の懇談会、同方会はそうした流れのなかで、明治二十八年六月二十三日、上野東照宮で創会された。参加資格は、旧幕臣かその子弟であることだった。入会届けには、現在の職業ではなく旧幕時代の役職を書かせていたということ一事でも、この会の懐古的雰囲気が察せられる。賛成会員に榎本武揚、島田三郎がいる。この同方会に残花も参加していた。

残花の出席が明らかなのは、明治二十九年四月三日の飯田町富士見楼で行われた大会からで、十字屋時代からの友人、原胤昭《はらたねあき》もともに参加している。会の機関誌『同方会報告』(『同方会誌』)には、旧幕時代の懐旧や、戊辰の記録が投稿されているが、残花は無難に詩歌などの寄稿をしている。実際の戊辰の生き残りが多いなかでは、残花などはまだ若輩であったためだろう。同方会と『旧幕府』は協力関係にあり、しばしば『旧幕府』には『同方会誌』の記事が再録されている。

のちには、大正六年に残花が『書画骨董雑誌』に載せた談話が、同方会員の神経を逆なでして論争を呼び(前述した岡本昆石《おかもとこんせき》等の発言)、結局退会においやられることにはなるのだが。

残花が旧幕臣としていかなる思いを抱えていたか。自身は生涯感情的に語ることはなかったが、敗者の歴史が世に公平に語られていないことに、違和感と憤りを感じていたことだけは確かである。

残花は『旧幕府』発刊に至った理由を、『旧幕府』の終刊後、継続誌として刊行した『武士時代』で述べている。

五六年以前より私は「旧幕府」と云ふ雑誌を発兌《はつだ》いたして居ります(中略)其の趣意は実は戊辰の戦乱の後に王政維新となりましてから、多く西南の歴史が調べられてはありますけれど、東北や或は徳川氏の末路に働きました人の史料と云ふものが湮滅《いんめつ》いたして居ります、それを世間にドウか紹介したいと云ふのが私の望みでございました、又一方には明治の維新の史料と云ふものはございますが、悲いかな前に申した様な事に付ては余り調べられてございませぬ、維新の歴史を調べまする史談会とか史料局と云ふものはございますが、徳川氏会桑二藩の如き又は函館、上野と申す辺に至りましては此の歴史の材料を誰れ調べる者が無いと云ふ有様でございます、それを調べやうと思ひましたのが四五年前の私の目的でありました

（『武士時代』第一巻第三号、明治三十五年）

「官軍」側のみの視点によって語られる歴史に不公平感を募らせていたのだ。それがいつからのことかは知れない。三十代の後半に書かれた『日本評論』第二号に寄せた新体詩「伏見」は鳥羽伏見の戦いに題をとった詩で、詩作品として優れたものではないが、残花の心の複雑さをうかがわせる。残花の視点が西軍、東軍のどちらに立っているのかにまず戸惑う。敵味方分明ならぬ開戦からはじまり、

進め！進め！
むかしもいまも　朝敵の、
かちしためしの　あらざれば、

まけなば賊と　言れなん。

読み進めれば、当初幕府側として参戦していた津藩藤堂家の「裏切り」があり、幕軍が敗走するという歴史的出来事が詠まれていることがわかるのだが、それでも、

悟れ！悟れ！
智恵も力も　ことはりも、
時てふ者に　さからはゞ、
玉も瓦も　くだけゆく。

どこか突き放した物言いをし、さらに、

誰れぞ！誰れぞ！
飛弾のたくみの　すみがねに、
わが日の本を　嬉しくも、
ひらけゆく世を　導くは？

と続く。戦さの末に訪れる世を言祝《ことほ》いでいるのか、時勢によって滅びゆく旧時代を追悼しているのか、わずか半ページの詩のなかで、立ち位置が不安げにぶれている。

幕臣として抱いてきた思いと、明治の御世のよき臣民として新時代を生きようという意志のはざまで、残花の心は揺れていたのではないか。

ただ、この視点のぶれた詩を書くことによって残花が本当にしたかったことは、みずからの戸惑いを記すことではない。明治二十六年『三籟』第四号に載せた「さくら田の雪」で残花は、

右の大臣《をとゞ》と後つひに、
　贈り給ひし君をしも、
　昔をしのぶ橘の、
　　おなじ嘆きとなりにけり

と井《い》伊《い》直弼《なおすけ》（井伊家の家紋は丸に橘）と、のちの大久保利通の暗殺を同じ次元におき、

今日は昨日のさまならず、
君と民との共同心《もろごころ》
治まる御代の初日の出、

嬉しきこともみかへれば、
雪と散りしく桜田の、
夢のあとこそ忍ばれにけれ。

と、井伊の死を新しい世のために捧げられた死として解釈する。桜田門外の事変での井伊の死は、朝廷の意志をないがしろに、強権をふるって志士たちを抹殺した悪の巨魁を誅したのではなく、国を思い、国の発展に殉じた一人の英傑の死として目されるべきだ。残花の主張はそこにある。

残花は「贈位贈官弁」(『旧幕府』第二巻第十号、明治三十一年十月)で「嗚呼阿部、堀田、井伊、安藤等は日本の恩人なり」という。阿部は阿部正弘《あべまさひろ》、堀田は堀田正睦《ほったまさよし》、安藤は安藤信正《あんどうのぶまさ》、ともに幕末の内憂外患の時勢にあって、老中としてその時の最善をめざして幕府をよく導いた。その功績をもって残花は彼らに「贈位ありても至当なる可《べ》しと考ふ」。さらにこの「贈位贈官弁」で、天下の趨勢定まる以前に、幕府あるいは、朝廷のために命を散らした人士、桜田門外の変、坂下門外の変で浪人と戦って死んだ者たち、禁門の変で戦死した幕軍、会津、薩摩、諸藩の藩兵、長州征伐に出兵した紀州藩の戦死傷兵など、こうした人々もまた国家のために命を捧げた殉難者として認めるべきだという。

政見の異同により正と称され奸と辞せらるゝと雖《いへど》も以上の諸役に倒れし者は或は政府の士臣を護衛し或は暴徒を征伐し或は朝敵を退治せむとし日本の政治を御委任ありし幕府の命を奉じ又は堂々たる勅命を奉じて戦場に臨みし者なればなり

（「贈位贈官弁」『旧幕府』）

確かに徳川幕府が日本の政府であったころ、その命令に命を賭して働いた者は、「朝廷」と「国」のため「正義」をおこなっていたのであって、政権が変わろうとも「賊」とするのは不適当である。だが、この残花の正論に、当時いったいどれだけの人が思い至ることができていただろうか。残花は凝り固まった佐幕史観の持ち主ではなかった。明治の世を賛美する文言も、決して世をはばかるためのカモフラージュではなかっただろう。ただし、

勝てば官軍負ければ賊徒の数文字が如何に明治史に影響せしかを思ふ可し

（前掲誌）

というとおり、彼の水平に世を見ようとする視点からすると、当時の「官」「賊」の扱いはあまりに不公平であった。残花はのちにいう。

成敗に由りて正邪を決すること勿《なか》れ、此れも全然賊軍に非ず、彼れも純然官軍に非ず、其の

動機は錯雑にして容易に分説すること能《あた》はじ。嗚呼世潮の一進一退は造化の秘薀《ひうん》に属して、五尺の人類が猥《みだ》りに窺測《きそく》する所に非ず、本来東西の別なし皆な是れ神洲の民たり

（山崎有信『彰義隊戦史』序文、隆文館、明治三十七年）

勝敗を分けたのは人智の及ばぬことであり、五尺ばかりのちっぽけな人類が、正邪、官賊を定めるところではない。時流により、邪とされた者、賊とされた者も、国を思い、朝廷を尊敬する日本の民であったことは変わりない。これは残花の根本的な考えであったろう。

日清戦争、さらにこの三年先の日露戦争を経て、日本は天皇崇拝一辺倒となって、古老たちのうちに漠然とあった公方様びいきといった江戸の気風は失われる。このまま行けば、敗者の真実は証されぬまま風化し、汚名が挽回される機会を永遠に逸してしまう。同時代を生きていた残花には、その事実はより切迫したものとして感得されたに違いない。今まさに真実が失われつつあるという切迫感とともに、ようやく解放されはじめた佐幕派の史観は、残花のうちに眠らせていた旗本としての矜持、感じていた敗者の歴史の不公平感を『旧幕府』刊行という使命感にまで高めた。

『旧幕府』創刊号は宣言のとおり、戊辰のころの旧幕府側の資料が大半を占めている。

大鳥圭介の「南柯《なんか》紀行」が掲載されはじめるのも本号からである（以降第一巻第三、四、六号に

掲載）。題名の「南柯」は中国の故事、南柯の夢にちなんだものであるが、なぜ「南柯紀行」なのか。大鳥らが見たのは、はかなくとも栄華の夢ではなく敗北の軌跡である。「南柯紀行」は、江戸開城の翌日四月十二日からはじまり、江戸脱出、宇都宮、会津での戦闘、さらに、仙台で榎本武揚らと合流し蝦夷地平定、函館戦争の敗北までが記される。第一巻九号から第二巻二号にその続編ともいえる明治二年六月三十日から九月二十四日までの「獄中日記」が掲載されるが、これは、残花は大鳥から原本を借り受けて『旧幕府』に掲載したものだという。九月二十四日以降の日記は、残花の時代、すでに原本が失われてしまっていた。大鳥の日記は『同方会報告』（『同方会誌』）にも「大鳥圭介君獄中日記」として、『旧幕府』の再録に、未発表部分を加えて連載されたが、これも明治二年七月二十九日分までで終わる。

　大鳥は明治四年、海に近い函館山の突端に、函館戦争の戦死者約八百名を悼んで慰霊碑を建てた（異説あり）。「碧血碑《へっけつひ》」という。義に殉じた者の血は三年経つと碧色《みどり》に化すという中国の古詩の一節から命名された。

　『旧幕府』は、伝記資料が豊富で、有名無名を交えて、幕末明治を生きた様々な人の生き様を残している。「中浜万次郎《なかはままんじろう》伝」や、勝海舟、木村芥舟、大久保三郎による「大久保一翁《いちおう》伝」、幕末の砲術家の「高嶋四郎太夫《たかしましろうだゆう》」、残花による「坦庵江川太郎左衛門《たんあんえがわたろうざえもん》先生の伝」、牧之原台地を開墾して大規模な茶園を作り、二代目の山口県令を務めた「関口隆吉《せきぐちたかよし》伝」等がある。旧幕臣が維新の勝者である長州、山口県の県政の頂点に任じられるというのは奇妙に感じるかもしれないが、新政府は廃藩置県をおこなうにあたって、旧藩と県の癒着を断ち切るため、県政の中心には他県出身者を採用する方針をとっていた。ちなみに関口の前任で山口県初代県令、中野梧一《なかのごいち》もまた旧幕臣であり、しかも函館で新政府軍と戦った経歴の持ち主であった。

明言はされていないが、冒頭の挿図と史料で小特集の体裁をとっているものが多い。例えば、第一巻第五号の挿図三点のうちに「永井玄蕃《ながいげんば》頭肖像」、「函館に於て朝陽艦を撃ち沈めし図」があり、史料は「永井玄蕃伝」そして、連載記事「函館戦争日誌　函館始末」は三回目で終了となっている。永井玄蕃（尚志《なおゆき》）は、旧幕臣、鳥羽伏見の戦いの時には若年寄を務めていた。江戸帰還後は、榎本武揚とともに蝦夷地に渡り、函館政府下では函館奉行を務めた。ちなみに永井は三島由紀夫の父方の高祖父でもある。

小特集というならば、第一巻第六号（明治三十年九月）は会津の小特集とも言えるだろう。挿図には「会津白虎隊自害之図」がある。史料に「会津史を読む」「会津の白虎隊」があり、耳袋に「会津の藩風」が掲載されている。

むろん、函館、会津の史料はこれだけにとどまらない。先ほど述べた「南柯紀行」に加え、「榎本武揚のおひたち」、「三嘉保丸難破談　函館始末」「函館戦争日誌　函館始末」「榎本子談話」等。会津に関しては第一巻第三号（明治三十年六月）の挿図は「松平容保《まつだいらかたもり》肖像」が掲げられ、その筆跡、小伝とともに、孝明天皇が会津藩主松平容保に贈った書簡が掲載されている。他「会津藩誓詞」、「会津藩家老神保修理のこと」、「会津の玄武隊」等がある。

彰義隊関係の資料も多く掲載されている。第一巻第二号本多晋《ほんだしん》「彰義隊発起顛末」、阿部弘蔵《あべこうぞう》「上野戦争実記」。丸毛利恒《まるもとしつね》による「彰義隊戦争実歴鈔」が掲載される。丸毛利恒の名はすでに述べた。彰義隊士の生き残りで、残花の句をタイトルにした子母澤寛《しもざわかん》の小説「玉瘤」の主人公の一人である。丸毛は上野敗戦後、函館に渡って抵抗を続けた。

木村芥舟による「幕府名士小伝」や、「将軍家の朝夕」（竹内帯陵談）「大奥の服装」（三橋刀自談）、第一巻第四号と第六号には残花による三千石以上の旗本の家と領地についての「旗本風俗」があり、会員某から寄稿された「御徒士物語《おかちものがたり》」は、下級ながら戦場や火急の状況においては将軍家の影武者を務めるとされた御徒士階級のしきたりを伝える等、幕末の戦さの記録だけではなく、江戸期の武家に関わる文化全般のことが取りあげられている。また、「幕末に於ける風刺的童謡」（第一巻第四号、明治三十年七月）で智世ほくれ節や、「ないものつくし」（第二巻第四号、明治三十一年四月）「事務策チヨホクレ」（第二巻第八号、明治三十一年八月）などの流行も取りあげられ、幕末という混迷した時代の世相も知ることができる。

明治三十三年一月十九日『旧幕府』の協力者、勝海舟が亡くなった。

勝海舟と残花は親戚関係にある。といってもむろん元々の血縁ではない。残花の長女達が、勝の次女孝《たか》の嫁ぎ先である疋田《ひきだ》家に入輿してできた関係である。この縁談は、巖本がもたらした。「勝家が嫁探しをしている」

と、ある日、残花のところに持ちこんだのが巖本だった。

疋田家の長男玄亀《げんき》は勝にとって初の外孫の男子だった。その玄亀の伴侶を探しているところだというのである。残花の長女達が妙齢であった。残花はほぼ即決で長女の嫁ぎ先を決めたという。

『旧幕府』第三巻二号（明治三十二年二月）は勝の追悼に捧げられている。巻頭口絵には黒縁枠に囲まれた晩年の勝の肖像写真、折り込みに勝の絶筆が写真版で掲載されている。絶筆には「戸川残花氏所蔵」とある。この絶筆をもらい受けた日のことを、残花は「挿図解説」に記している。

この書は、勝の死の前日、一月十八日に揮毫されたものである。その日、残花は三井物産の見習い店員として香港に渡ることになった長男浜男をともなって勝を訪問した。勝はいつになく上機嫌で、かつて自分が上海に行った時に着ていた紺羅紗《らしゃ》の外套と羊革のがまぐちを浜男に与えた。残花が「浜男のために座右の銘を」と請うと、掲載の書の他に一枚を揮毫して、懇々とその語の解説をしたのち、浜男に与えた外套を着てみさせた。外套は当時十六の少年であった浜男の身体には大きく「狼の衣《ころも》然」とした。勝はそれを見てかたわらの老女に「糸《いと》オカシク子《ネ》イナ、糸オカシク子イナ」とくり返し確認して嬉しそうにしていたという（残花は糸に解説として「老女の名」とだけ書いているが、糸は増田糸、海舟の妾の一人である）。

この時もらった外套は、江田島の海軍博物館に寄託していたが、終戦のごたごたのなかで失われてしまったという。がまぐちには小遣いとして五十銭銀貨が一枚入っていた。がまぐちは今も戸川家にある。

勝は訪問者に対して「親切」であった。薄田泣菫《すすきだきゅうきん》の友人Kが氷川の勝邸を訪ねた時、国元の父のため書が欲しいと請えば、「俺はお前の親父のやうな田舎者なんかにほめて貰《もら》はんでもいいのぢや……それに俺の書には値打《ねうち》つて奴があるでの、どうぢや、御礼をたんまりもつて来てるかい」とからかったのち、「このなかから、気に入つたのを二三枚選り出して持つてゆきなさい」といって適当に選ばせ、帰りには、下女に命じて金には窮していないというKにやはり五十銭銀貨が一枚入ったおひねりを握らせた（「勝海舟翁」『薄田泣菫全集』第七巻、創元社、昭和十四年）。

同じ書と小遣いをやるにしても、泣菫の友人に対する態度と、浜男に対する態度ではだいぶ違う。死の前日というので、体調も優れなかったに違いないが、勝はその晩、浜男のことを語って上機嫌だったという。親戚の子として、孫のような存在だったのだろう。

この時もらった教訓の言葉は残花の浜男宛の書簡にも記されている。

十六の少年であった浜男にとって、親元を離れて一人海外で、服装から生活全般まで清国人に紛れておこなわれた香港での見習い修業はことのほかつらいものであったらしい。残花は、おそらく辛苦を訴えてきたに違いない長男へ、来年の夏まで我慢すれば一旦帰朝できるとなだめ、「勝海舟翁の訓言は今日々必要である」として、勝が勝が揮毫してくれた言葉を記している。

世跋風霜吾人練心之境也
世情冷暖吾人忍耐之地也

世事顚倒吾人修行之資也

（戸川残花浜男宛書簡、明治三十三年五月十八日、神奈川近代文学館・尾崎一雄文庫所蔵）

この書の文言は、「世のなかの困難や矛盾は、すべて自己修練に資するものだ」という中国の格言を引いたはなむけでしかない。だが、その意味以上に、まして絶筆であるがために、大切な道しるべとして感じられたことだろう。そして、それが、手紙に記して励ましの言葉となりうるくらい、この父子にとって勝の存在は大切だっただろう。明治三十六年、いまだ香港で修業中だった浜男が若干のトラブルを起こした時、残花は、「勝安房の教訓と戸川残花の教育」を受けておきながら、と長男を叱っている。

だからといって、残花が厳しい父親であったかといえば、神奈川近代文学館・尾崎一雄文庫所蔵にされた浜男宛の書簡を読む限り、家厳などという言葉が似合わないフランクな親子関係が見受けられる。

明治の、しかも士族の父親にしてはめずらしいのではないかと思うのだが、子どもを「さん」付けで呼んでいる。書簡の文中、浜男のことは「浜さん」と呼んでいる。長男に限ったことではない。次男千枝男《ちえお》は「千枝さん」、三男不二男《ふじお》は「ふうさん」で、娘に対しても、達さん、仲《なか》さんであり、一人称はお父さんである（大正十三年の日記では夫人波のことも「波さん」とさん付けで呼んでいる）。尾崎一雄文庫所蔵の手紙はすべて口語で書かれ、内容は時々自分の仕事について触れるものの、大概が、庭に池をつくって「ふうさん」が喜んだだとか、お母さんが子どもたちを連れて日比谷公園に遊びに行ったといった家庭の話題に終始している。『旧幕府』がいかに家族の援護を受けた手作りであったかは、まるで父の仕事に影響されるかのように、明治三十年代、子どもたちが寄り集まって作った『兄弟集』という文集からも見てとれる。

子どもの遊びと侮ってはいけない。奥付には、しっかりと会員、主幹などが書かれ、また、三女安による発刊の辞まで記されている。時々、残花や波の句や歌が寄せられ、長女達の中島歌子に習った千蔭流の流麗な手に、幼い兄弟姉妹の愛らしい字が並ぶ。九人の兄弟にまぎれて、時折、波の実家、向井家の従兄弟たちの文章が加わっている。

香港へ商業見習いへ行かされていた長兄浜男に家族の近況を知らせるために作ったのだということだが、父親の仕事を間近に見て、さらに、誇りを持っていなければこんなことはしない。二十歳までのあいだに親兄弟に先立たれ身内との縁が薄く、牧師時代ホームの重要性を説いていた残花は、生涯連れ添うことのできた妻波と、九人の子どもに恵まれ、心温まる自分のホームを築くことができた。

明治三十二年一月十九日、勝の死の知らせを受けた時、残花は娘たちと百人一首をして遊んでいた。残花は、勝の死の知らせを受けてから葬儀までの事を、「氷川二日三日」(『旧幕府』第三巻第二号、明治三十二年二月）に記している。

八時を回って、娘たちにそろそろ床につくようにいった時、電報が届いた。発信元に「氷川」とあるのを見て残花は、一瞬長女の婚家に何か事があったのではないかと思った。長女達が嫁いだ疋田家は当時氷川の勝邸の同じ敷地内に屋敷を構えていたからだ。が、あわてて開いた電報には「トノサマシヌスグコイ」と記されていた。

残花が氷川の勝邸に駆けつけると、すでに人が集まっていた。勝が眠る小室に入り亡骸と対面した。「室中暗澹として燭火も亦《また》力なく照せり、先生は恰《あたか》も安眠するの状に似たり、猛烈の機尽きて慈温の相現れ恰も仙客に対するが如し」という。亡骸の枕頭に付き添っていた勝の妹順子《じゅんこ》（佐久間象山《さくましょうざん》の未亡人）が、

「何んにも申しませむがコレデオシマイと申しました」

と残花に告げた。いかにも勝にふさわしい末期の言葉と思ったのだろう。「以て先生の高風を仰ぐ可し」と残花はいう。この言葉は、山田風太郎の『人間臨終図鑑』にも紹介され、風太郎をして「人間最後の言葉の中の最大傑作」といわせた。

勝には正妻、権妻の子どもらあわせて十一人があったが、長男小鹿《ころく》が早世して跡を継いだのは徳川慶喜の十男で勝家に婿養子に入った精《くわし》だった。新聞に掲載された勝の死亡記事に家族として精の名があるのを見て「昔にては恐れ多き次第なりと涙ぐまれし」人もあったという。旧幕時代、勝家の家柄は旗本のなかで最下級だった。勝は、小鹿亡き後、勝家の身上を徳川に返上するつも

りで、精を小鹿の長女伊代子《いよこ》の婿養子に迎えたという。しかし、精は勝家にはなじまなかったのだろうか。十二歳で勝家を継いで以来、実業に趣味に女遊びに奔放な日々を送ったが、大正十一年に妻を亡くし、昭和七年、四十五歳の時、愛人とカルモチンによる心中死を遂げた。

残花の「氷川二日三日」と同じ号に、木村芥舟による「海舟翁逸事」という談話が掲載されている。木村が「今般お逝去になつた、海舟先生の逸事でも」と語ったのが、勝の妾の話である。

其れから又彼処に（傍聴者を目指す）お出の方は、皆御存知で御座いますが、旧い侍妾《めしつかひ》が両個ありまして、是は若い時分から今日に至るまで勝家に居《あすこ》りましたが、白髪天窓の老婆さんで、一人は始終先生の左右に侍して、朝夕の世話から其他の事まで働いて居る（中略）又一人は台所の事を受合つて居るので、是は総菜の煮様、家僕の取締りから、買物、料理の事までも仕て居ました

という。この二人の妾というのは先に述べた増田糸と小西かねのことだが、海舟には、この二人の他にも清水とよ、森田米子らの妾がいて別邸に住まわせていた。長崎海軍伝習所時代にえた梶玖磨《かじくま》との間にできた梅太郎も氷川邸内に同居していた。

談話の終わり、木村は、勝を「小刀細工を好まれないで、正大公明を旨とせられた」と評して

いる。勝は、おそらく妻に対しても小刀細工をすることなく、正大公明に妾を囲っていたのだろう。ある意味傑物といえる。

ちなみに、勝の妻民《たみ》は、キリスト者で『旧幕府』(第一巻第九号、明治三十年十二月)の助力者としても名があげられている医師髙田畊安《たかたこうあん》が、明治三十二年に湘南に開いたサナトリウム、南湖院の最初の入院患者三名のうちの一人であった。畊安の妻は疋田輝子《ひきだてるこ》といい、残花の長女達の夫玄亀の姉にあたる。ちなみに残花の四女仲は畊安の子息安正《やすまさ》に嫁しており、勝家、髙田家、戸川家は二重の縁でつながっていた。

勝の葬儀は二十五日。雪の日だった。葬列が進むうちに雪はやんだが道がぬかるんでいた。式は青山の祭場で日蓮宗のしきたりで営まれた。

勝の葬儀とあわせて想起されるのは、大正二年、七十七歳で卒去した最後の将軍徳川慶喜の葬列の模様である。残花の五女千代は、少女のころみた葬列の様子を記録している。

白い輿に乗せられた慶喜の棺は、小石川区第六天町の屋敷を出て、伝通院前を通り、富坂を下り、春日町から本郷台へ上り、本郷三丁目、切りどおし、広小路を通って上野寛永寺に至る道のりを長い長い葬列を率いて行った。この葬列には残花も加わっており、フロックコートにシルクハットといういでたちで、勾配のきつい本郷の坂道を歩いた。かつて幕臣であった老人たちが沿道の路傍にむしろを敷いて座り、その後ろに見物人が立った。旧主君の棺が通る時老人たちは、

戸川家、疋田家、髙田家の人々（氷川勝邸にて　撮影年度不明）
前列左より　内田ゆめ、戸川行男、疋田遼太郎、疋田孝、戸川千代
中列左より　（３人おいて）戸川安、疋田達、戸川道、戸川仲、（２人おいて）戸川波
後列左より　髙田安正、（１人おいて）髙田畊安、疋田玄亀、戸川不二男、戸川安正（戸川淑子氏所蔵）

さざ波のように何かをつぶやきながら、手を合わせ、棺に目を向けることもできず、じっと顔をふせたままに送った。江戸が終わり半世紀が過ぎようとしても、老人たちにとって慶喜はあくまでも将軍家、主君であったのだろう。時代は移り行くが、時が人の心を変えるとは限らない。

勝の墓は別邸千束軒のあった千束村（東京都大田区南千束）の千束池を見下ろす場所に建てられた。残花は庶務を取り扱っていて埋葬には立ちあわなかった。

残花と勝の二人、ともに墓場では妻に逃げられている。

勝の夫人民は、明治三十八年に亡くなった。夫の墓には入りたくない、息子の小鹿の側がよいと遺言して亡くなったため、小鹿の眠る青山墓地に葬られた。しかし、昭和二十八年に改葬され今は夫とともに千束の地に眠っている。波は、前述のとおり残花の墓ではなく、娘の眠る雑司ヶ谷霊園の墓所に埋葬されることを選んだ。

勝家と戸川家の交流は長く続いた。残花の死後波が最後の日々を過ごした家は、かつて勝が自分の一族を住まわせるために買っておいた東京上落合の広大な敷地の一角にあり、当時は、勝の正妻民の実家である砥目《とのめ》家の人々が住み、残花の末子戸川行男氏も家を構えていた。土地は三分の一ほどになったが、現在も、砥目家の子孫が所蔵する地所が残り、戸川家の土地には行男氏の長女にあたる戸川夏子氏が暮らされている。

明治三十二年四月、五月号の二巻を休刊にして、残花は旧幕府史談会を組織した。六月（第三巻第四号）には史談会設立の告知がでる。発起人のなかには、木村芥舟、島田三郎、三上参次《みかみさんじ》、田辺太一（蓮舟）、田口卯吉《たぐちうきち》の名前がある。

発会に先だって、三月二十六日、上野東照宮社務所にて旧幕府史談会が行われた。沢簡徳《さわかんとく》、田辺蓮舟、丸毛利恒、本多晋らにならんで官営富岡製糸所の初代所長であった尾高惇忠《おだかあつただ》も参加している。旧幕府史談会は月に一度上野東照宮の社務所で開催された。
『旧幕府』第三巻第四号（明治三十二年五月）から第一回として旧幕府史談会の速記記事が掲載されている。

第三巻第七号（明治三十二年九月）の話者は豪華で、熊本藩主の子息で子爵の長岡護美《ながおかもりよし》、写真家の下岡蓮杖《しもおかれんじょう》、陸軍奉行にして函館の副総裁であった松平太郎の三名。下岡蓮杖については、同じ号に「写真事歴」として蓮杖の写真術習得の苦心を、友人の山口才一郎《やまぐちさいいちろう》が記した長文が掲げられている。史談会では、伊豆の漁師の家に生まれた蓮杖が、「外国」に近づくために奮闘する様と、当時見聞きしたタウンゼント・ハリスのことなどを語っている。

第三巻第八号に掲載された第五回目史談会の語り手は、伊庭想太郎《いばそうたろう》が務めた。伊庭想太郎は剣術心形刀流《しんぎょうとうりゅう》の伊庭八郎の弟である。老中小笠原長行《おがさわらながみち》の長男、小笠原長生《ながなり》にせがまれて兄伊庭八郎の話をすることになった。伊庭想太郎が星亨《ほしとおる》を市庁参事会室内で暗殺する二年前のことである。

しかし、幕末当時幼少であった想太郎は、江戸脱走後の八郎の消息を知らず、荒井鎌吉《あらいかまきち》という男を連れて席上に現れた。荒井鎌吉は鳥八十という料理屋の板前だが、店に客として通ってきた八郎に惚れて、剣術の弟子になり、八郎について北海道まで行き、木古内の戦いで八郎が負傷、五稜郭内で息を引き取るまで付き添った。

歴史・時代小説ファンならば、伊庭八郎、想太郎兄弟だけでなく、荒井鎌吉の名にも記憶があるかもしれない。池波正太郎の伊庭八郎を主人公とした『幕末遊撃隊』の作中、伊庭八郎の最後を看取って実家にその遺品を届けるのは、鳥八十の料理人荒井鎌吉である。中村彰彦氏の『遊撃隊始末』にも鎌吉は登場し、参考文献中にもこの史談会記事があげられている。

また同号から、勝海舟の父、勝小吉《かつこきち》の自伝「夢酔独言《むすいどくげん》」の連載がはじまる（第四巻第五号まで計八回）。残花はこの「夢酔独言」に愛着があったようで、のちに川合信水《かわいしんすい》と共著で『勝海舟』を執筆、というか、著者は残花とされているが、実際は残花は資料を提供しただけで、ほとんどの執筆を手がけたのは川合信水であったという。というとスキャンダルじみて聞こえるが、残花は川合に共著とすることを申し出たが、辞退され、仕方なく序文のなかで川合の協力に謝意を述べるにとどまったということらしい。いずれにせよ、この時に、「夢酔独言」を付すことを提案したが、版元の成功雑誌社に経費の問題から断られた。

「夢酔独言」はまず、江戸期の武家が書いたとは思えない闊達さに驚かされる。「生い立ち」の本文は「おれほとの馬鹿な者は世の中にもあんまり有まいと思ふ」（引用は『旧幕府』版による）ではじまる。現代語訳をしたのではない。はじめからこの文体、口語なのである。驚いたのは、『旧幕府』における連載の仕方で、切りのよいところで切る、などという配慮は一切ない。文字数通りにやって、言葉の途中であってもぶつりと切って以下次号、である。
ところで、この「夢酔独言」の原本は、現在勝家ではなく戸川家が所有管理されている。勝海舟の研究家勝部《かつべ》真長《みたけ》氏は著書『勝海舟』（ＰＨＰ研究所、一九九二年）の序文のなかでこのようなことを述べている。

改造社の『海舟全集』のなかに『夢酔独言』という海舟の父親の勝小吉の書いた自叙伝が入っているが、どういうわけか乱丁・誤植が多くて読みにくい。ちょうど終戦直後の頃で、本郷の反町弘文荘に勤めていた森銑三《もりせんぞう》さんに相談したら、森さんは、『夢酔独言』の原本の所有者を紹介してくださった。それは戸川播磨守《はりまのかみ》の子孫の戸川浜男さんである。

改造社の『海舟全集』が『旧幕府』版を定本にしたのかは未確認だが、勝部真長編の『夢酔独言』と、『旧幕府』掲載版とは確かに細かな文言でかなり違っている。
ちなみに、戸川播磨守云々に関しては、残花の生前もしばしば間違えられていたらしく、『旧幕府』（第一巻第三号）で「旧幕府第一号の批評」を紹介したなかに、残花自ら、

特に面白きは某日報が戸川播摩《ママ》守今の残花道人と云々と評せられしことなりき、播摩守は戊辰の春に世を逝り九十一二の齢なりき、残花は計らず百二十歳の老翁となりぬ。因に云ふ戸

川播摩守は記者の分家なり血縁はなし。

と誤解をただしている。

『旧幕府』は創刊以来、順調に古老たちの証言を集めていたが、残花が案じた「元老は皆墓に入」る三、四年後がやって来ようとしていた。

明治三十三年五月三十日、『旧幕府』の協力者であった古老がまた一人この世を去った。杉浦梅潭、最後の箱館奉行であった人物である。残花はこの梅潭翁を、木村芥舟を通じて紹介された。

嗚呼此君も逝れり海舟翁も去れり勦雲翁も隠れ黄村翁も往きぬ屈指すれば僅に四五の星霜のみ、此他に、竹本、河田、沢、岡崎、浅野、小野、中浜の諸老も登仙せり

（「杉浦梅潭翁を悼む」『旧幕府』第四巻第六号、明治三十三年六月）

証言者を失うにつれ、『旧幕府』の原稿集めは困難になってきた。

『旧幕府』は十一月、十二月、一月号の三号を休刊している。『旧幕府』（第五巻第一号、明治三十四年二月）には休刊した理由として十二月にひいた風邪が長引いたと述べている。

年が明けた明治三十四年二月、残花は、東京市小石川区久堅町《ひさかた》五十八番地に家をかまえ、明治

小石川区久堅町自邸にて　明治 34 年 5 月 4 日
前列　戸川波、千代、仲、道、千枝男
後列　浜男、疋田達、芳子（孫）、残花、安、不二男、安正
（尾崎輝子氏所蔵）

三十一年から少時住んでいた牛込区中町十三番地より転居した。三百坂をでてすぐの、現在はどこか奥まった印象のある閑静な場所である。この久堅町の家は、残花にとって、築地の邸宅を出て以来はじめて所有する「我が家」となった。浜男氏は、昭和三十八年二月三日に清書した父の履歴に「四十七才　三十四年二月　小石川久堅町ニ移ル」と記し、その上に紙を貼って「始メテ自分ノ家ヲ建テ、住ムダノダ」と感慨を記している。この久堅町の家には大正四年二月二日、同じ小石川区の第六天町四十八番地に引っ越すまで暮らしている。

明治三十四年三月二十五日の史談会記事（第五巻第二号）では、岳父である向井秋村《むかいあきむら》の談話を掲載している。「向井君の談話は史談会の席上に非ずして記者と炉辺の懐旧談ゆゑ看官其心して読み給はんことを請ふ」といっているから、家族の食卓でも交わした岳父の昔語りを編集して記事にしたのだろう。

史談会には、なかなか新しい参加者が集まらず、聞き手として集まるのも大概同じ顔になってしまった。話といっても雑談を重ねることが多くなり、重量感のある話にまとまらず、残花がそのつどの面白い話をかいつまんで再編集して掲載するようになった。正式にインタビューしたのでもない岳父の炉端語りを記事にしたのもそんな事情があってのことかもしれない。この時の史談会は、すでに一度話をしている長岡護美、立花種恭《たちばなたねゆき》が再び登場している。

次の第五巻第三号（明治三十四年四月）では、木村芥舟が「咸臨丸航米始末」として話題を提供している。創刊の時に、「常に示教せられんと」約束した木村芥舟は、実直なまでに約束を守り、しばしば記事を提供し、史談会にも顔をだしている。『旧幕府』が終刊した年、明治三十四年十二月九日、七十二歳で世を去った。

残花がいかに奮闘したところで、雑誌が痩せてきていることはいかんともしがたい現実だった。創刊のころ九十ページ強だった一巻が、終刊近くなると六十ページに満たない号もしばしばとなった。

『旧幕府』の刊行は経済的にも非常な負担をしいていたようだ。刷りあがった雑誌は、家族で袋詰めし、残花自ら郵便局まで担いでいったという。

明治三十四年八月二十五日第五巻第七号をもって『旧幕府』は終刊する。終刊宣言はない。「刊行の趣意」に記された「今より三四年の間」が、雑誌を刊行しているうちにやってきた。とりあえず、役目は果たしたというべきか。残花自らも、

既に最早五六年を経ましてマダ十分とは申されませぬがほゞ幕末の史料の梗概と云ふものは尽したやうに思ひます。

（『武士時代』第一巻第三号、明治三十五年四月）

と目的の完遂にある程度の満足を示している。

武士道なるもの

明治三十五年三月二十日、残花は終刊した『旧幕府』の後続雑誌を刊行する。『武士時代』と名付けられたその雑誌は、『旧幕府』が佐幕派から見た幕末維新の記録収集を中心としていたのに対し、収集の対象を武士全般まで拡大している。『武士時代』は『旧幕府』終刊前に創刊が準備されていたのか、『旧幕府』終刊後ほとんど間髪を容れずに刊行されている。発行者は吉川弘文館、代表林縫之助《はやしぬいのすけ》。

『武士時代』創刊すぐの四月二十八日に行われた武士道演説会には、大隈重信と板垣退助が演者として招かれている。会場は神田の青年会館。大盛況であったらしい。

この時、広告に使われた「吊るし看板」が、染み一つ破れの一か所もなく朱墨も昨日書かれたような瑞々しさ、過ぎた時の長さにも気がつかない風情で戸川家に残されている。残されたのは偶然か、それとも、残花がこの時の会に特別な思い入れがあって大切に保管したものか。字体がどことなく残花の手に似ているようにも見える。この時の講演は、『武士時代』第一巻第三号（明治三十五年五月）に、残花の「武士道演説会の辞」と、大隈重信の「武士道と教育」が、第四号に板垣退助の「土佐人と武士道」が掲載されている。

旧幕府史談会も武士時代史談会と名を変えて継続されることとなった。第一回は創刊号準備中の一月二十六日、徳川時代への憧憬薫る上野東照宮ではなく、麹町区の旧鹿鳴館に設置された華族会館で開催された。参加者は、およそ二十名。大隈重信、長岡護美、梶金八《かじきんぱち》、片岡謙吉《かたおかけんきち》、山川《やまかわ》健次郎《けんじろう》の名も見える。原胤昭も参加している。この史談会席上で、残花は「今年より旧幕府を武士時代と解題し其記事の範囲を拡張すべき事を披露し」といっている。『旧幕府』を終刊して『武士時代』をだしたというより、雑誌の名を変えて扱えるテーマを広げたといったほうが妥当だろう。「旧幕時代」だけでなく過去の「武士時代」全般に時間軸を、さらに洋の東西という空間軸も広げている。

第一巻第二号（明治三十五年四月）は、西洋武士道特集ともいうべき内容で、三十一ページにわたり箕作元八《みつくりげんぱち》による「西洋武士及武士道」、前田長八《まえだちょうはち》「西洋武士の精神」が掲載されている。また残花自身は「基督教と武士道」を著し、外国人宣教師も含めた明治初年のキリスト教伝道者の「武士道」精神を指摘、顕彰している。

『武士時代』は明治三十六年三月、第一巻九号で終刊。その六年後、残花はさらに『武士道』という雑誌を刊行している。『武士道』は明治四十二年十月一日創刊、一日と十五日の月二巻の発行で、翌明治四十三年九月の第三巻第六号まで継続している。『武士時代』が武士時代全般という過去に時間軸を広げたとするならば、『武士道』は「現代」における武士道の追求にも注意を向けている。表紙には、「現代」の軍隊の演習や戦闘の写真が使われ、内容も明治以降の軍人の顕彰が目立つ。

発刊の辞で残花が武士道の体現者として述べているのは大石良雄《おおいしよしお》、吉田松陰、西郷隆盛、さらに、関羽、孔明、ヘブライの預言者、ワシントン、リンコルン、ゴールドン、ルーズベルトであり、もはや戊辰の東西どころか、国、時代のカテゴリーにさえとらわれていない。

　茲《ここ》に刊行せんと欲する『武士道』は、日本武士道を経《けい》とし、二十世紀の武士道を緯《い》とし、桜花に似たる日本武士道、富嶽の如き日本武士道の精英を世に知らしめんと欲するに在り

（『武士道』第一巻第一号、有楽社、明治四十二年十月）

と発刊の辞で述べるように、武士道を「忠君、廉恥、勇武」の共通点からとらえ、あらゆる武士道といえるものと比較し、切磋することによって、日本武士道の精神の真実を明らかにしようというのが目的であった。

他に残花には幕末関係の著作として『幕末小史』（春陽堂、明治三十一年）がある。元治元年から明治二年の、残花にいわせれば、最も史料が少なく、真実が伝わりにくい時代を取りあげたという。『河井継之助《かわいつぐのすけ》』（少年読本第三編、博文館、明治三十一年）は、維新の動乱のなかただ一藩をもって中立を保とうとしていた長岡藩の家老で、北越戦争の長岡城奪還戦において負傷、戦死した河井継之助を描いた。残花は河井が仕えた牧野備前守忠訓《ただくに》と血縁があり、河井のことを公にし

たいと常から思っていたという。少年向けの小説仕立てとはいえ、これが河井の生涯を描いた最初の作品である。

賊として死んだ者の墓には名前がない。函館の碧血碑にも埋葬された八百余人の名は記されない。修理のため清水港に停泊中の咸臨丸に搭乗していた幕府軍兵士の墓「壮士墓」にもその名は刻まれていない。

また戦死した彰義隊士の亡骸は、上野で火葬されたのち、当時の住職仏磨和尚によって現在の東京都荒川区の円通寺に埋葬された。仏磨和尚による墓碑銘は『旧幕府』の協力者で旧彰義隊士丸毛利恒が『旧幕府』に記している。「賊軍」を葬ること、追悼することを「官許」された円通寺には、二百六十名の彰義隊士の合葬墓とともに、戊辰の戦死者たちの墓もある。「戦死墓」とのみ記されたその墓には、遺体もなければ墓誌もない。しかも、その「戦死墓」が建てられたのは、『旧幕府』の刊行よりもさらに戊辰から歳月隔てた明治三十七年である。明治の御世に「賊軍」の死者を表立って祀ることがはばかられたのだろう。

同じ黒門に守られた一角にある「死節之墓」には上野だけでなく、鳥羽伏見、日光、函館で戦死した九十七名の名が記されている。函館の戦死者の名には、土方歳三、甲賀源吉、伊庭八郎も含まれている。が、これも彰義隊士埋葬にも尽力した江戸の商人三河屋幸三郎が、自らの向島の別荘にこっそりと建てて供養していたのを移築したものである。三河屋幸三郎については、沢太郎左衛門が語る「三河屋幸三郎の伝」が『旧幕府』（第一巻第九号）にある。沢は開陽丸でオランダ留学をし、箱館政府で開拓奉行を務めた。後に海軍兵学校の教授となり、明治三十一年五月に六十五歳で死去した。『旧幕府』には創刊号に「戊辰之夢」、その続編「沢氏日記」や、「幕府軍艦開陽丸の終始」を寄せている。沢の三河屋幸三郎に関する談話は、生い立ちに関わる部分で中途で終わっているため、残花は、

編者曰く彰義隊士戦亡の屍棄置《すてお》かは鳥獣の餌となりて雄魂依る所なく長へに荒烟の中に蕪《ぶ》没《ぼっ》せんことを憂ひ官に請ふて遺骸を円通寺に納めたるは此人、東軍の為に兵器を貯蔵し義徒を匿《かく》まい遂に西軍の知る所となり殆《ほとん》と家宅に闖入せられんとして見事之を追払ひしも此人なり活気ある勇侠の伝記は次回に分明なるへし。

と補足している。ただし、この続きは掲載されなかった。

円通寺の墓所をさらに哀切なものにしているのは、戊辰を生き延び明治の世を生きた人々が、自らが死したのち、戦友たちの魂の眠るこの場所を墓所に選んでいることだ。そのなかには、丸毛利恒や、残花が『文学界』に評伝をものした松廼舎露八《まつのやろはち》こと旧一橋家家臣土肥庄次郎《どいしょうじろう》の墓もある。

露八は旧幕府史談会の会員でもあった。明治三十六年死去、享年七十一。丸毛利恒は明治三十

八年歿。享年五十五。露八は維新後吉原の幇間《ほうかん》として生き、丸毛は新聞記者、また新政府の役人としても働いた。明治の長き世、彼らが何を思い生き抜いてきたのか、想像するにあまりある。『旧幕府』は、旧時代の記憶とともに忘れ去られてゆく、そして、幕末維新の苦難を生き、あるいは命を散らした人士たちの名と思いが連ねられた紙の墓碑である。追悼ののち、「恩讐」を越えて、そもそも「武士」とは何か「武士道」とは何かを残花なりに追求した結果が『武士時代』『武士道』の二誌であろう。

第5章

旧き袋をも猥に棄てず

ここにつくりしだいがくは

明治三十四（一九〇一）年、日本で初の女子の高等教育施設となる日本女子大学が設立された。残花は、その創立において、成瀬仁蔵《なるせじんぞう》に助力、創立後は教員として女学生たちの教育にあたっている。

成瀬は明治維新の勝者、長州藩の出身だった。が、勝者の側といってもその恩恵を受けるような立場にいたわけではない。成瀬家が代々仕えていたのは、毛利家の分家筋の吉敷《よしき》毛利家であり、その石高は十六石三升六合の下級武士の家だった。さらに、明治維新以降の改革に巻きこまれ、その禄は三石一斗に減少、家塾をひらいて生計を立てねばならなかった。成瀬は明治十年、十九歳の時に大阪の浪速教会で、アメリカン・ボード（米国の海外伝道組織）に所属する牧師沢山《さわやま》保羅《ぽうろ》から洗礼を受けてキリスト者となった。沢山は、女子教育にも積極的に関わり、キリスト教主義による梅花女学校の設立を果たした。沢山を深く敬愛していた成瀬は、この梅花女学校の教師として働いている。

日本女子大学の設立において、残花が果たした役割は知られていない。大学史でも、初代校長である成瀬や、成瀬に乞われて同志社大学から引き抜かれ、女子大学の設立を決めた時から苦難をともにし、その意思を受け継いで二代目校長となった麻生正蔵《あそうしょうぞう》についてはその功績を顕彰するが、創立なってからは一教授にとどまった残花の活躍についてはほとんど語られることはない。

では、残花は日本女子大学創立のためどのように働いたか、といえば、いつどこで何をしていたのか、日の単位でわかる記録が残されている。『日本女子大学校創立事務所日誌一～四』（明治二十九年七月十七日～明治三十四年三月五日）という事務日誌である。日誌は一九九五年から九七年にかけて、日本女子大学成瀬記念館から活字にして刊行されている。

成瀬仁蔵が女子大学設立に向けて本格的に活動をはじめたのは、明治二十九年のことである。成瀬に賛同して設立された創立委員会には、大隈重信、原六郎、江原素六《えばらそろく》、嘉納治五郎、政財教育界等の著名人が名を連ねている。しかし、軌道に乗りかけた成瀬の活動は、三国干渉にともなう国内経済の混乱により一時頓挫してしまう。成瀬はこの時期、女子大学をやめて、高等女学校に切り換えようかとさえ悩んだらしい。

明治二十七年以来梅花女学校の校長として働いていた成瀬は、はじめ女子大学の設立場所を関西方面で考えていたらしく、明治二十九年七月十七日にはじまる日誌の第一巻からは、大阪、京都、神戸などの有力者に賛助をつのっていることがわかる。

十二月一日の日付で「備中都宇郡早島　溝手保太郎　賛助員承諾」の一文がある。残花の旧領地の重役であった一族の一人だ。残花の紹介か、といえばそうではなく、翌二日の成瀬の手紙の要件からすると、荒木和一という人物からの紹介らしい。

荒木和一は明治二十九年に「ヴァイタスコープ」なる幻燈を輸入。映画を「活動写真」と命名したといわれる人物だ。この荒木と溝手がどのような関係にあったのか、残花はまったく関わりがないのか、探るすべもないのだが、成瀬がいかに手広く活動を展開していたか、その広げた指の先に、それこそ幻燈のように様々な顔が映しだされるのが面白い。

成瀬が日本女子大学の東京開校を念頭に入れ、日本女子大学創立事務所の東京事務所を開いたのは、明治三十一年五月一日。神田区一橋通の帝国教育会内に設置された。

残花が成瀬に協力して募金活動に加わったのは、明治三十二年七月のことだ。成瀬が活動をはじめて三年、明治三十四年に女子大学創立となる二年前の、峠半ば過ぎからの参画だ。『日本女子大学校創立事務所日誌』第二巻の明治三十二年七月十六日の項には、ただ簡潔にこう書かれている。

七月十六日

一戸川安宅氏創立事務幹事トシテ募金事務ニ助力セラル事トナル

一成瀬氏戸川氏麻生氏事務所に会シテ相談会ヲ催フス

この明治三十二年七月に、突然事務所幹事として名が載せられるまで、残花が成瀬の運動に関わっていた形跡はない、というか関わっていたことを示す資料はない。明治二十九年七月十七日以前の日誌に、残花の名は一か所も記されていない。だから、残花が成瀬らに協力することになった経緯はわからないが、残花の「手帳」には、「共立明治両学校」「大日本夫人教育会」「静修女学校」の記述がある。明治女学校は巖本善治が二代目校長を務めた学校であり、大日本夫人教育会と静修女学校は、ともに女子教育や知的障害者への福祉につとめた石井筆子《いしいふでこ》の活躍により設立された。残花は以前から女子教育に深い関心を寄せていたとして間違いない。

『日本女子大学校創立事務所日誌』三巻「自明治三十二年七月十六日　至三十三年四月十日」の分冊には、残花の雇用についてもう少し詳しい解説がある。

七月十六日　日
一本日ヨリ戸川安宅氏ニ創立事務幹事ヲ嘱託スル事トセリ
但手当トシテ月三十円ヲ給ス
右戸川氏招聘ノ事ハ創立委員長並ニ会計監督ノ承認ヲ経タルモノナリ
一午前十一時ヨリ成瀬　戸川　麻生ノ三氏事務所ニ集会シテ募金ノ件ヲ談義ス

業務内容はただひとつ、資金調達だ。残花も、幹事に就任した翌週七月三十一日の月曜日から仕事にかかっている。金策の方法は、協力を仰げそうな名士の家を片っ端から訪問し、募金をつのる。

事務所は月曜から土曜までで日曜休み。残花だけは、土日を休みにしていた。

この仕事内容に対して、三十円という報酬が高いのか安いのかはわからないが、残花はボランティアではなく、一応有給で創立事務に参画したことになる。残花が仕事をはじめた月の会計によると、事務所の家賃が五円、小使二人に二円、事務所費が十五円、成瀬の月手当が十円、麻生が二十円、残花が三十円、羽田が四十五円。成瀬や麻生に比べると残花の方が高給取りだが、翌明治三十三年三月分の会計に記された成瀬の手当は二十円、麻生が五十円、残花は据え置きの三十円である。この月の四人の車代が八十円というから、訪問には人力車も用いられていたのだろう。もっとも、この設立運動には、

一、寄付金は一厘一毛たりとも浪費すべからざる事、
二、寄付金は一厘一毛たりとも最も有効に使用すべき事、
三、寄付金並に経費の出納は明確に記帳する事、
四、金銭の出納は信用ある有力者の監督を請ふ事、

（『日本女子大学四十年史』中村政雄編、日本女子大学校、昭和十七年）

という掟がある。一厘一毛たりとも無駄に使わず、一厘一毛たりとも残さず有効に使いきれという、やたらに潔い四か条をモットーとしていた創立運動であるから、成瀬と麻生は運動初期か

ら、人力車に乗らず自転車を用いていた。それは、麻生によると明治三十年から三十四年の間だというから、もしかしたら残花も、すべてとはいわずとも自転車で支援者の家々をまわっていたかもしれない。四の会計云々については、監査の渋沢栄一の承諾をえていた。

『事務所日誌』をながめると、彼らの営業活動は命中率が低かったのがわかる。事前にアポイントメントを取って訪問していたのではなく、飛びこみ営業のように訪ねて行って、本人に会えなくとも、とりあえず他日の約束を取り付けられれば御の字といったところか。せっかく訪問しても、相手が留守であったり、病気であったりで、さんざまわったあげく、一日に一件の面談をえられればよい方である。それは、日誌が存在する明治三十四年の三月五日まで、ほぼ毎日続けられている。

残花は、のちに成瀬仁蔵のことを、

長州の人日本女子大学校に長たることは邦人の知る所なり、恐らくは外人も識る所なる可《べ》し余生れて五十四歳なれど、君の如き奮闘的の人に接せず、実に君は君の理想の権化なり。
（「存友帖」『中央公論』第二十三年第九号、明治四十一年九月）

と評価しているが、まさに奮闘的な人、理想の権化とならなければ、日本女子大学の設立は到底できえなかっただろう。

それは残花に対してもいえることで、残花がこの募金徴収の仕事に関わっていた期間は、『旧幕府』の刊行時期（明治三十年四月創刊、三十四年八月終刊）に重なる。月刊誌を一つ主宰、編集して、さらに、一日に多い時は、四、五人の家を訪問し、うまく相手がつかまれば面談し相談を重ねる。というのは並大抵のことではなかっただろう。

残花が資金協力をつのるやり方は、なかなか堂に入ったものであったらしい。

坊間《ぼうかん》伝ふる所に依れば、氏が女子大学の創立当初、寄付金勧誘に廻らるゝに、ドツカと応接室へ腰を下し、穏やかな粘気ある弁で根気強く説かるゝので、大抵は往生して多少の寄付をする、流石の大隈伯も、氏の根気に負けて其《その》勧誘に応じた。此点は故奥村八百子《おくむらいおこ》女史と劣《まけ》ず優《をと》らずであると云ふ者もある。説の信偽は余の保証する限ではないが。兎《と》に角《かく》其弁舌に、一種抜く可《べか》らざる根気のあるのは事実だ。

（小野田亮正『現代 名士の演説振』博文館、明治四十一年）

とある。大隈は、明治三十年に創立委員長として創立運動を支援しているから、残花に粘られる以前から、金銭的援助をおこなっていたが、残花のやり方に、かなりの粘りを感じさせるのは事実だ。

残花が事務業務に加わって一年ほどを経た明治三十三年六月十五日、三井家より東京目白台の五千五百坪の土地が寄付された。ようやく日本女子大学設立の目鼻がつく。
これを見て残花は、七月、新聞、雑誌等プレスへ広告掲載を依頼している。

七月六日（金）
戸川氏訪問　新聞社各社ヲ訪フテ女子大学ノ景況ヲ述べ雑報ニ記載ヲ依頼ス
（『日本女子大学校創立事務所日誌』）

おなじく、十一日に、巖谷《いわや》小波《さざなみ》を訪ね、「太平洋ト太陽ニ女子大学広告ノ事ヲ依頼ス」とある。
翌日には、

あま里《り》疲れ候間本日は休息致しあしからず
十二日　戸川安宅
拝
成瀬様
麻生様

のメモ書きが挟まれている。終盤になってさすがに疲れが出たものか。残花はのちに五女千代氏に、「女子大学のことは成瀬にかつがれた」（千代氏三男・中村敬三氏談）とぼやいていたというから、体力的によほどきつかったのではないか。

明治三十四年の一月になると、創立事務も大詰めに入ったのか、麻生は、訪問業務から事務作業に謀殺されるようになるが、残花は十二月にひいた風邪が長引いて、一月いっぱい休暇をとっている。多忙に慣れた残花にとってもあまりに多忙が過ぎたのか。

二月に入り復帰した残花は、特に、新聞社まわりに時間を費やしている。プレスリリースが目的かと思いきや、がっちり寄付金をもらい受けている。

二月六日、二六新報社の鈴木茂太を訪問、面談を果たし、翌二月七日に再び訪問、百円の寄付をせしめている。二月十八日には、報知新聞社から五十円の追加寄付をえている。二月に残花が訪問した新聞社は、萬朝報、朝日新聞、二六新報、自由通信社、京華新報、中央新聞社、十六日には、中央、読売、二六、帝通、自由通信、報知の六社を訪問している。また、小笠原政務、ドクトル小此木《おこのぎ》信六郎《しんろくろう》、関根正直らに講師就任の依頼をしている。このうち、小笠原政務は開校時に教職員として奉職している。

日誌は三月五日で終わる。

明治三十四年四月二十日、蕭々と降る春雨のなか、日本女子大学の開校式典がおこなわれた。初代校長にして創立者の成瀬仁蔵が開校の辞を述べ、祝歌が朗唱された。この祝歌は、その後戦前戦中を通して開校記念日に歌われ続けることになる。

おさまるみよの　めぐみもて
　ここにつくりし　だいがくは
とよさかのぼる　ひのもとに
はじめてなりし　ものならめ
　つくせ　をとめ
　　つくせ　をみな
みくにのために

作詞は戸川残花、作曲は東京帝国大学で西洋古典学を講じていたラファエル・フォン・ケーベルによる。かつての流行新体詩人にしては単純な文言。だが、この歌詞にこめられた感慨は、創立までの苦難を知る者にしかわからないだろう。

創立期の日本女子大学には、英文学部、国文学部、家政学部があり残花の担当は国文で、役職は学監であった。

明治四十年に国文学部から文学部へと改称。そこでも残花は国文学を教えており、カリキュラムとしては、第一学年に国文学演習を一時間。第二学年に、国文学史を二時間担当している。『日本女子大学百年史』に記された、国文学の学習目的は、「国文学に重要なる著作物を独修せしめ、教場に於て質問、解題、批評等をなさしむ。生徒の読書力を養成し、兼ねて文学研究の実地応用を知らせしむ」だった。

では、残花は何を教えていたかといえば、吉川弘文館館主林縫之助《はやしぬいのすけ》宛の、同僚の国文学者小《こ》杉榲邨《すぎすぎむら》と共同で書いた参考書の刊行を検討してくれるよう依頼した書簡がある。なお本書簡の読解には、東京外国語大学内海孝名誉教授のお力添えをいただいた。

小杉博士と沙汰致し候　本校の
教授ニ藤原氏より徳川氏迄の
衣服、制度、風俗等の講義
相置《あいおき》博士と小生とにて分担を
致し居候若《も》し貴下ニテ
出版被下候御見込も候はば来春
発刊致し度《たく》候原稿も御覧ニ
入れ候得は御見込御漏し被下度候

（「渡辺刀水コレクション」東京都立中央図書館所蔵）

文学のみならず、国文学者の小杉榲邨と分担して有識故実《ゆうそくこじつ》一般を教えていたことがうかがわれる。小杉と刊行しようとしていた参考書は、

○本校ハ国文科の第一年、第二年ハ講義致居候参考書
○高等男女学校の教科書中の参考書
○極メて卑近に挿画入リ致し度候

というもので、自分が講義していた授業の補助教材をつくりたかったようだ。おそらく、文字や言葉だけでは伝わらないものを、図や写真でもって学生たちにみせて理解を深めようとしていたことがうかがわれる。

残花の授業自体も臨場感をともなったものだった。実際に残花の教えをうけた国文科一回生の柳《やなぎ》八重子《やえこ》の談話によると、

一番お話して下さったのは戸川安宅先生、女性では三輪田真佐子《みわたまさこ》先生、中島歌子先生、三宅花圃《みやけかほ》先生、塩井雨江《しおいうこう》先生は少しあとになります。中島先生は黒ちりめんの羽織で粋な姿でした。それから麻生正蔵先生の心理学、博物館の鑑定などをしていた小杉温邨《ママ》先生、こういう先生方の中にもきびしい真面目な先生と、さばけた先生がありました。戸川先生など机の上に乗って、結跏趺坐《けっかふざ》の恰好をして見せたりしました。

（「その頃の授業」『図説　日本女子大学の八十年』日本女子大学、昭和五十六年）

という。淡々と講義をするだけでなく、残花が身体も用いて臨場感たっぷりに授業をおこなっていたことがわかる。知識を植えつけるだけではなく、実際に見て、心に感じさせることを大事に考えていたのだろう。

さらに、仁科節《にしなせつ》（国文学科第五回生）の証言をえた「評伝戸川残花」では、

残花は今日の学監のような役を兼ねた国文、英文の教授であり、国文では主として江戸文学史、風俗史、大鏡等を教えていたそうである。国文科には当時詩人として令名のあった塩井雨江があり、日本女子大における国文科の全盛時代であったという。

残花と雨江は全く対照的な存在であり、雨江が黒紋つきの羽織、袴で教壇に立つのに対して、残花は背広姿で、今の三越百貨店がまだ三越呉服店といっていた頃、そこから贈られたという鳥打帽を得意そうにかぶっていたという。

雨江が純文学を講義したのに対して、残花は趣味的な立場で、風俗史を講義することが得意であった。その講義、風貌が対照的な特徴を持っているので、学生の中にも自然雨江贔屓《びいき》と残花贔屓の二派が出来、非常な人気であったという。

残花の教え方は、教科書を使っていても何処をやっているのか分らないほど、教科書から離れた教え方で、大鏡などの講義も、その気分が解ればよいと主張し、細かい語句の解釈を

塩井雨江と残花
日本女子大学にて
（戸川淑子氏所蔵）

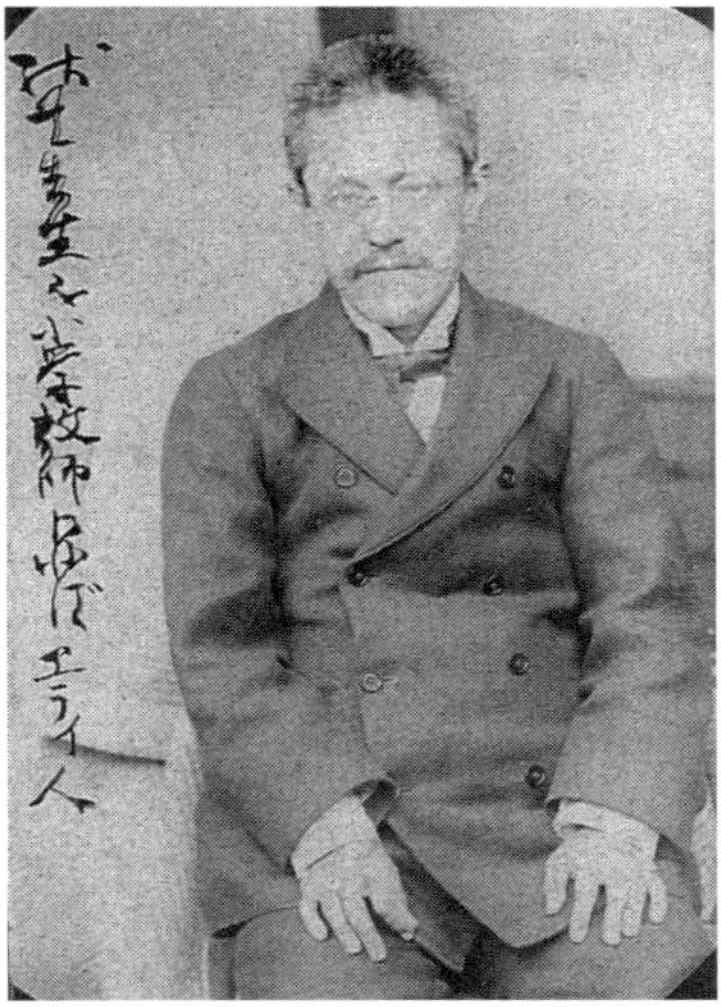

日本女子大学教授時代の残花
（戸川淑子氏所蔵）

きちんきちんとやって行くようなことはしなかった。人形箱をひっくり返した中から、何か自分に合った好きな人形を拾って行くことが勉強だ、と彼は主張していたという。

彼は旗本気分そのままで吉原の話や花魁の話に至るまで身振り手振りで話し、その講義は独特な気分を湛えていて他では聞けないものを持っていたという。また、非常に話上手で、彼の説教を聞くことを楽しみにして来るクリスチャンが多かったといわれている。

(別役咲枝「評伝戸川残花」『学苑』第三百五号、昭和四十年五月)


という。記録上は国文学の講師だが、補助的に英文も教えていたのだろうか。この証言のなかでも、残花は身振り手振りをもちいて風俗を解説している。学生たちにとって楽しい授業だっただろう。

意外にも熱血教師の姿がうかがわれるが、傍目には、残花は、どこかふわふわと美の世界の夢をただよっているようにみえていた。共愛女学校の校長をしていた川合信水《かわいしんすい》(山月《さんげつ》)からみた残花は、まさに夢の世界の住人だった。


彼はこの女子大学の講師をやつていて、安月給をとつていながら帰りには悠然と人力などに乗つているからたちまちに使い果す。何しろ心細い収入とは一向無関係に飄然と美の世界に遊んでいた次第だから懐ろの方はいつもピイピイしていた。しかも本は出しても大てい稿料は先借りするという始末で、彼の貧乏は一向その慢性的症状を解決しそうもなかつた。唯彼の仙人じみた超脱の風格と、その徹底した無欲さにはつき合つている連中一同がむしろ興味を持ちながら感心していた程だつたという。

（川合道雄『続　川合山月と明治の文学者達』基督心宗教団事務局出版部、昭和三十二年）

末子の戸川行男氏は、著作のなかで、父親のことに触れ、

やがて、父は、（中略）日本女子大学の創立の頃、国文を講ずることになった。日本ではじめての女子大学の創立にあたって、校長の成瀬氏と大隈老公と渋沢伯とを結びつけたのは、わしの手柄だという父の言葉は本当であったとしても、そこでの国文の先生業は数年を出なかったようである。先生業は明治でもまれてきた人間には、退屈であったのかもしれない。

（「恩」『「私」心理学への道』川島書店、一九八八年）

といっているが、先に述べたとおり、残花が募金活動に参画しはじめる以前から二人はすでに成瀬へ支援をおこなっていたのだから、残花が「つないだ」という意味は少し検討しなければならない。表立って協力に乗りだす前の何か事情があったのかもしれないが、それを示す資料は今のところ見つかっていない。先生業が退屈であったか。残花の熱心な授業の様子からして、それ

なりに楽しんでいたようにも思われる。

ちなみに、残花がいつまで日本女子大学で教鞭をふるっていたかだが、残花が日本女子大学を退職したのは明治四十三年三月である（「日本女子大学提出小石川区役所報告書」）。「そこでの国文の先生業は数年を出なかったようである」と行男氏は記憶されているが、まがりなりにも十年近くは勤めたことになる。

当世風『女大学』

女子教育、というか、女性のあり方について、残花の考え方は突出してラディカルなものではなく、むしろ、若干古風といってもよいだろう。

明治期以前、特に江戸期の女子教育は、封建制の仕組みと、儒教の教えを反映して、家の存続、繁栄にとって理想的な女性を作りあげることを多く目標としていた。

『女大学』という書物がある。大学といっても高等教育施設の大学のことではなく、四書五経の『大学』のこと。『女大学』は『養生訓』の著者として著名な貝原益軒《かいばらえきけん》（諸説あり）の書で、江戸期、将来良妻賢母たるべく女子に叩きこまれた教訓である。

よく知られるところでは七去。「一には姑に順《したがわ》ざる女は去るべし、二には子なき女は去るべし、（中略）三には淫乱なれば去る、四には悋気《りんき》深ければ去る、五には癩《らい》病などの悪しき疾《やまい》あれば去る、六には多言《くちまめ》にて慎みなく物いい過ごすは（中略）去るべし、七には物を盗む心あるは去る」七去のうちの一つくらいは聞いたことがあるだろう。ちなみに二では、子ができない場合、男子の蓄妾を認めている。

女権問題について語られるようになったのは、西洋人の観念からすれば、人権侵害ともいえる女性観を文明国家として解決する必要ができたからだ。女性の地位向上、そして社会参加なくして「文明国」の称号をえることはできない。

しかし、ただ男尊女卑を解決する、女性の地位を向上させるといっても、そのためには法制度の整備もさることながら、まず女性自身が権利を持つにふさわしいように啓蒙されなければならない。

福沢諭吉は、『女大学』に対し、『女大学評論』を著して痛烈な批判を加えている。「女大学評論」は「時事新報」に連載され、福沢の歿後一年の明治三十五(一九〇二)年に「新女大学」とあわせて時事新報社より上梓された。その序文において、福沢の子息一太郎は、「内地雑居の事は、日既に迫れり、一刻を猶予す可《べ》き時に非ず、正に此の機に乗じ、蹶起《けっき》して男尊女卑の陋習《ろうしゅう》を退治するに非ざれば、我が日本の国光に永く一大汚点を遺す憾《うら》みあらんとす」。内地雑居というのは、江戸の条約以来、住居や商業地を外国人居留地など一部の地域に限定され、外出などにも制約をもうけていた外国人に対し、日本国内での居住や外出、旅行などの制限を撤廃することで、大変な物議を醸したが、日清戦争以降、反対を叫ぶ声は下火になって明治三十二年に実施された。外国人がちまたに住み、出歩くようになれば、当然飾らぬ日本人の暮らしと接触することになる。もしその時、「男尊女卑」ともいえる日本の風習を目にしたら、明治維新以降、それこそ必死になってえようとつとめてきた「文明国」の名が再び遠くなる。

福沢は、「女大学評論」で『女大学』における男女差別ととれる一言一句をとらえ、執拗なほどに反論を加えると同時に、「新女大学」を著して、新時代にそぐわしい女子、というより家庭における男女のあり方を提言している。福沢の「新女大学」の提唱は、現代人の感覚に照らしても首肯できることが多い。福沢の男女観は現代に通じるほどに新しい。福沢が説くのは、男女の平等、婚姻関係における相互の協力と誠実さの要求である。

残花にとって、福沢は西洋への目を最初に開眼させてくれた恩師の一人である。福沢の死後十年を閲《けみ》して刊行された残花の『新評女大学』（服部書店）は、むろん、福沢の『女大学評論』を念頭に置いている。キリスト教の伝道師として青年期を送り、女子教育に関わって来た残花の経歴から見て、師福沢同様、『女大学』の思想に対して痛烈な批判を加えているに違いない。と思いきや、「余は謹而《つゝしんで》諸君にこの古き女大学を勧む」（『新評女大学』序文）というのである。いったいどういうことか。先を読んでみる。

諸君よ、旧《ふる》き袋をも猥《みだり》に棄てず新しき酒の入り得らるゝまでは之を用いよ猥りに、未熟の新酒を愛すること勿《なか》れ、丹醸は数年の歳月を閲《けみ》して、其味益々濃《こまや》かなる者と聞けり、儒教は東洋の精華なり、芳香なり、其の書を咀嚼して生れ来りし女大学てふ一娘子も、教育す可き者に非らずや、教育して理想の東洋婦人を作れ。

という。「マルコ福音書」の新しい革袋に新しい酒のたとえ、つまり、新しい思想には新しい形式が必要であり、古い形式に新しい思想を無理矢理に盛りこめば、双方を損なってしまうという教訓を下地に、「古き袋」を儒教、「新しき酒」を西洋的女性観に当て、みだりに「新しい酒」に傾倒せず、日本古来の「古き袋」を顧みるようすすめている。福沢の理想的な女子のあり方の根底が西洋婦人にあるのに対し、福沢よりもやや遅れて生まれてきた残花は、すでに西洋婦人(のみならず西洋自体)が、必ずしも理想的ではなく、日本文化に調和するものでもないと気づいていた。行き過ぎた欧化主義の結果否定された「古き」『女大学』のよいところをもう一度学び直してみたらどうか、というのである。

福沢が時代と争うように西洋的女性観礼賛を披瀝したのに対し、残花は決して世に逆らって何かことを推進することはしない。時代や環境を乱すことのない可能性を追求する。

残花は、『女大学』の「古さ」にとらわれず、おおらかに思想のみをとらえてみれば、現代(明治)の女性にとって益するものがあるというスタンスで話を進める。つまり、『女大学』が書かれた時代背景を念頭に入れて冷静に、神髄を読みとれというのである。これは、後述するが明治四十一年に孔子教会をはじめて論語の読み直しを計った姿勢と一致する。残花にとって儒教は悪しき旧弊などではなかったのである。

七去についても残花は必ずしも否定的な見方をしていない。家の存続ということが第一に優先された世においては、ありうべきことだといい、また、それでは男子のみが放逸を許されていたかといえば、そうではなく、男子は男子でまた家の制度に制約されていたとする（「女大学と其注解」「読売新聞」明治四十三年一月九、十一日付）。

残花は、日本の女性は器量（アヴィリチー）に乏しく、「兎《と》も角《かく》も日本の婦人は、デヴィニティ、ヒユマニチー、アビリチーの三ツに乏しい就中《なかんずく》日本の婦人は器量《アヴィリチー》と云ふ点に就ては少し考へなければなりませぬ」（「女」『男と女』佐藤陽炎編、広文堂、明治三十五年）という。ただしその原因は、残花の説明によると、女性が「女子供」という言葉のもと、「人外」の範疇に押しこめられ、男子に圧せられるうちに失われてしまったからである。

かといって、現代のキャリアウーマンのように男性と同等の力と能力を持って生きていけるような「アヴィリチー」を求めていたわけではない。あくまでも、残花は、女子は結婚し家庭に入るべきと考えていたし、残花は、女子に教育は必要だが、必要以上の専門的高等教育は必要ないと考えていた。

現代の日本では、高等教育を授《ママ》けた細君でなくとも、間に合ふのです。夫《そ》れは、高等教育があつて、理屈張らなければ、完全なもので、至極結構であるが、婦人が独身で居つて年をとると、どうも、理屈張つていけません。（中略）高等教育を受けたからとて、又、女学校を卒業した丈けだからとて、家庭を持つ上には、左程差はないでせう。
（「余は如何なる令嬢を媒せんとするか」『ムラサキ』第五巻第十一号、明治四十一年十一月）

右の談話が記事になるにおいては、「高等教育はさほど必要が無いといふのは、専門的の教育といふ意味である」といい、わざわざ、「これに就ては、少し言ひたらぬところがあるが、兎に角、誤解せられぬやうに」と記者に注意をもたらしているほどだから、もちろん女子に教育が必要ない、などといっているのではない。ただ、一足先に、女性解放だとか、女権拡張などと拳を振りあげることはせず、社会の状況と歩調を合わせながら、女性にとって「男ほど過酷なものはない」（「女」）世の中で生き抜くため、デヴィニチィ、ヒユマニチー、アヴィリチー特にアヴィリチー（器量）の向上を促すのみである。

この談話「余は如何なる令嬢を媒せんとするか」で、残花は開口一番「釣合はぬは不縁のもとで、先づ、先方に相当した令嬢を向ける事が第一であります」と発言している。釣り合いというのが残花の結婚生活を良好に継続するうえで重要な問題であったらしい。他は地位も財産も、容姿も中ほどでよい。

育ちの「釣り合い」という点では、残花の夫人波は、ともに、三千石程度の大身旗本の出自で、申し分がない。

残花にとって、幸せな結婚生活であったのだろう。残花は、波に、三十年間一日も夫の意志に逆らうことなく、彼女のおかげで家庭内に笑い声が絶えなかったと、感謝に等しい言葉を贈っている（「残花自叙伝」）。波は良妻賢母の鏡であり、キリスト者としても、清い信仰生活を送った尊敬すべき女性であった。末子の行男氏はいう。

父のまねは、努力すればできると思うが、母のまねは生まれかわっても、できそうでない。これが私たち八人兄弟の正直な感想、長年にわたっても、変ることのない感想であった。母を聖者といったら叱るであろうし、聖者といったような、つんとした、そばによれない人ではない。理想的な母であり、理想的な妻であったのであろうし、理想的なおばあさんとしての信者であったのであろう。そして、このどえらく、えらい母が平々凡々の一人の母親としてあったのが、それがわからない。（「恩」『「私」心理学への道』川島書店、一九八八年）

時代の荒波にもまれ、「移り気」な夫に従い九人の子どもを育てあげた母は偉大であった。行男氏は、苦労する母の姿ばかりを記憶している。

母はいつも、だまって、何か用をしていた。残花の伝の中に「嗜好する所、唯花卉《かき》詠歌」とあるが、それはおそらく若かりし頃の話で、筆者のような末っ子の場合、母の作った和歌を知らない。明治時代の母親ぐらい忙しい人間は他にない。「花卉」が花を眺めることであれば、知らず、花をいけること、花を咲かせることであれば、母にはそんなひまは一生、まったくなかったであろう。

（「恩」『「私」心理学への道』）

しかし、行男氏の姉五女の千代氏の、記憶の中の母の姿は、

家庭にはいってからはごく平凡でおだやかな人だった。あらそわず不平をいわず、いつも家庭の中心となって家族のためにつくした。父とは、わずかな言い争いも私たちは見たことがなかった。むつまじく話しながら、庭の花をながめて父は俳句を母は和歌によんでたのしんでいる様子をみてうらやましく思った。

また、父は来客との用談がすむと母を呼び一緒に親しく話をした。客とともに庭におり、花を切ってあげることは大変たのしそうだった。

（「私の母」『徒然なるまゝに』私家版）

と、夫と理解し合い、ともに趣味を楽しみ、尊重しあう幸せな姿だ。同じ末の子どもでも、それぞれ違った感じ方があっただろう。

果たして残花夫妻当人たちにとって、末息子と末娘の観察、どちらが真実をうがった姿であったか。

和服楽でよし、洋服便利でよし

明治三十年後半になって、残花は、百貨店から江戸文化の通としてデザインや展覧会の意匠の提案や、アドバイスを依頼されることが多くなった。

明治三十年代は、旧時代の「呉服屋」が、「百貨店」へと発展を遂げる揺籃期であった。なかでも、日比翁助《ひびおうすけ》率いる三越呉服店は、いち早く「呉服店」から「百貨店」、デパートメントへの変貌を遂げた。日比は明治三十七（一九〇四）年「デパートメントストア宣言」を発して、百貨店を米国のそれにモデルを定めた一代エンターテイメント施設とすることを目指す。店を娯楽施設であり、また流行の発信源とするため、博覧会、展覧会がたびたび催された。

また、日比は、ＰＲ誌を刊行し、文芸のテキストを新時代のファッションの発信源とすることを思いつく。そうして生まれたのが『花ごろも』である。編集は日比自らが買って出た。

執筆陣は、尾崎紅葉を中心とした硯友社の面々が中心である。彼らのファッションに関する精緻な描写や、作品を飾る挿絵や口絵のデザインが、当時の流行をリードしていた。

ＰＲ誌は、『花ごろも』『時好』『みつこしタイムス』『三越』と名と体裁を変えたが、百貨店の販売促進雑誌として、またファッションの流行発信源であり、日比の意向を反映して、いずれも文芸色が強い。

『時好』は図と文章で新商品の紹介がなされ、注文用紙がつけられ地方からでも注文して買えるようになっていた。通信販売カタログといったところか。ちなみに現在の三越伊勢丹の通信販売カタログの名は『時好』。文芸色は皆無だが、百年の歳月を経て『時好』は名のみ復活していることになる。

三越の依頼で、「流行研究会」(通称「流行会」)が発足する。流行会というのは、「流行を研究せんが為に、同好者相集りて流行会なる者を組織し、毎月《まいげつ》一回常集会を開きつゝある」という会である。つまるところ、文化人諸氏を集め、流行について語らってもらい、そこから新製品開発のヒントをもらおうというのが三越側の思惑のようだ。残花は、この流行会のメンバーで、会にもちょくちょく顔をだしている。『株式会社 三越100年の記録』(三越、二〇〇五年)には、「流行会」の参加者を『時好』の書き手を中心に、とあるが、残花は数句の俳句の他作品を寄せた形跡はない(『株式会社 三越100年の記録』には発足を明治三十八年七月としているが、『時好』には明治三十六年からの活動が見える)。

明治三十六年三月二十九日、その日つどった面々で、三越の空中庭園、三囲《みめぐり》神社の前で記念写真を撮った。残花は、前列左端に写っている。紋付の羽織袴姿という正装にもかかわらず、ちょこんと足を組んで座っている。残花の肩に手を置いて微笑んでいるのが三越広告部長の浜田四郎(むらさき)。少し離れて鳥居の前に座ってむすっとしたような顔をしているのが巖谷小波。他、

「流行会」の会員
明治36年3月29日、三越空中庭園・三囲神社前にて
(『時好』所載)

画家の久保田米斎《くぼたべいさい》や、硯友社の作家石橋思案《いしばししあん》の姿も見える。

この流行会の話し合いからはじまって実際に商品化されたものがある。例えば、日本布製の鳥打帽。この話し合いには残花も加わっていたらしく、医者の三宅秀《みやけひいず》が、残花と会話した折に、この帽子をほめたという(『時好』明治四十年三月号)。残花が、日本女子大学に三越からもらった鳥打帽を得意げにかぶってきていた(「評伝戸川残花」)、というが、それは、この時に製品化された帽子だったのだろうか。

他にも傘のデザインや、手ぬぐいの文様などなど、流行会発信新製品はなかなかに好評を博したようだ。

三越は、日露戦争後、元禄ブームを巻き起こす。三越は新しい元禄柄を、発信するのみならず、懸賞をもうけて一般からも流行柄をつのった。

流行にあわせて、三越は、元禄研究会の結成を残花に依頼した。第一回の研究会は、神田の原《はら》胤昭《たねあき》宅でおこなわれた。第二回は明治三十六年七月五日、日本橋倶楽部で開催された。「研究会」といっても、研究発表をするだけでなく、室内に展示スペースを設けて、参考品を陳列した展示会も兼ねていた。来会者は『時好』に掲載された「元禄研究会出席者諸氏」の写真からして百人は下らない。残花の姿もみえる。

明治四十一年五月十一日付「読売新聞」「三面記事」欄には、「戸川残花氏(女子大学講師)今回白木屋呉服店意匠部顧問となれり」とある。三越だけでなく、残花は、あちらこちらのデパートで開催された展示会、展覧会でも相談役を務めていたようだ。

明治四十三年三月一日から十日間の日程で日本橋大丸呉服店で開催された「時代服陳列展」初日午後一時ちょうど、残花は大隈重信を連れて会場にやってきた（「読売新聞」明治四十三年三月二日付）。なぜ残花が大隈を案内してきたかといえば、この展覧会の企画に残花が相談役として参画していたからだ。

ともに計ったのは市島春城《いちしましゅんじょう》。春城の『双魚堂日誌』（早稲田大学図書館紀要、二〇〇一年）明治四十三年二月十五日の箇所には、大丸呉服店に参集して展覧会について打ち合わせをしたことが記されている。

幾度か討議をくり返し、開催前の二月二十五日の夕方春城の日記では「薄暮大丸ニ抵《いた》り、戸川残花と共ニ陳列の指図をなし、夜に入り帰る」という。春城とともに開催の準備をしたのみならず、残花は、会期中ほとんど大丸に詰め切りで「戸川残花君は太《ママ》丸呉服店の時代服展覧会の相談役として毎日同店へ詰切て客に説明をして居」た（「読売新聞」明治四十三年三月十二日付）。客あしらいもまずくなかったようだ。会期中、客として来ていた女学生に、大文字屋の芸者がさした大日傘をさしかけて「訳はこの人が詳しい」と番頭に振って笑いをとったという。大文字屋は京都上七軒町の置屋である。残花は、花街の流儀にも通じており、色事の冗談で人を笑わせるくらいのくだけた接客をしていたようだ。

流行ファッション界で重宝された残花だが、自分の衣服に対するこだわりは「平常着《ふだんぎ》には和服、楽でよし事務には洋服、便利でよし」（「読売新聞」明治四十二年五月二十六日付）と機能重視であったたし、妻や娘たちを着飾らせて楽しむという趣味もなかった。

衣について記憶している父の外出着は、背広、山高帽、フロックコートにシルクハット、靴は黒ばかりだった。和服の時はかならず袴をはき白足袋だった。母はじめ姉たちの着物も地味な色だったと思う。銘仙がすりなどは外出着、家では木綿の袷《あわせ》、冬は綿入れを着た。（中略）小学校の式日にはメリンス友禅の着物か紬小紋の二枚重ねにえび茶袴が一番のよそゆきででかけた。男の子は紺絣《がすり》の着物に小倉の袴、履物は下駄だった。

（「衣食住」『徒然なるまゝに』）

と千代氏が記憶するように、一家中いたって庶民的、一般的な衣服事情だった。

三越が、英国の貴賓を迎えるため、空中庵という粋をこらした茶室をつくった時、残花が寄せた句は、

一服で腹一杯になりにけり
五ふくはとうぞ御免蒙《こうむ》る

（『時好』明治三十九年三月）

である。茶の五服と呉服を掛けているわけだが、どうにも皮肉なにおいがする。デパート側としても残花に顧問を頼んだのは、何も新しい流行の発信源となることを期待してではなく、江戸期の復古的な薫りのよきアドバイザーとしての能力に期待してのことだろう。明治三十年後半になって、残花が一連の旧幕、武士道関連の雑誌の刊行、著作を通して、江戸に関する知識や趣味に通じた第一人者の一人と目されていたことを示している。

心胆奪ふ「日本教会」活動

「神」に対して信仰を保ちながらも、キリスト教そのものの信仰へは疑問をぬぐいきれなくなった松村介石が、「信神」「修徳」「愛隣」「永生」の四綱要をかかげた「日本教会」を設立したのは明治四十（一九〇七）年十月のことだった。

残花がこの友人の活動を痛快に思っていたことは「人の心胆を奪ふもの」（『道』第二十五号、明治四十三年五月）というアンケート風に書いた記事のなかで、「伊藤博文公の暗殺号外」や、「神戸港の『ダイナマイト』爆発」などと並べて「日本教会の大活動」と述べていることからも推測できる。

残花は、明治四十五年五月に創刊された日本教会の機関誌『道』誌の創刊号から記事を寄せているから、発会から期を置かずして参加したのだろう。

残花は明治四十二年四月十一日、東京府下大森の松村介石宅で行われた日本教会入会式に参加、正式に入会している。この入会式は二回目まではキリスト教式に洗礼式が行われていたが、残花が参加した三回目以降は洗礼ではなく署名によって行われるようになった。同日の三十九名の入会者のうちには、英語学者で初期社会主義者として知られる村井知至《むらいともよし》、仏教学者の野口復堂《のぐちふくどう》がいる。

日本教会の運動は、キリスト教を外郭とはしているが、「宗教」の枠さえも越えてさらに多彩であった。『道』誌の発刊の理由は、

第一、我宗教観を宣《の》べんが為めなり。第二、心霊的現象《サイキックフヱノメナ》の秘義を闡《ひら》かんが為なり。第三、基督教に向ふて高等批評を加へんが為めなり。第四、東西両洋の文明若《も》しくは思想の融和を図らんが為めなり。
（「発刊の辞」『道』創刊号、明治四十一年五月）

という。さらに、松村介石が同号に寄せた社説「我が『道』の抱負」には、

本誌は物質文明の中毒に罹《かか》り、卑俗風を為し、我利上下を支配し、淫靡の文学青年に浸染し、虚飾の教育学生を誤らしむる今日に当り、更に精神界に貢献するところあらんと欲して、出で来りたるものに外ならざるなり。

とある。つまり、卑俗な我利に支配された物質世界に、スピリチュアルな世界、いわばゴッドの世界を対峙させて、もって精神的啓蒙を果たそうというのが、この雑誌、さらには、日本教会を中心とした探求活動の目標だった。

まさにこの「秘儀」をひらくための探求に、日本教会は学術的な研究会から、心霊実験までにおよぶ広汎思想活動の拠点となった。

残花もまた、宗教の枠を越えて、物事の真理を探求すべく日本教会に参画した。「我『道』友の宗教観」（『道』第三号、明治四十一年七月）において、残花は自らの宗教観を、如来観、無常観、無所住観、宇宙観の四つの観点に分けて述べている。

如来観　如は真如《しんにょ》の如なり、来は無分別智《むふんべつち》なり真如の道に乗じ来て正覚《しょうがく》を成すなり。真如、無分別智、正覚が余の宗教の第一義なり、絮説《じょせつ》を要せず。人若《も》し君は仏徒なるかと問はゞ然りと答へん、或は基督教徒にも、斯《か》くの如き人あるかと問はゞ有りと答ふ、真如は仏耶回儒《ぶつやかいじゅ》の諸教を通じて最高最上の理想なり、来は哲学科学の煩鎖を一撃する鉄鎚なり（後略）

無常観　一切の有為は夢幻なり泡影なり、如露《にょろ》また如電《にょでん》なり。夢幻、泡影、如露、如電が余の人生観なり（後略）

無所住観　著せざるが無所住なり、自身、報恩、果報に著せずして行なふなり、是《こ》れを布施博愛の本意とす、曰く慈悲、愛憐、仁義、一切の善事美徳は無所住観を以て為す可《べ》し（後略）

宇宙観　南西北方上下四維虚空は思量す可からず、天国、極楽、地獄、復活、奇跡、奇瑞、霊魂、天使、悪鬼、羅漢、仙人、菩薩、悉《ことごと》皆否定せず。

空間無限、時間無際、五尺の人間にして未だ万々年にも足る足らざるの時間なり、恭しく慎んで科学者哲学者博士文士の高見を聴くのみ、古今の聖賢を師とするなり（後略）

残花の論点は、一つには、仏教的空の思想とキリスト教の教えにも通じる無私の思想である。二つには、如来観を思考の中心に置き、真理に到達することをまず目的とし、それとともに、真実の智に到達することができない人間存在の儚さを知ること。三つには、その真理は、不可知だが、残花は、その知れぬことをすべて「有る」としていることである。天国、極楽、地獄、復活、奇跡、奇瑞、霊魂、天使、悪鬼、羅漢、仙人、菩薩、すべてを否定しない。「有る」とするからには、もはや一つの宗教の枠組みのなかにとらわれているわけにはいかない。明治二十八年『日本宗教』を刊行していたころ、残花はまがりなりにも自らを「新教徒」と断じていた。だが、『道』で表明する、残花が信じるものに、もはや仏教、キリスト教、儒教、道教の区別はない。残花は、牧師をやめ、ただキリスト者だけであることはやめたのだが、信仰することをやめたのではない。残花は、一人のヒーロー、一つの教理にとらわれず、この世に現れたすべての宗教、奇跡、不思議の出来事すべてを信じるというのである。

教派、各宗教、教理の違いなどにとらわれず、心霊的現象の秘儀をひらき、東西思想の融和をめざす、という日本宗教の提唱するところは残花の思索にぴたりとあった。

では、残花はこの日本教会においてどのような活動に参画したのか。

日本教会の活動に付随し、参画者が主導して精神を探究する会が立ちあげられている。その一つは、「心象会」で、もう一つは「孔子教会」である（日本教会の機関誌『道』はこの二つの会の機関誌も兼ねることになる）。この二つともに、残花は関わることになるのだが、まず「心象会」について紹介したい。

「心象会」は、不可思議の領域、オカルトの領域の探求に傾倒した。大正心霊ブームの先駆けを成したともいえる。主導したのは、平井金三《ひらいきんぞう》。

平井は、元々仏教の論客であった。シカゴ万国宗教会議では、委員長バローズの招きを受けて仏教の論客として参加、キリスト教批判の演説をおこなって喝采をえた。ちょうど、残花が宗教家懇談会を催したころ、平井も同じく諸宗教の対話会の開催を試み挫折している。当時、平井は京都にあり、保守的志向の強い土地柄に敗北したといえるが、宗教家懇談会が、シカゴ万国宗教会議の影響を深く受けており、一度目には平井と同じくシカゴ万国宗教会議で演説をおこなった釈宗演《しゃくそうえん》が、二度目にはバローズが参加しているというのに、日本にいた平井が参加していないのが不思議である。平井のこの時の肩書きは東京外国語大学教授。『道』にはもっぱら心霊関係の論考を寄せている。

心象会の活動では、参加者それぞれの心霊体験の報告や、霊能者を訪問し、その聞き取り調査をしたり、火渡りや刃渡りの実験、催眠術実験、心霊療法の施術者、受診して回復を見た人物へのインタビューなどがおこなわれている。

テーブル・ターニング実験も何度かおこなわれた。テーブル・ターニングとは、数人でテーブルを囲み、霊を降ろすという、西洋版こっくりさんのようなもののこと。

残花も参加した明治四十一年十月十五日、本郷壱岐殿坂上宮教会でおこわれた心象会例会（『道』第七号、明治四十一年十一月）においても、参加者の報告、発表ののち、テーブル・ターニングの実験をおこなっている。はじめてではないらしく、前回は四角テーブル、九月二十一日、本郷春木町中央会堂でおこなった時は丸いテーブルを用いたと述べられているから、改良を重ねながら実験をくり返されたものと思われる。

この時の参加者には、残花の他に松村介石、平井金三、福来友吉《ふくらいともきち》、村上俊蔵《むらかみしゅんぞう》らの名が見える。福来友吉は、この時、東京帝国大学の助教授で『催眠心理学』を出版したばかりだった。この二年後、千里眼の能力を持っているとされた御船千鶴子《みふねちづこ》を見いだして、世にいう「千里眼事件」を引き起こす。そして村上俊蔵は、禅の顕彰を目的とした「仏教会」を創設し、また、雑誌『成功』で一世を風靡した成功雑誌社の創始者でもあった。

さて、この日上宮教会でおこなわれたテーブル・ターニング実験は、平井が霊媒役となって実験を主導した。霊はまさに降り、テーブルが回転しはじめた。平井が「アナタは死んだ人ですか、生きてる人ですか生きてる人ならば一つ、死んだ人ならば二つ、脚を上げて床を打て下さい」というと、果たして机は二度鳴った。しかし、降りてきた死霊が拒絶したため、具体的な会話はできなかった。平井が、「厭では困つた」とつぶやいたのち、「折角来て問答ができなくては、つまらないですが、上へ挙つて下さい、四本の脚を残らず挙げて」というと、机はがたがたと全体を振るわせ、回転し、平井の言に従って四本の脚を持ちあげた。平井に霊媒の能力があったのかどうかわからないが、この実験に参加していた残花がいかなる感想をもったのかわからない。ただ、あまり素直に感心してはいなかったのではあるまいか。

というのも残花は、心象会の依頼でおこなった霊能者へのインタビュー結果（『道』第七号）を報告している。残花が訪問したのは、いつでも幽霊を呼びだすことのできる、という川面凡児《かわづらぼんじ》だ。

そして、残花の感想がこうである。

「余はお話中、先生の面ざしを見しに、凄ましい目つきにて、あの目ならば、幽霊は必ず見えるならんと思ひたり」

文章で読む限り、馬鹿にしているのか、本当に感心しているのかわからない。残花の扱いは軽いが、川面凡児は禊《みそぎ》の作法を体系化し、宗教界に大きな足跡を残した人物だ。

残花について、内田魯庵《うちだろあん》が書き残したエピソードはこのころのことだろうか。「ミスチックなことが好き」だった残花は、数寄屋橋教会の知人の話で、よくあたるという占い師を知り、内田魯庵と、坪内逍遥《つぼうちしょうよう》を誘ってその占い師を訪問する。

逍遥は、当たってもはずれても、うんうんと頷いて神妙に聞き、三人のなかで一番若年の魯庵も遠慮して黙って聞いている。残花だけが最初から挑戦的で、占いの内容が外れていると皮肉な

口調で返した。最後には、占い師に、

「それが証拠にアナタの□□《伏せ字》にホクロがある」

といわれ、さすがに切り返すこともできず、早々に退散したという（「人相見」『占』佐藤愛子編、作品社、一九八九年）。

この霊能力者や占い師にとった行動からうかがうに、残花は、天国、極楽、地獄、復活、奇跡、奇瑞、霊魂、天使、悪鬼、羅漢、仙人、菩薩、ことごとくを万事ある、と信じ、ミスティックなこと、スピリチュアルなことに大いなる感心をもち、触れてみたいと思いつつも、現実に目の前でそのようなことをやりはじめる人がいると、容易に信じる気になれず、皮肉な態度をとってしまう。要するにへそ曲がりであった。

心象会については、参加する、というよりのぞいてみるといった風であった残花が、今度は自ら主宰して興したのが「孔子教会」である。

孔子教会は、儒教というものの性質にもよろうが、心象会とは違い、スピリチュアルの濃度が薄く、むしろ、純然たる学術的な研究会の風があった。

孔子学会は、明治四十一年五月二十七日、神田美土代町《みとしろ》青年会館で、残花、市村瓚次郎《いちむらさんじろう》、三宅《みやけ》雄二郎《ゆうじろう》（雪嶺《せつれい》）、島田三郎、高島平三郎、広部精《ひろべせい》、村上俊蔵、山本邦之助《やまもとくにのすけ》、川合信水の九名が集まり、儒教についての茶話会を開いた。その折に、「此教《このおしへ》に二十世紀の新解釈を加へ新生命を発揮」（川合道雄『続　川合山月と明治の文学者達』基督心宗教団事務局出版部、昭和三十二年）すれば隣国「支邦」との交友にも役立つだろうということではじめられた。

残花は『世界三大宗教』で、日本での影響力をみて儒教を一大宗教として紹介しているが、別に宗教とみなしていたわけではない。「孔子教再興を計ればとて、他の宗教々会の組織とは異なり、一つの道徳修養の会なり」（「孔子教会に就きて」『道』第七号）と残花自身がいっている。宗教でないがゆえに、他の信仰を持っていてもその信仰を妨げず、プラスアルファとなりえる。

残花もあげているように、明治以降儒教は「平凡浅薄」「多妻主義」「徳川幕府の援護尻押し」等の批判をこうむってきた。残花にいわせれば、それこそが軽薄な批評であり、実践道徳は平凡がよく、実践すれば足りることであり、仏教において「諸善奉行、諸悪莫作《まくさ》」が第一義で、キリスト教徒にとって「山上の垂訓」が永遠の教えであるように、真実の教えの精髄は幾千年たっても錆びるものではなかった。

孔子教は徳川時代の遺物に非ず、仏教と共に輸入せられし東洋の倫理なり実践の道徳なり、我が国民が数千年来養成せられし米食の如し、脚気《かっけ》が発《おこ》ることありとも瑞穂の国の米食は全く『パン』に変ず可《べ》からず
（「孔子教会に就きて」）

というわけだ。

孔子教会成立のあたりのことは、川合道雄の『続　川合山月と文学者達』にくわしい。発会に

あたっては、残花と川合信水がともに計って根回しをしたようだ。最後まで決まらなかった事務局の設置所は結局、残花の当時の住まいである小石川区久堅五十八番地に決した。孔子教会の会則を報じた『道』には「当分東京小石川区久堅五十八町番地ニ置ク」とあるから、会の安定を見て適宜変更する予定であったのか。

明治四十一年十月十日、第一生命保険会社にて発会式がおこなわれ、七、八十名の来会者があった。大隈重信が引きこまれて、予定されていなかったにも関わらず発会式の演台に立たされている。

孔子教会は三つの目的をもって活動した。

第一部ヲ研究会トシ各自所見ノ交換及ビ論語ノ輪講ヲナス
第二部ヲ講話会トシ一般公衆ノ為メニ之ヲ開ク
（第三部ヲ会報或ハ雑誌発行トシ広ク会員或ハ社会ノ為ニス）

（「孔子教会々則」『道』第七号）

第三部がカッコつきなのは予定が未定であったからだろう。孔子教会の成果は、会報、雑誌よりもさらに充実して、明治四十三年に単行本『新論語』刊行として結実した。版元は村上俊蔵の成功雑誌社である。

この本は縮刷版まで出ているからそこそこに売れたのだろう。どういう事情か、発刊の六年後大正五（一九一六）年、東亜堂書房と成功雑誌社が共同のかたちで、同一内容、同一タイトルで刊行されている。編者として立っているのは、成功雑誌社の村上俊蔵である。

さてその、『新論語』だが、論語に「二十世紀の新解釈を加へ新生命を発揮」させるのが主眼だけあって、構成も新しい。まず、頁の上段を罫で区切り、下段に提示した論語の文句の英訳が掲げられているのが目を引く。

残花は、「先進篇」と「顔淵篇」の解説を受け持ったが、一般公衆を対象にしているだけあって、孔子の学苑を、優秀な校長のいる学校に譬えるところからはじまり、文章も割合に平易である。

執筆陣は多彩であり、残花の他、島田三郎（政治家）、幸田露伴《こうだろはん》（作家）、三宅雄二郎（哲学者）、前田慧雲《まえだえうん》（学僧）、高津柏樹《たかつはくじゅ》（僧侶）、小柳司気太《おやなぎしげた》（中国文学者、道教研究家）、遠藤隆吉《えんどうりゅうきち》（教育者）、松村介石（宗教者）、南條文雄《なんじょうぶんゆう》（仏教学者）、児島献吉郎《こじまけんきちろう》（中国文学者）を迎えている。幸田露伴は、村上俊蔵が露伴に私淑していた関係からの執筆であろうか。また、この執筆陣のなかに、会の発起から尽力した川合信水の名がないのが不思議な気がする。

孔子会はのちに、現在も湯島聖堂を管理している斯文《しぶん》会に合併された。

残花がいつまで日本教会に加わっていたのかはわからない。会誌『道』への寄稿は明治四十三年十二月（第三十号）を最後に途絶えている。

日本教会は明治四十五年に道会と名称を変えたが、現在も介石がともした信仰の灯を守り、礼拝中、介石が編集した儒教の経典が朗読、輪講されている。

第6章

喝、ヱーメン、南無阿弥陀仏

記憶樹が語ること

明治は四十五年で終わる。

「史蹟名勝天然紀念物保存協会が」設立されるのは、明治という時代が終焉を迎えようという間際の明治四十四（一九一一）年のことである。史蹟名勝天然紀念物保存協会、会名が長いので略して「史名天」と呼ばれた。活動内容については会の名称から一目瞭然であろう。頭に旧紀州藩主徳川頼倫《とくがわよりみち》を会長としていただき、副会長に田安徳川家の当主にして頼倫の実兄徳川達孝《さとたか》をたのみ、また会員には、爵位や学位をもった名士貴顕が多かった。また官僚の参画も見える。国家事業といえないまでも、理念を実行に移す実力と財力を兼ね備えた会であったということだ。

この会の立ちあげと活動に残花は活躍し、会なってのちは主幹として働いた。

会の宣伝活動の一環だろう。残花はしばしば講演をおこなっている。少し脱線するが、残花の演説振りはなかなかに個性的で面白い。

まず、直立不動。両の手は、講演中、卓を叩いたり、振り回したりすることはなく、静かに胸の前で組み合わされている。それがため残花が語る姿は「遠くから見ると何かに拝んでいるように」見えたという。実に上品で静かな印象である。では、その静かな姿で、ゆっくり淡々と語っていたかといえばそうではない。

氏の顔面が純江戸ッ子型であると同時に、又純江戸ッ子弁であるから、非常に言語《ことば》に富んで居る。ベランメーから遊ばせ語《ことば》まで、噛み別《わ》け呑込んで居らるゝので、言廻しが誠に巧みだ。

（小野田亮正『現代　名士の演説振』博文館、明治四十一年）

女学生相手の時のように身体を使うわけではないが、知的で軽妙洒脱、言葉による百面相。『六合雑誌』（第三百六十二号、明治四十四年二月）に掲載された「史樹と宗教」。この講演もそんな調子で語られたものか。いつ、どこでの講演かは注記されていないが、「（笑声起こる）」などのト書きがあることからしてもどこかの講演の速記であることは確かだ。その講演の枕で残花は、松と話をした、という学生の話をしている。

一昨年でございましたが大学の法科の学生で芝の山門に行つて松の樹と話をした人がある。只今私が此処まで来ます途中三門々々と頻《しき》りに車掌が申して居りますあの辺の松林の中には勿論今は電燈が点いて居る。から明るいが、大抵十二時過とか夜半の一時二時頃に松林の間に来て祈禱を致す訳ではない——宗教家でないから——併《しか》し精神を一つに集中して居りますとあの松の樹が話を始める。何を語りますか未だ話を聞きませぬが、兎《と》に角《かく》あの松の樹は何れも二百年以上経つて居ります。（中略）松が互に二百年の古を語ると云ふ――江戸幕府の盛んなることを語る。興味を以て夜な〳〵山門の松林に来ては松の話を聞くと云ふも面白いことである。

別に樹木の精霊の存在を主張したいのではない。残花にとって、史樹、古刹名跡は、過去の記憶をとどめた記録装置であった。

私は今歴史の話をするが諸君に願ひたいことは念射と云ふことである。貴下《あなた》方が諸方を歩いて或は老樹を見て此《この》樹は何時頃の樹であるか、此樹は植物学上で何《ど》う云ふ名であるか、此樹の下には何う云ふ名士が居たか、斯《こ》う云ふ風に生徒が――生徒ならずとも一般の人が老樹の史蹟に対して其《その》人格風采を考へて見る。

（「史樹と宗教」）

と述べている。目を閉じ、今そこにある古樹がかつて見ただろう風景を胸のうちに甦らせてみよ、という。往事のことをその歴史の現場に居合わせた木に問い、石に尋ねてみよ、というのである。

ケルトにはこんな伝承がある。人は死後、その魂は木に宿る。木に宿った魂は記憶をなくしてしまう。しかし、誰かがその魂の宿った木に触れた時、魂は記憶を取り戻す。美しい伝承だ。

残花の考えは少しそれに似ている。老樹は魂を宿した「記憶樹」である。その長い生涯の間みてきた歴史を、その下にたたずんだ人の記憶を年輪のようにその身に刻んで隠している。樹下に立って想いをいたすことで、木に潜んだ記憶をホログラムのように浮かびあがらせる。その媒介となる「記憶樹」を守ること。そのものが失われてしまえば、それが抱えていた精神性、魂ごと地上から滅却してしまうだろう。

山口県の出身で幕末維新に関する評論をよくした横山健堂《よこやまけんどう》は、先人の墓の運命の衰勢をみてつぎのように書いている。

昔の墓所一覧に見えた名墓が今分らなくなつたり、堂々たる巨墓が雑草に埋もれたりしてゐる。墓にも浮世の風が吹く。

戸川残花翁を思ひ出す。私どもから見れば、父のような年輩だが、幕末の遺老で、物識りの元気な老人であつた。（「火山楼随筆　十一」『掃苔』第八巻第十二号、大正十四年十二月）

と墓の衰勢を思うついでに残花を偲び、

沢山の事を、早く一しよに話したいといふ風に、慰問袋の口を解いて、急いでいろ〳〵のものを出すように忙がはしく話す翁の顔、その声が蘇がへつて来るやうである。

残花のしゃべり口調をのちに伝えるとともに、墓について残花が語っていたことを書き残している。

生活の潮汐の干満は、墓地に草の茂ることもある。鉄柵の立派になることもある。青山の墓地にも、堂々たる墓石が地に横はつているのが見える。可哀さうに数百字の漢文で履歴の彫刻されてあるのがある。明治は四十五年、大正は五年になつたのみであるに、既に此の如しだ。また旧大名、旗下、御用商人（徳川時代）の墓は見る影もなく、夏草高くなつてゐる。記者が見聞しただけでも人世の無常変遷に袖を絞るのが多い。田の畔の橋になつてゐる、石碑、石垣に従五位下、朝教太夫何々守何々院処何何大居士が横に積まれてゐる。往来へ生垣から半分顔を出してる墓もある。掘返しても丁寧に土を取らず、白骨の破片が散乱したのを見た。

（「火山楼随筆　十一」）

寂しい光景だ。生きている人間でさえ住むに困り食うに窮する状況となれば、死者の住まいがおざなりになるのは仕方のないことであるし、維新の荒波のなか、祭祀を継ぐべき子孫をなくしてしまった墓もあるだろう。

長谷川時雨《はせがわしぐれ》『旧聞日本橋』に登場する「ちんこっきりのおじさん」のことを思いだした。「ちんこっきり」というのは、煙草の葉を刻む仕事のことである。

時雨の「おじさん」の家は、昔、朝散《ちょうさん》太夫という格の高い旗本の家であったが、明治維新以降、ご多分に漏れず零落した。稼ぐに手に職もないから、煙草の葉を刻むちんこっきりになった。おじさんの先祖には、大奥にあがって将軍の側室になった女性もいて、とりわけ立派な墓が建てられていた。明治以来、収入のつてを失った旧幕臣たちは、生活に窮して家蔵の刀槍を売り払っただけでなく、ついには祖先の墓石にも手をつけた。おじさんも墓石を売ろうとした。が、墓石を売ろうにも、立派すぎてなかなか売れない。

おじさんの二人の娘は、芸者になってともに豪商の妾となった。おじさんの家は妾の実家に財を誇ろうと競う「婿」たちによって潤い、芸者の置屋になった。おじさんが亡くなった時、将軍の側室となった女性の立派な墓石は、「婿」たちによって削られておじさんの墓石になった。

長谷川時雨によって描かれたある旗本一家の物語は、非常な哀感に満ちている。

だが、残花が、墓地の荒廃を記したのは、世の無常に哀感をそそぐためだけではない。

葬式の式は末なり、心の哀を本とす。先賢古哲の墓に対して哀なき者は虚礼家なり、偽善家なり。銅像を記念の為に建てるも可なりと雖《いへど》も、更に追遠の為に墓地の保存を計りたく思ふ

（「火山楼随筆　十一」）

と残花はいう。儀礼ではない、形でもない、心に「哀」を持っていにしえを思うこと、英雄、賢人、その生き方を偲んで己の道を正すこと。それが残花が、史蹟史樹をこの世にとどめたいと願った第一の理由だ。

明治四十三年、市島春城とともに企画した大丸呉服店の時代服展覧会の初日、会場につめていた残花は内務省神社局長という肩書きをもつ人物と出会った。のちの東京府知事井上友一《いのうえともかず》である。井上は展覧会に出品されていた資料に出ている東京府下の史料を見に来たのだった。その折、史蹟、老樹保存の話がでる。

明治四十三年三月一日の大丸呉服店の風俗史料展覧の日で有つた。(中略)囑託員の弁論室で、君の紹介で当時の床次《とこなみ》(引用者注・竹二郎《たけじろう》)地方局長にお目にかゝり、史跡保存むしろ老樹保存の方のお話を為て、終に其《その》調査を囑せられた。

(「井上前知事と史蹟保存」『斯民』第十四編第七号、大正八年七月)

この日から残花の史蹟保護の活動がはじまる。

明治四十三年十一月九日神田区一橋学士会において報徳会、行政研究会との共催で「都下の史跡老樹調査説明」がおこなわれ、残花が保存を要する史跡や老樹の解説をした。参加者は、紀州徳川家当主徳川頼倫他、三宅秀《みやけひいず》、江原素六《えばらそろく》、原胤昭《はらたねあき》、井上友一の名も見える。会報に姓名を載せられているのは十二名で、他、となっているが、それほど参加人数の多くない、どちらかといえばこぢんまりとした会であったのだろう。

ついで十二月七日、今度は麻布飯倉片町の南葵《なんき》文庫で「史蹟史樹保存茶話会」が開かれる。参加したのは、田安徳川家当主徳川達孝の他、喜田貞吉《きたさだきち》、阪谷芳郎《さかたによしろう》、三上参次《みかみさんじ》、川瀬善太郎《かわせぜんたろう》、伊藤《いとう》篤太郎《とくたろう》、坪井正五郎《つぼいしょうごろう》、鎌田栄吉《かまたえいきち》、朝吹英二《あさぶきえいじ》、塚原靖《つかはらしずむ》（渋柿園《じゅうしえん》）、大槻文彦《おおつきふみひこ》。学位を持った学者が多い。それも、文学、理学、林学と分野が様々である。残花は、幻燈を用いながら保護を必要とする史蹟、史樹について解説している。この時行われた演説および、ディスカッションの模様は『史蹟名勝天然記念物報告書』に掲載されているが、残念ながら残花の幻燈の話の内容は載せられていない。明治四十四年十月発行の『南葵文庫報告』には、

> 徳川達孝伯は先づ本会開催の略旨を述べ史蹟名勝 幷《ならびに》 天然記念物を保存するには科学的風教的本旨に基かんことを希望し世間の所謂好古家と同一視せられざらん事の注意を与へ次で戸川残花氏現今殆《ほと》んど世に忘れられつゝある数十箇所の江戸史蹟史樹を幻燈に映して一々之を説明し

とある。この数十箇所の史樹、史蹟というのは、その前後の残花の著作や発言によっておおむ

ね推測がつく。「東京の史蹟と老樹（其二）」（『斯民』第五編第七号、明治四十三年九月）で残花が取りあげているのは、小石川区植物園。明治四十四年二月発行の『六合雑誌』に掲載の「史樹と宗教」にあげられているのは、慶應義塾の跡。残花が保存したいのは、その跡地というより、その構内にあった大きな銀杏であろう。残花はその銀杏の木の下に一人の人物がたたずむ一枚の写真を持参している。銀杏の枝を持って立っているのは大鳥圭介。その銀杏が何を示すかといえば、そこがかつて世襲代官江川太郎左衛門《えがわたろうざえもん》の鉄砲調練場であったということだ。慶應義塾であった時代、そして、場所さえあいまいになっていた調練場時代、銀杏は失われた二つの過去の証人として立っている。他に、浅野内匠頭《あさのたくみのかみ》が切腹をした地にあった銀杏、大石内蔵助《おおいしくらのすけ》が自刃した跡地の松、歴史のその瞬間を知っているに違いない史樹たちだ。残花が樹木にこだわったのは、自然保護の観点からではなく、記憶の保持者としてである。

翌明治四十四年四月二十五日午後、再び「史蹟及天然記念物保存研究会茶話会」が開催され、残花は、西ヶ原の一里塚を、そして馬琴旧居跡の井戸の保存を、やはり写真を見せながら訴えている。

西ヶ原の一里塚には、榎《えのき》が植えられていた。榎なのは、家康が入府した際、「ええきを植えろ」と命じたのを、「榎」と聞き違えた家臣が植えたのだという。ただし、榎も成長のよい「ええき」であったから、家康も満足したことだろう。一里塚は電車の予定線路に当たるため、取り壊される予定だった。それを史名天の努力で路線を迂回させ、榎は守られた。残花の発言を経て保護されるに至ったこの両方は「現存」している。榎は新たに植えられたか、かつての榎の代替わりした「子」であるかはわからないが、今なお土塁と石碑とともにそこにそびえている。馬琴の井戸は、マンションのエントランス内の陽の当たらぬところにあって陰気な坪庭のようになっていたが、それでも「現存」していた。

この二回の研究会で交わされた意見は、『史蹟名勝天然紀念物保存協会会報』の一号に掲載されている。残花はすでにレクチャーを終えていたからさほど意見を述べていない。

ただ、保存の対象に「名園」も加えるべき、と意見している。特に楽翁、松平定信の庭園保護を訴えている。

会の趣旨に反対するものはなく、おおむねが、「保存」の手を伸ばす対象の範疇を広げるべし、という意見だ。

明治四十三年六月十三日、華族会館における研究会のあと、史蹟名勝天然紀念物保存協会設立が決せられ翌月、七月六日、会長に徳川頼倫、副会長に徳川達孝が就任。

事務局は一応南葵文庫内と定められ、明治四十三年八月十六日から、残花は主幹として南葵文庫内で執務を開始している。

残花がしばしば南葵文庫の主幹であったと勘違いされるのは、南葵文庫内に事務局をもった史名天の主幹を務めたからだろう。

ちなみに南葵文庫は、紀州徳川家のプライベートライブラリーである。東京市麻布区飯倉六丁目十四番地にあり、個人にも閲覧が許可されており、しばしば文人たちに利用されていた。『渋江抽斎』執筆中、調べごとに訪れた森鷗外が、残花に懇切に書物のアドバイスを受けたと「まえがき」で謝辞を述べている。正宗白鳥《まさむねはくちょう》が再び残花に会ったのも南葵文庫内のことである。

私も一かどの作家になり、麻布の我善坊に住んでゐた時分、執筆の間に近所の南葵文庫へ読書に出掛けてゐるうち、或日その文庫のひつそりした閲覧室で残花翁に出会つた。翁の髪が白くなつてゐたゞけで顔付は昔の通りであつた。あの時の田舎出の少年が世間に名の知られる人間になつたことなんか、何とも感じないらしく、淡々として、現在の私の健康状態や現住所などを訊ねたゞけであつた。翁は手に珠数を掛けてゐたが、その頃仏の道に志してゐるらしくその話をした。その時私が坪内博士翻訳の沙翁（引用者注・シェークスピア）戯曲を借覧してゐたのを見た翁は、「坪内さんの訳よりも原作で読む方がよろしいな」と静かに云つて微笑した。

（「残花翁と学海翁──思ひ出す人々」『正宗白鳥全集』第十三巻、新潮社、昭和四十一年）

南葵文庫は関東大震災の際、火災にあって蔵書を失った東京帝国大学にすべての書物を寄付して「文庫」としての役目を終えた。その時蔵書とともに寄贈されたのだろうか。徳川慶喜揮毫の「南葵文庫」の偏額が、東京大学中央図書館の閲覧室内には、今もかかげられている。

また、かつて南葵文庫だった建物は現存する。震災後、紀州家の別荘として大磯に移築され、現在は、熱海で「ヴィラ・デル・ソル」というリゾートレストランとして使われている。

史名天の活動は、東京、関東に限られなかった。残花は、会長、職員等の就任が決定する以前の六月十六日には史跡老樹調査のために青森県に、明治四十三年九月七日より十二日には奈良旧寺院礎石、大極殿跡、春日神社境内と公園、静岡県浮島沼を視察し会誌に報告をしている。会誌というのは、明治四十四年に刊行された『史蹟名勝天然紀念物保存協会報告』で、残花が編集にあたっている。第一回報告の奥付の発行者住所は、小石川区久堅町五十八番地、残花の自宅である。

史名天の活動は、明治四十五年七月三十日の明治天皇崩御、大喪で一時中断。活動が再開されたのは大正三年になってからだ。

大正三（一九一四）年九月より『史蹟名勝天然紀念物』の会報が発行される。隔月二十日発行で、『報告』同様、残花が編集を引き受けた。発行者の住所は、残花の自宅ではなく、東京市麻布区飯倉町六丁目の南葵文庫内（『史蹟名勝天然紀念物保存協会報告』も大正三年刊の第二回報告からは南葵文庫）。のちに月に一度の刊行となった。

大正五年五月二十一日に催された地方長官招待の午餐会の献立表は扇にしつらえられた凝ったものだった。残花がふと思いついて三越に依頼した。茶碗むしの具は、「暁告ぐる鶏卵、香ぐはしき鰻の蒲焼、保存樹の銀杏」と、メニューも詩情溢れる。かつての新体詩人の面目躍如たるといったところか。三越に大急ぎで作らせたこの扇の献立表は、当日の記念品となった。

史名天では、一同連れだっての視察旅行がおこなわれた。

このようにいったら残花は不満かもしれないが、視察というよりも、同好の友人と風流の旅を楽しんでいるようにみえる。

残花は、栃木県の依頼をうけてたびたび日光を訪れている。侯爵のお供をすることもあれば、一人の時もあり、井上友一に同行したこともあり、また家族を連れて行ったこともある。

戸川家には大正五年四月二十五日の日付の記された「埼玉土合《つちあい》の桜草」を視察した折の写真が残されている。残花の隣に立つのは三好学《みよしまなぶ》。その前年の同じ土合保勝会から贈られた「荒川の船遊び」の写真でも三好は残花の隣に写っている。三好学は帝国大学教授、植物学者で、桜や菖蒲研究の第一人者でもあった。残花と三好は、世阿弥の謡曲「桜川」の舞台にもなった桜の名所、桜川（現・茨城県桜川市磯部）の観花にも同行、吉野山の視察にもともに加わっている。三好は植物学の見地から桜の保護を訴え、残花は西行法師のような心境で桜の保護にあたった。三好と行った事業としては、小金井桜の保護が大きい。残花と三好は、東京市長に幾度も願書、意見書を提出した。

現在、吉野熊野国立公園となっている奈良県の大台ケ原の登山も行われている。この時の参加者は、徳川頼倫以下、遅塚麗水《ちづかれいすい》（作家）、小川千甕《おがわせんよう》（画家）、白井光太郎（理学博士）、残花と史名

埼玉土合の桜草視察　大正5年4月25日
立札右　三好学、残花（戸川淑子氏所蔵）

吉野山の観花において　平福百穂画　左が残花
（戸川淑子氏所蔵）

天の幹事橘井清五郎《きついせいごろう》等で、科学者、芸術家の多い一行だった。

この登山の模様は『大台か原登山の記』(画報社、大正七年)として一冊にまとめられ、残花の一文も寄せられている。

大正六年七月二十八日、東京駅から列車に乗って、翌二十九日夕刻に奈良に到着。三十日、吉野川の清流を眺め、地元の山林家のもてなしを受け、三十一日登山開始。学者たちが植物を採取し、説明を加えるのを聞きながら登る。柏木からは徒歩での登山となり、参加者のなかで最年長の残花は険しい山道にさしかかるとと遅れがちになった。一向は高齢の残花を気遣って山駕《やまかご》を用意していた。

しかし、大正六年、残花は数えで六十三歳。現代の六十三と、明治大正の六十三では壮健さも若さもずいぶん違うが、何も山駕を用意されるほど高齢というわけでもあるまい。本人は「足は兎《と》も角《かく》も用意されし好意には駕中涙の双袖を湿らすありとでも云はざるを得なかつた」と心遣いに感謝している。

小川千甕の絵で、木の切り株に腰掛けて休憩を取る残花の斜め後ろからの姿が描かれている。わらじに脚絆を身につけているが、驚くべきことにわらじをはいたのはこの時がはじめて、という。江戸のころは旗本の殿様だったのだから、普段わらじをはくことはなかったろうが、市井の人となってからは、わらじをはくことがあってもおかしくはない。では、残花の普段履きは何であったかというと、下駄でも草履でもなく靴だったようだ。大正二年十月十日に富士山六合目の、日蓮が登山の折に経をおさめたと伝えられる経ヶ嶽経岩を視察するため登山した時も靴だった。八月一日、名所や、檜伐採による被害など視察し、二日に下山を開始するが、悪天候に見舞われる。三日は嵐。途中道が崩れて荷物を運んでいた人夫が荷車ごと濁流に変わった吉野川に落ちたが、幸いにも無傷で救出された。

そういえば、残花が奈良へ視察に行った時、俥夫が足を滑らせて、残花を乗せた俥ごと崖下に落ちたことがあった。しかし、この時も車夫、残花ともに大きな怪我もなく済んだ。「木霊のおかげか」と残花はいったが、本当に何かの加護でも受けていたのかもしれない。

実に木霊の加護を受けてもおかしくないほどの残花の老樹好きは有名で、井上友一は、老樹をみると、「君こゝに残花物が有る、あすこに残花物が有る」といった（「井上前知事と史蹟保存」）。残花は、それは「前科者」と響くからと閉口していたが、しばしば井上と同席していた市庁舎の食堂で笑い話になった。

井上の住まいは残花と同じ小石川区久堅町にあり、しばしば通勤の電車で一緒になった。話といえば「人物批評が無く、艶ツぽい話がなく、酒がなく料理通がなく」徹頭徹尾、史蹟や「残花物」のことばかりだった（「井上前知事と史蹟保存」）。

井上は、大正八年、帝国ホテルで渋沢栄一らを招いたパーティーを開催中に倒れ、不帰の客となった。最後に話題にしていたのは西ヶ原の一里塚のことだった。

『東京史蹟写真帖』（画報社、大正三年）は、東京十五区に加え荏原《えばら》郡、北豊島郡、南葛飾郡、北

多摩郡の史蹟を紹介したものだが、それ以前にも残花は『江戸史蹟』（内外出版協会、明治四十五年）を刊行している。

「東京」の史蹟名所について語る場合、京都のように千年以上もの重層的な歴史を持つ都とは違い、江戸は徳川家康入府以前は取り立てて語るところもない田舎の漁村だったのだから、名所といえば江戸期以降のものに限られる。それは残花においても同じことなのだが、他の江戸名所案内と大きく違う点が一つある。

『東京史蹟写真帖』は、紹介された場を訪れる人の便宜をはかって、逐一最寄りの市電停留場が記されて、便利なガイドブックの体裁をとっている。が、当時、それに従って残花おすすめのスポットに行ってみても「江戸史蹟」はしばしば遺蹟さえ残っていなかっただろう。残花の紹介する史蹟はその名、あるいは伝説のみとどめて跡はないことさえも多かった。

残花の眺める東京の町は、江戸の上に明治が降り積み、そして大正の「現在」に覆い隠された町だ。

残花の紹介の仕方は、大正現在のその場の様子を述べたあと、そこがかつて何であったかを語るといった方法で、もし、江戸の名残り、明治の面影をみたいなら、残花の導きに従って、そのよすがを探さねばならない。残花がすすめていたように、たたずみ、いにしえに思いを傾けること、残花曰く「念射」をするほかない。残花の本は、そのよすがを探すガイドブックだ。

史名天では、ついこの間の明治の世をも史蹟として残そうという試みもおこなわれている。

残花は、東京府の依頼を受けて大正元年から明治帝の御幸先の調査を開始し、大正四年一月号の『史蹟名勝天然記念物』から、「みゆきのあと」として、東京府下の明治天皇の行幸、つまり訪問先を記した。各府県に関しては、会長の徳川頼倫から各府県の知事に依頼し、回答があがった順に「明治天皇御遺跡」として編集、掲載している。乃木希典《のぎまれすけ》の遺蹟の保存も訴えている。

江戸史蹟が徳川の時代とともに作られたように、明治の新しい国家の新しい史蹟を作りはじめる必要があったのだろう。「降る雪や明治は遠くなりにけり」と中村草田男《なかむらくさたお》が詠んだのは、昭和六（一九三一）年のことだが、終わってしまった明治の時代が手に触れられないほど遠くなってしまう前に、その理念的位置づけをしておかねばならなかったろう。

大正六年十二月二十日「史蹟名勝天然紀念物」には、残花の海外旅行の報告がある。海外といっても欧米ではなく、隣国朝鮮である。これは、おそらく、残花の長女達が、夫の疋田玄亀《ひきだげんき》について朝鮮に赴いていたのを訪問したのだろう。会報には箇条書きで、唐辛子のことや、暖炉や、背の高い樹木をみかけなかったことなど、移動中、自動車の車窓から触れた文物の紹介記事を寄せている。

残花唯一の海外旅行であり、この報告が史名天での残花の最後の仕事となった。

たぬき鼓と桜囃子

史名天の活動に付随して、残花は二つの会を開いている。一つは「たぬきの会」。史蹟名勝天然紀念物の保護というのは理解できる。しかしなぜ狸なのか。会の参加者でもあった柳田國男《やなぎたくにお》が記憶しているたぬきの会発会の理由は、

だんだん生物学方面の人の話を聴いてみると、狸くらい耕作者のために、蔭の援助をつづけている野獣は少ないのに、よしなき「かちかち山」などの昔話が流布したばかりに、居れば必ず捕って食われるまでに、農家の同情を失ってしまい、近年はめっきりと数を減じ、野鼠や害虫の害がこのために非常に多くなったということだ、これは何でも一つ、心ある人たちの協力の下に、この狸の真実を世に明らかにしなければならぬという趣意から、最初に先ず喚びかけられたのが狸の会

（「自序」『妖怪談義』講談社学術文庫、一九七七年）

であるという。狸の名誉挽回のために狸の真実を証しだて、その数を減らしつつある狸の保護とする。なるほど、と膝を打つ気にはあまりなれない。残花が汚名を挽回してやるために会を起

こして砕身するほど狸を愛していたとは、この活動をはじめるまで特に表明したことはない。
しかし、たぬきの会は道楽であるが、この道楽に参画した人々の名をみると侮れない。発会は大正三年六月六日、同日向島の多聞寺で会が開かれた。司会は残花。この会の参加者の錚々たる名前を見れば、本当にこの顔ぶれが狸のことなど話しにあつまったのかと明治大正の文人たちの関心の広さにまなざしを遠くしたくなる。来会者は七十余名、淡島寒月《あわしまかんげつ》、石川半山《いしかわはんざん》、前田曙山《まえだしょざん》、内藤鳴雪《ないとうめいせつ》、相馬由也《そうまよしや》等。参加した淡島寒月の席上の句。

其名さへつゞみに響く狸寺
　すみだ〳〵と今も多聞寺
はら鼓うつや面白たぬき会
　尻尾の方に我もたぬしき
（『たぬき』三進堂書店・清和堂書店、大正七年）

当日は欠席したが、会に名を連ねているのは、柳川春葉《やながわしゅんよう》、巖谷小波《いわやさざなみ》、柳田國男、新渡戸稲造《にとべいなぞう》、角田浩々《かくだこうこう》、角田竹冷《つのだちくれい》、塚原渋柿園、岡野知十《おかのちじゅう》他。すでに長い付きあいとなった人々が多い。柳田國男とはいつから交流があったものか。昭和十一（一九三六）年に「残花翁十三年忌」がおこなわれた時、参列者が名を記した色紙には、戸川秋骨《とがわしゅうこつ》、平田禿木《ひらたとくぼく》、馬場孤蝶《ばばこちょう》、北村ミナ（透谷の夫人）など『文学界』以来の旧知と並んで柳田國男の名がある。法事に出席するくらいだから、たぬきの会の一見の付きあいではなかったろう。

このたぬきの会の「研究」成果は、大正七年に残花の編集により『たぬき』にまとめられている。多聞寺での会に不参加であった会員のうちでは、柳田國男、新渡戸稲造、参加者からは、内藤鳴雪、相馬由也等が『たぬき』に原稿を寄せている。


残花が『たぬき』の「小序」であげているたぬき会の歩みで、この向島の狸同好会に続き、「江戸川の一膳飯屋の倉沢兄がたぬき汁を開業し」といっているのは、小石川区関口町にあった一膳飯屋「たぬき」の経営者、号を狸庵こと倉沢理一《くらさわりいち》のことである。残花の俳句帳「思ひ出の記」には、倉沢の字で残花の自句「同行は　たぬきなりけり　木下闇」と描かれた焼き物の笠をもらったことが記されている。句はこれではないが、戸川家には今でも狸の句や絵の描かれた焼き物が二つ保存されている。

倉沢理一は、自ら狸の同好雑誌を刊行するほど狸を愛した人だが、自らが経営する「たぬき」ではたぬき汁を客にだしていた。

そういえば、残花の末子行男氏の回想「父残花のこと」のなかに、ある日、油紙に包まれた狸の肉が送られてきたことが記されている。現在、たとえば愛犬家で有名な人の家に犬の肉が送られてきたら、悪質な嫌がらせか脅迫にしかなりえない。だが、残花は、雑誌『成功』のアンケートで最近食べてうまかったものとして、「狸の味噌漬け」をあげている。なんら抵抗なく狸を食

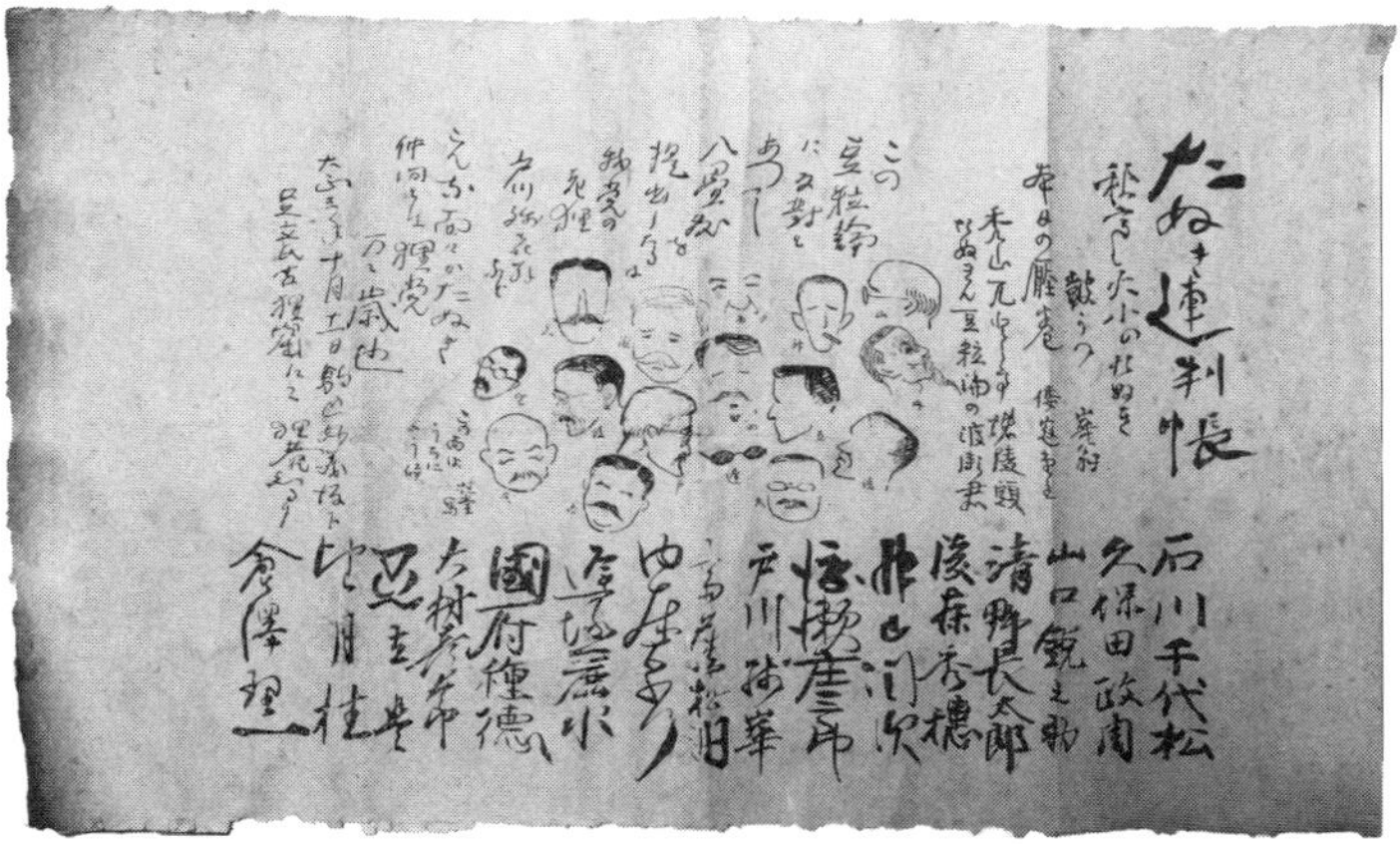

たぬき連判状（戸川淑子氏蔵）

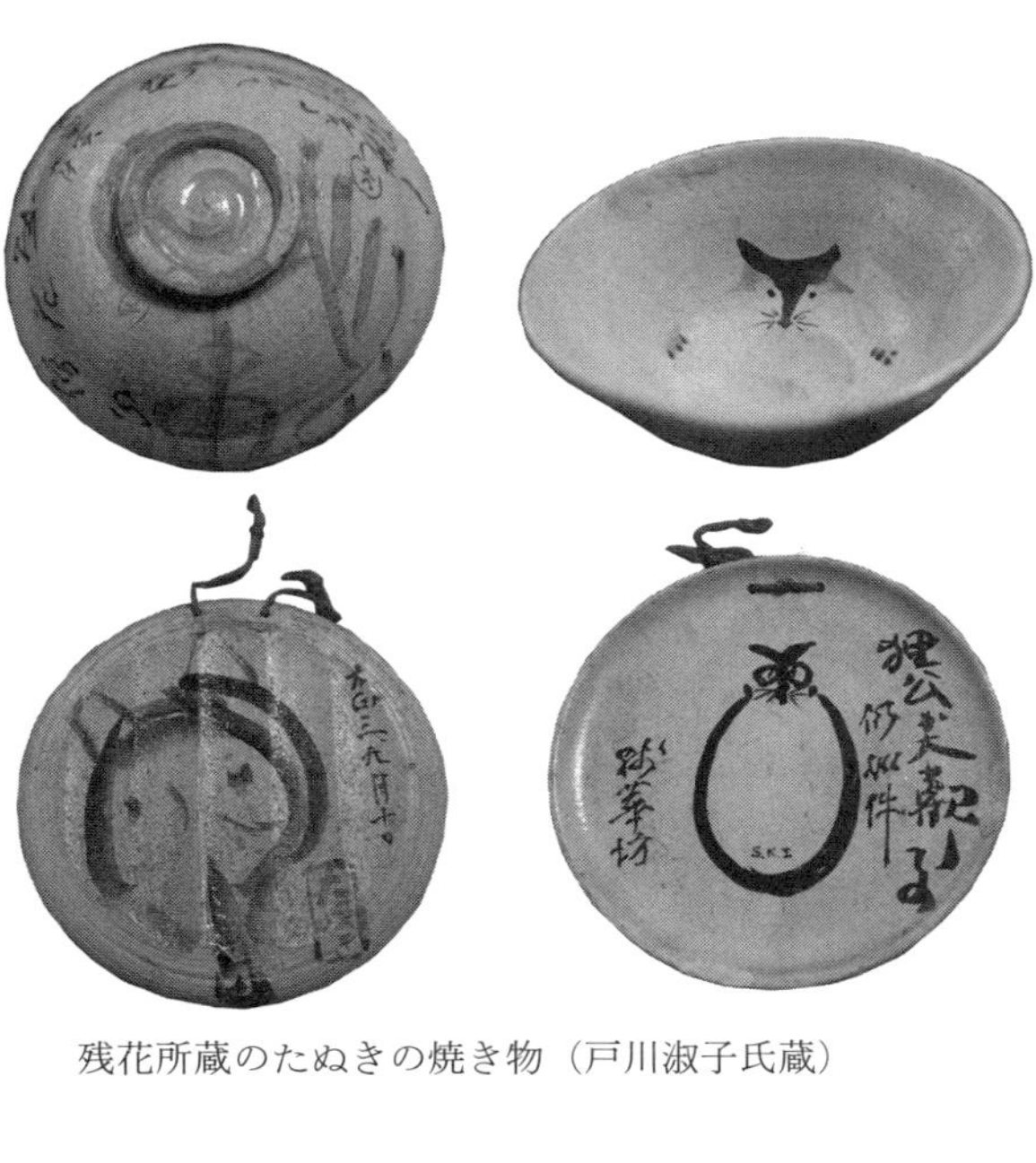

残花所蔵のたぬきの焼き物（戸川淑子氏蔵）

べているのである。愛でることと食べることが同時に成立して矛盾が生じないのは個人というより時代の違いか。

残花の狸への愛は周囲へおよぼすこと甚大であった。

大正四（一九一五）年六月十三日史名天の大会が小石川区白山御殿町植物園で開かれ、散会後、園内を散策、会長が寄贈した「たぬき」を観覧したとある（「史蹟名勝天然紀念物」第一巻第六号、大正四年七月）。たぬきにカッコがついているから動物のたぬきではないかもしれないが、それでもたぬきはたぬきである。同じころ、残花の俳句帳「思ひ出の記」には、

二條公徳川侯伯侯の自動車に随行する上野動物園へゆく
　昔ならば関白様に公方様さても浮世とたぬきのはなし

とある。この旧幕臣の殿様は、関白様（二条基弘か）、公方様（徳川家達）と連れだって動物園に狸見物にでもでかけたのであろうか。

薄田泣菫《すすきだきゅうきん》の『茶話《ちゃばなし》』にも残花とたぬきが登場する。大正六年の記事である。

先日《こないだ》奈良へやつて来た戸川残花氏は、奈良公園の太い杉の樹蔭《こかげ》に立つて、鹿の遊んでゐるのを見て非常な発明をした。

（「戸川残花氏と狸」『完本茶話　中』冨山房百科文庫、一九八三年）

という。いったいどんな大発明をしたかといえば、

戸川氏は言つた。

「鹿を飼ひ馴らす事の出来る人なら、屹度《きつと》狸をも畜《か》ふ事が出来る筈だ。動物には色々あるが、そのなかで狸ほどの愛嬌ものは少い。自分は奈良公園に鹿と一緒に狸をも飼つてみたいと思ふものである」

そして、飼育員に向かって一しきり狸の飼育を勧めると、ふと、

急に親戚《みうち》にでも耳打をするやうに低声《こごゑ》になつて、

「それに、狸は毛皮もなかなか廉《やす》くないからね」

と言つて笑つてゐた。

奈良公園の鹿の群れを眺めながら、それに立ち交じる狸の姿を夢想するくらいには狸を愛していたのだ。

『たぬき』に掲載された残花の「たぬき考」は大正二年、高麗園という徳川頼倫の別荘に招待を受けた折に朗読に呈したもの。しめの「余の狸理想」はなかなか豪快である。

余の狸理想は、狸居（縣居に倣ひ）を造り、たぬき保存論を草し、狸の皮を敷き、狸毛の筆を取り、月に嘯《うそぶ》き、鼓を打ち、狸の皮の胴腹を着し、狸汁を吸ひ、狸寝入を為し、床頭には狸の画幅と狸形の香炉を置き、馬鹿囃子をはやさせ、文福茶釜に湯を沸かし、化燈籠に火を入れ、一ツ目小僧に酒を買はせ、三ツ目、見越も、八島、茂林寺の大小の狸を客とし、和尚然たる袖より毛だらけの手を出し、陶然として〇〇《伏せ字》を握りて余生百年を送らんことなり。

たぬき会は、たぬきを研究する、たぬきを愛でる、たぬきを食すという三拍子で、純然たる趣味の会、遊びの会であったようである。

もう一つ開いた会は、たぬきの会よりももう少し「仕事」の延長であったかもしれない。それは「桜の会」で、桜を日本国民の精神修養の象徴とすべく顕彰、保護しようという活動である。大正六年四月二十三日、第一回桜の会が帝国ホテル大広間で開催され、桜花の陳列及び講演がおこなわれ、同日桜の会が創設された。発起人の一人である残花は幹事となった。桜の会の事務所は麴町町区内山下町一丁目一番地帝国ホテル内に定まった。幹事の一人、林愛作が帝国ホテルの主幹であったため便宜を図ったのだろう。

同年九月二十五日、桜の会役員会が帝国ホテル内にて開かれ、会頭に渋沢栄一、名誉顧問に徳川頼倫、顧問に阪谷芳郎、井上友一、三好学が任命された。

大正七年四月二十日、桜の会会誌『桜』が刊行される。残花はやはり編集者を務めている。例会は四月二十三日に帝国ホテル内で開かれた。会員による講演の他、様々な品種の桜の展示や、桜に関連する美術品、書籍などの陳列がなされた。残花は会の司会をした。

桜の会は年に一度、四月桜の季節に開催された。大正十一年の桜の会は、四月十六日、帝国ホテルが火事に見舞われ中止となったが、その代替として五月十五日、商工奨励館にて講演会および活動写真等の催しをおこなった。

大正九年の桜の会では、残花は「江戸の桜」という演目で講演をし、酒を妻とし桜を愛した宝井其角《きかく》と、桜と心中しようと望んだ西行をあげ、

> 私が無遠慮に申しますれば明治の学者、専門学者達が研究された色々の桜の理屈よりも江戸の桜の方が確に好かつたと思ひます。西行や其角の心を以て桜を見、桜と一つに融化する覚悟で桜を愛するのであります。桜を国家の為に愛するとか云ふことは抜にしてしまつて、桜に惚れてしまつて、桜と己れが一つになつて、桜を保護すると云ふ考で始めて桜の保護が十分に出来るのであります。
>
> （「江戸の桜」『桜』第三号、大正九年十二月）

と結んでいる。

残花は広範な知識をもった人であったが、学者タイプではなく、気分の人だった。理屈をこねるのでもなく、イデオロギーとして利用するのでもなく、「惚れてしまつて」一体になりたくて。桜だけでなく、残花が史蹟や老樹を保護しようとした理由は、存外そんなところにあったのかもしれない。

近年、かつて残花が奉職した日本女子大学に狸が棲みついているという。行政によって保存された古い樹木の多い（桜もあった）校庭に、狸というのは因縁めいた組み合わせと思った。

残花一家は、大正四年二月二日、久堅町の家から同じ小石川区第六天町四十八番地に転居した。そして大正七年七月一日、残花は家督を長子浜男に譲り隠居した。

楽しき油うる日々

「喝、ヱーメン、南無阿弥陀仏」。残花が晩年好んで口にしていた言葉である。人を食った言葉に聞こえるが、様々な宗教を身をもって体験してきた残花の口から出ているからこその味わいがある。

岡野知十は、「読売新聞」に書いた残花の追悼で、

耶蘇教、仏教、八宗相通《あいつう》で拘《こう》するところがなかつた。そこから戸川君の性格も趣味も出発してゐたと思はれた。（「戸川残花君を憶ふ」「読売新聞」大正十三年十二月十五日付）

と述べている。若き日に厚い信仰を捧げたキリスト教も、研究をつんだ儒教も、心を寄せた禅も、その違いは昇華され渾然として、残花という飄然とした人格を作りあげていた。どれも大した違いはなかったという、若干のシニカルさはあれども、残花の言葉は、祈りを捧げる存在如何を超越して、宗教の違いに拘泥することなく、ただ尊いもの、清いものと交感しうる境地に至っていたことを感じさせる。

ところが、残花は、家督を長子の浜男に譲り、隠居生活に入ると、その機を待っていたかのように、仏教に帰依し、禅僧となっているのである。

大正七（一九一八）年十一月十一日、なぜ十一の験を担いだのかはわからないが、時刻は午前十一時。残花は東慶寺泰平殿において得度式をあげ、円覚寺の釈宗演《しゃくそうえん》から戒を授けられた。

残花は、明治二十八（一八九五）年『日本宗教』の取材で宗演と面識をえ、宗教家懇談会をともに計った。そののち、残花は幾度か、綱町三井倶楽部でおこなわれた宗演の法話提唱を聞きに行き、「夏の日の樹陰は、一味の清風提唱よりも涼しい」などと語らいあった。

しかし、多忙にまぎれてそれからしばらく互いに音信もしなかったが、ある日突然宗演をたずねる。その理由は、

近年小生感ずる所ありて老師に『釈迦の御弟子として宗規に従ひ得度式を受け度《た》い。然《しか》し寺院には入らぬ。此白髪を剃ると寒し、お釈迦様にも髪の毛は有つた。今日の坊さんは多く妻帯肉食をして居るから私は、形而下《けいじか》の事は一切改めぬ。五戒も基教により世間的に知つてゐるから、泥坊も奸婬も妄語も殺生もせぬ。酒は飲まぬ。又仏教は基教を包含する事も出来るのであるから……就ては私の意に御賛成下さるゝか』

（『宗演禅師と其周囲』国史講習会、大正十二年）

というのである。「釈迦の御弟子」になりたいといって、理由は「近年小生感じる所ありて」と、肝心なところがここでは語られていない。

しかも、形而下のことは一切改めるつもりはなく、五戒（不殺生戒《ふせっしょうかい》、不偸盗戒《ふちゅうとうかい》、不邪淫戒《ふじゃいんかい》、不妄語戒《ふもうごかい》、不飲酒戒《ふおんじゅかい》）についても、キリスト教で学んで守っているからといって、仏教の教えを新たに学ぶというそぶりもない。

正宗白鳥に手首に念珠をかけた姿を目撃されたように、残花の仏教帰依はまったく唐突というのではなかっただろうが、かつては牧師も務めたこともある人物の出家は世間に驚かれたことだろう。「読売新聞」の記者がインタビューに訪れている。出家の動機を尋ねられて残花はこう答えている。

動機は厭世だが、然《しか》し食ふには困らず、女房も最初のだし子供達も皆丈夫、世が厭になるわけもないのだ、が僕のは宗教的のだ

（「読売新聞」大正七年十月十四日付）

宗教的厭世、どういうことだろう。キリスト教に決定的な疑問を感じたというのでは、あまりに今さらの感がある。

残花が他の宗教を捨て去って「純粋な」仏教徒として晩年を生きようとしたのでないことは、宗演を追悼した次の一文からもわかる。

其後小生は『小生が若《も》し世を去りし後は基督と釈迦と達磨と観音の前で、先きに逝かれし宗演老師と共に呵々《かゝ》大笑する事ならん』と深き信仰を持てり。
(『宗演禅師と其周囲』)

還暦をむかえた大正三年九月二十六日夜、こしかたを振り返り書いた「残花自叙伝」の末尾に、「著作少なからずといえども皆、保存するにたらず、斡旋せる事業頗《すこぶ》る多しといえども、先ず自らその一切を忘れをはる。未だ死期と終焉之地を知らず。唯天命に任せ、樗木《ちょぼく》之蔭を逍遙するのみ」と記した。三千石の旗本の当主一転、生涯を浮世の荒波に身を委ねた少年の日から、果敢に続けてきた人生に対する戦いの矛を収め、あとは死を迎えるその時まで、流れに身をまかせて心のまま、運命の任せるままにあろうという、表明でもある。『論語』にいう六十歳は耳順《じじゅん》だが、人の何倍もの速度で生きてきた残花にとってはもはや「心の欲する所に従えども矩《のり》を踰《こ》えず」だったのかもしれない。

残花の禅は、矛を収めてのちの逍遙の禅だ。逍遙、つまりは、のんびりと気ままにぶらつく気分である。

だから、もはや戒律に縛られる必要はない。

「イヤ、あたまは円めやしないのだよ」と房々した白髪を撫でつゝ語る「僕は形式は嫌ひだし、元来よく脳貧血を起すのでこれは刈れない宗演さんにもさう言つたら関《かま》はないと言ふのさ（中略）法名は宗鑑《そうかん》といふのを授けられたが、これは偶然あの足利時代の厭世家で俳諧などをやりながら油を売つてゐた宗鑑と同じなのもなつかしい、僕一句あり　小六月油売る日のおもしろき、僕の禅は油を売る禅さ、五戒なども初めから嫌ひなものばかりだから改めて守る必要もないわけでね」

（「読売新聞」大正七年十月十四日付）

残花のこの「油売る日」をあえて「油うる日」としたい。残花の日々は、同時に油を得る日々でもあったからだ。残花は、生涯油を売りながら、天の油を地にもたらした。

得度した残花は「宗鑑」という安名《あんみょう》をもらっているが、自分ではあらかじめ「非仏」という名を選んでいた。仏弟子としてのけじめをつけながら、「非仏」とはへその曲がった安名だ。「鎌倉の故宗演禅師に帰依して『非仏』の名を授けられてゐた」（「戸川残花君を憶ふ」「読売新聞」）と残花の出家について岡野知十が書いているから、知人友人たちには安名のことまですでに話をしていたのだろう。であるから「宗鑑」は釈宗演が残花にふさわしいと思い与えた安名ということになる。

山崎宗鑑は、もとは室町幕府九代将軍足利義尚《よしひさ》に仕えた武士で志那《しな》弥三郎範重といった。主君が鈎《まがり》の陣中で二十五歳の若さで病歿したことをはかなんで出家し宗鑑となった。姓の山崎は最初に最初にむすんだ「対月庵」があった山城国（摂津国の説もある）の地名にちなむ。

はじめ連歌師を目指したが、宗祇、宗長に象徴される正統派の連歌の道を歩むには、宗鑑の性格はあまりに諧謔的でありすぎた。宗鑑は、南北朝時代の連歌集『菟玖波集《つくばしゅう》』をもじって「犬筑《いぬつく》波《ば》集」を編んだ。宗鑑の歌は滑稽味と諧謔性を備え、俳諧の祖といわれる。

天文二十三（一五五四）年、讃岐国興昌寺（現香川県観音寺市）にむすんだ「一夜庵」で亡くなった。辞世は「宗鑑は　いづくへと人の　問うならば　ちとようがありて　あの世へといへ」。

残花のいう「油を売つてゐた」というのは比喩ではない。だが、秋声会の機関誌『秋の声』創刊号所載の「山崎宗鑑」で大野酒竹《おおのしゅちく》が述べるには、宗鑑が売って口に糊していたのは油ではなく「油筒」であった。宗鑑が庵をかまえた山崎は、古くから油の産地であった。生産された油は竹筒に入れて京都に運搬された。宗鑑は、日々の糧をえるのに竹藪をもうけ、油筒を作って売った。油筒の形は円柱形ではなく、水のしずくのような形をしていたという。この宗鑑の藪の竹は他と違ったということで、訪ねてくる人は手本をえるついでに竹を所望した。宗鑑も断りもせず応ずるので、藪はすっかりまばらになってしまった。

大正八（一九一九）年一月三十日、残花は大井町三百三十四番地に転居。本格的な隠居生活に入った。

当時の大井町は東京市の郊外、田舎の風情を残した海辺の町で、老いを養うにふさわしい穏やかなところだった。

大井町の自宅にて　執筆中の残花　撮影年度不明
(戸川淑子氏所蔵)

私が二十才のころ小石川から大井町へ引っ越した。お林付《はやしづき》といわれている所で、広々とした高台だった。見晴らし台と月見台の間に、浜川へおりる坂があった。家のまわりは小笹の多い草はらだった。秋になると林の木々も葉をおとし、家の二階から海がよく見えた。

（「大井町の家」『徒然なるまゝに』）

五女千代氏の語るこの大井の家の近辺は、現在、風景はまったく変わってしまったが、高台と坂の地形だけは当時のままで残花の一家が暮らしたころの微かなおもかげを残している。二階の窓から見えたという海の存在は、残花の家の食卓を少しだけ豊かにした。

朝早く、年とった魚屋さんがここの海でとれた小さい鰈《かれい》や、しゃこ、生海苔などを売りにきた。大変新しいので、父は大喜びだった。

（「大井町の家」）

海苔は、磯辺に打ち寄せられており、近所の主婦らがとって帰り、自宅ですだれに乗せて干していた。

残花は、酒は飲まないが、酒のつまみのような塩辛いものが好きだった。家には、雲丹《うに》、塩から、すじこ、からすみなどが常備されていたという。

大井町での日々を残花は、逍遥と俳句に費やした。大井の暮らしのさなか、残花が季節や風物に触れて詠んだ句は、残花の死後、遺族の手によって、筆跡をそのまま伝える影印本で『大井の春と秋』と題され私家版で刊行、親族や残花の旧友たちに配られた。

しかし、大井での穏やかな暮らしは、残花の命の終わりの日まで続かなかった。

大正十一年九月一日、関東大震災。

その日の残花の日記にはこう記されている。

十二時頃に大震災
安政二年以後の第一大災
二日朝まで焔炎天をこがす
社会の交通一切止む

最初の揺れが来た時、残花は庭にいたが、家の倒壊を恐れて、すぐに家の中に駆けこみ、屋内の洗面所で人形の服を洗っていた孫の民子を横抱えにして再び庭に飛びだした。当時二歳であった嫡孫の安雄氏は、地震が収まるまで伯母千代氏の背に負ぶられていたそうだ。

東京の中心部方面が焼ける赤黒い炎と煙が爆音を交えて残花の住まいからも見えた。

家は若干屋根が傾いだ程度で、暮らせないほどではなかった。だが、いつ揺り返してくるか知れない余震に備え、一家は庭に蚊帳をつって外で寝起きをした。朝鮮人が襲撃してくるなどといった流言飛語も飛び交い、林に避難するなど、不穏な数日が続いた。

下町を中心に甚大な被害が出たことを知ったが、残花一家に下町の知人は少なく、知己の安否を案じる必要はなかった。

残花が、不要な本をまとめて東京市内の古本屋に連絡すると、古本屋はすぐにやって来て「市内の本はみんな焼けてしまったのだ」といって喜んで、すべて買い取っていった。

残花一家を心配した関西方面の知人縁戚が、鉄道は使えないから、船でやって来て、食料や物資を置いていった。

一夜にして東京はがれきの山に埋もれ、炎に飲まれて灰燼に帰し、江戸の名残りは消え去り、明治は灰になった。これを境に、残花は文章を公にすることも、また公の講演会などに出て語ることもしなくなった。残花は、家族と屋内や庭の片付けをするとともに、数度東京市内を散歩している。十一月三日には、波夫人を連れて丸の内の焼け跡を歩いた。

いまだ余震やまぬ十月二十日、残花は日記にこう書き記している。

地球者《は》　釈迦も　基督も　孔子も　老子も　荘子も
五右エ門も　鼠小僧も　乗せて　空間を　は志留《しる》
春秋者《は》　去年も　今年も　花を比《ひ》ら可《か》せ　此世《この》を

残花晩年
(尾崎輝子氏所蔵)

染免《め》　蝶者鳥登《はと》て　以き奈《いな》がらへて居る　震災

火災　戦乱　政争　日々様〲

（読解協力・速水堅曹研究会）

聖者や泥棒もともに、森羅万象、万物を乗せた地球上で花が咲き、蝶や鳥が生きる「ことわり」を、震災も戦争も変えることはない。ここには、もはや運命に逆らうことなく、ただ静かに日々を送る残花の穏やかに達観した心情が溢れている。

つてのある人々は一面焼け野原の東京を離れて、関西方面に避難していた。残花もまた、インドのムンバイから帰国し関西方面に勤務することになっていた長男一家とともに、十二月十五日に東京を離れ、京都の下加茂に居を移した。住み手を減じて急に寂しくなった大井の家では、新婚の中村冨司、千代夫妻が新世帯を築いた。

伝道時代から三十四年を隔てて再び「都の人」となった残花は、慌ただしい年の瀬を送った。翌年、さらに大阪の天王寺に居を移す。大阪の天王寺は仮住まいであったらしく、浜男は神戸の夙川《しゅくがわ》に土地を購入し、家を新築した。

のちに遠藤周作が洗礼を受けたカトリック夙川教会と塀で敷地を接した豪邸だった。屋敷には松林を有した立派な庭があり、これまたのちに、父に勝るとも劣らぬ愛書家となった浜男氏が、古書肆弘文荘の反町茂雄《そりまちしげお》とともに「中央に二本の松の巨樹の聳立《しょうりつ》する広いお庭（五百何十坪とか）を前に見ながら」（『一古書肆の思い出』3、平凡社ライブラリー、一九九八年）書物談義に興じた。

残花は普請を終えたその家を見にいって気に入り、引っ越しの日どりを楽しみに数えていた。

残花が急病に倒れたのはその矢先のことである。床屋でつけられた小さなかみそり傷から菌が入り、丹毒症（化膿性炎症）を引き起こしたのだという。十二月二日朝発熱、六日には昏睡状態に陥り、大正十三年十二月八日午前一時、息を引き取った。享年七十。

葬儀は大阪でキリスト教式でおこなわれ、当時同志社総長となっていた海老名弾正《えびなだんじょう》が京都から駆けつけ司式した。

東京に戻って再び仏教式の葬儀が営まれ、遺骨は先祖の墓のある浄土宗の最上寺に埋葬された。生前、残花は口癖のように、「天国には行きたくない。むしろ地獄がいい。地獄には面白い人が大勢いるだろうから」（千代氏三男・中村敬三氏談）といっていたという。

おそらくその地獄には、ともに呵々大笑する達磨もキリストも、教えの先達釈宗演もいることだろう。神も仏もいる地獄、もはやそれは地獄ではない。「面白い人」というだけで許容される世界、それは、地獄極楽天国、宗教と思想と時代の垣根を越えて、人々が互いを否定しあうことなく自由に過ごし、語る理想空間。すべての円環が重なるところ。残花が探し求めた真実への入り口だ。

大正十三年よりもさらに賑やかになったそこで、残花は今も会話を楽しんでいることだろう。上品な江戸の旗本言葉で、慰問袋から次々にものを取りだして見せるような少し忙しい口調で。

あとがき

残花が最初の本をだしたのは明治二十二（一八八九）年、数えで三十六歳のことである。奇しくも同じ年（満年齢だから若干年上だが）に最初の本を上梓させていただいた。残花は、それからかぞえの七十歳で亡くなるまでの生涯に、望んだあらゆることを実行し尽くした。年齢で、自分の可能性に見切りをつける必要がないことを教わった。

残花の生きた時代は、明治期の上り坂にあったとはいえ、価値観さえも「朝令暮改」の混迷の時代だった。自らをあずけるべき確かなものが何もない。少し脇目をふったかたわらには常に闇があったはずだ。それを闇も迷いも追いつかぬ速度で思考し行動し、しかも、それをまるで「油をうる」かのようにおっとりと楽しんだ残花の人生は、同じく確かなもののない混迷の時代を生きる現代人にとって、一抹の清涼ではないか。

戸川残花という複雑な人物をまがりなりにも追いかけえたのは、残花のご子孫の方々との交流におうところが大きい。岡山県早島町戸川家記念館を訪問した際、案内の方から、少し前に「戸川家いとこ会」の来館があったと聞いた。お礼状をいただいたといって取りだされたのを、無理をいって住所をひかえさせていただいた。

封筒に記されていた原久子さんに、残花とどのようなご関係とも知らず、手紙を書いた。不審に思われ、お返事いただけなくとも当然と思っていた。ところが、しばらくしてお電話をいただいた。原さんは残花の三男不二男氏の令嬢だった。妹の家にいろいろあると思うから、とご紹介くださったのが、尾崎輝子さんだった。尾崎さんは、文豪尾崎一雄の長男鮎雄さんに嫁がれた方で、最初に見せていただいた資料は、神奈川近代文学館の尾崎一雄文庫所蔵の残花が長男浜男氏に宛てた書簡だった。尾崎さんのご紹介で、残花の五女千代氏の子息中村敬三さんと、市島春城の遠縁にあたる祥子夫人からもお話をうかがうことができた。ご夫妻にお引き合わせいただいた故戸川安雄氏の令室戸川淑子さん、令嬢の高桑史子さんには、ご家蔵の貴重な資料を見せていただいた。行男氏の子息、戸川達男さん、同じく令嬢の戸川夏子さんにも大変お世話になった。お名前をあげきれず恐縮だが、残花の遺族の皆様にはさまざまなお力添え、おはげましをいただいた。この本の刊行で少しでも恩を報ずることができれば幸いである。

調査段階から助言、ご協力くださった彷書月刊準備室の皆川秀さん、素晴らしい装丁をほどこしてくださった奥定泰之さんに御礼申しあげる。

何のバックグラウンドも持たない無名の人間が、このように長々書いたものを本にしてくださった芸術新聞社代表取締役の相澤正夫さん、編集者渡辺俊彦さんに心からの感謝を捧げたい。本当にたくさんの方にお助けいただいた。お名前をあげきれないご無礼をお許しいただきたい。

目時美穂

平成二十七年二月吉日

［ゆ］

［よ］

［ら］

［る］

［わ］

［み］

［む］

［め］

［も］

［や］

[な]

[に]

[の]

[は]

[ひ]

［て］

［と］

[く]

[こ]

[さ]

[し]

［か］

［き］

［う］

［え］

［お］

人名索引

第6章

◉記憶樹が語ること
『史蹟名勝天然紀念物保存協会報告』復刻版、明治44年–大正6年（不二出版、2003年）
『大台か原登山の記』（画報社、大正7年）
『東京史蹟写真帖』（画報社、大正3年）
『江戸史蹟』（内外出版協会、明治45年）

◉たぬき鼓と桜囃子
柳田國男『妖怪談義』（講談社学術文庫、1977年）
『たぬき』（三進堂書店・清和堂書店、大正7年）
『桜』復刻版、大正編第1、2巻（有明書房、昭和55年）
戸川残花『大井の春と秋』（私家版、昭和15年）

◉楽しき油うる日々
『宗演禅師と其周囲』（国史講習会、大正12年）
大野酒竹「山崎宗鑑」（『秋の声』創刊号、明治29年11月）
反町茂雄『一古書肆の思い出』3（平凡社ライブラリー、1998年）

◉武士道なるもの
『武士時代』（吉川弘文館、明治 35–36 年）
『武士道』（有楽社、明治 42–43 年）

第 5 章

◉ここにつくりしだいがくは
『日本女子大学校創立事務所日誌　明治二十九年七月十七日～明治三十四年三月五日』（日本女子大学成瀬記念館、1995–1997 年）
小野田亮正『現代 名士の演説振』（博文館、明治 41 年）
『日本女子大学四十年史』（日本女子大学校、昭和 17 年）
『図説 日本女子大学の八十年』（日本女子大学、昭和 56 年）
川合道雄『続 川合山月と明治の文学者達』（基督心宗教団事務局出版部、昭和 32 年）
戸川行男『「私」心理学への道』（川島書店、1988 年）

◉当世風『女大学』
石川松太郎編『女大学集』（東洋文庫 302、平凡社、昭和 52 年）
戸川残花『新評女大学』（服部書店、明治 43 年）
佐藤陽炎編『男と女』（広文堂、明治 35 年）

◉和服楽でよし、洋服便利でよし
『株式会社 三越 100 年の記録　1904–2004：デパートメントストア宣言から 100 年』（三越、2005 年）
『時好』（三越）
市島春城「双魚堂日誌」（早稲田大学図書館紀要、2001 年）

◉心胆奪ふ「日本教会」活動
『道』（日本教会、明治 41 年～）
刈田徹『大川周明と国家改造運動』（人間の科学社、2001 年）
『日本の名随筆 82　占』（佐藤愛子編、作品社、1989 年）
『新論語』（成功雑誌社、明治 43 年）

第4章

◉旧幕臣として明治の臣民として
『旧幕府』複製版 、第1号・明治30年–第5巻第7号・明治34年（原書房、1971年）
蜷川新『維新前後の政争と小栗上野の死』（日本書院、昭和3年）
福沢諭吉『明治十年 丁丑公論・痩我慢の説』（講談社学術文庫、1985年）
『勝海舟全集』21巻（勁草書房、1973年）
『同方会報告』（『同方会誌』）復刻版、第1号・明治29年–第15号・明治33年（ 立体社、1977年）
山崎有信『彰義隊戦史』（隆文館、明治37年）
大鳥圭介・今井信郎『南柯紀行・北国戦争概略衝鉾隊之記』（新人物往来社、1998年）
『薄田泣菫全集』第7巻（創元社、昭和14年）
「戸川残花　浜男宛書簡」（神奈川近代文学館・尾崎一雄文庫所蔵）
中村千代『徒然なるまゝに』（私家版）
勝部真長『勝海舟』上中下（ＰＨＰ研究所、1992年）
『茅ヶ崎市史ブックレット⑤　南湖院　高田畊安と湘南のサナトリウム』（茅ヶ崎市、平成15年）
戸川残花『幕末小史』（春陽堂、明治31年）
戸川残花『河井継之助』少年読本第3編（博文館、明治31年）
田中彰「『旧幕府』の時代背景」（『旧幕府』1、マツノ書店、平成15年）
中村彰彦「『旧幕府』私の使い方」（『旧幕府』2、マツノ書店、平成15年）
紀田順一郎「『旧幕府』とその時代」（『旧幕府』3、マツノ書店、平成15年）
田村貞雄「幕臣出身の二人の山口県令」（『旧幕府』4、マツノ書店、平成15年）
樋口雄彦「雑誌『旧幕府』に集った人々」（『旧幕府』5、マツノ書店、平成15年）
樋口雄彦「『旧幕府』主要執筆者紹介」（『旧幕府』5、マツノ書店、平成15年）
岩淵令治「旧幕臣と武士道──武士から兵士へ」（『武士と騎士──日欧比較中近世史の研究』（思文閣出版、平成22年）

島崎藤村『春』（新潮文庫、平成19年）
『樋口一葉 日記・書簡集』（ちくま文庫、2005年）
小田切秀雄「戸川残花の遺族と樋口一葉」（『日本現代文学全集』月報55、講談社、1965年）
『島崎藤村全集6』（筑摩書房、昭和31年）

◉新聞記者をしてみる
「毎日新聞」復刻版、明治19年5月1日–明治39年6月30日（不二出版、1993–1999年）
戸川残花『徳川武士銘々伝』（博文館、明治27年）
『正宗白鳥全集』第13巻（新潮社、昭和41年）
『日本組合教会便覧』（田中左右吉編、日本組合基督教会本部、昭和10年）
正宗白鳥「夏目漱石論」（『中央公論』第23年第3号、明治41年10月）
岡野知十「戸川残花君を憶ふ」（「読売新聞」大正13年12月15日付）

◉一葉女史
樋口一葉『たけくらべ』（博文館、大正7年）
戸川残花「樋口なつ子ぬしをいたむ」（『女学雑誌』第431号、明治29年）
西尾能仁編「しのぶぐさ」『全釈一葉日記』第3巻（桜楓社、昭和51年）

◉「遊び」の俳句
『秋の声』（万巻堂、明治29年）
『卯杖』（秋声会出版部、明治36–42年）
『尾崎紅葉全集』第9巻（中央公論社、1941年）
巖谷小波『私の今昔物語』（早稲田大学出版部、1928年）
村山古郷「秋声会の歩いた道」（『俳句』第18巻第7号–10号、1969年）

◉ただひとつの神、教えではなく
『日本宗教』1巻1号–3巻2号（日本宗教社、明治28–30年）
戸川残花『世界三大宗教』（博文館、明治28年）

『銀座』（資生堂、大正 10 年）
『信仰三十年基督者列伝』（警醒社書店、大正 10 年）
『日本近世基督教人物史』（比屋根安定、基督教思想叢書刊行会、昭和 10 年）
片岡優子『原胤昭の研究──生涯と事業』（関西学院大学出版会、2011 年）
石角春之助『銀座秘録』（東華書荘、昭和 12 年）
『東京模範商工品録』（東京模範商工品録編纂所、明治 40 年）

◉西国で地の塩となる
『近代日本と神戸教会』（創元社、1992 年）
『早島の歴史』2、通史編下（早島町、1998 年）
『西宮教会百年史』（日本基督教団西宮教会、1985 年）
『岸和田教会百年史』（日本基督教団岸和田教会、1993 年）
『平安教会百年史』（日本基督教団平安教会、1976 年）
戸川残花『伝道師』（福音社、明治 23 年）

◉神のための筆、人のための筆
戸川残花訳『むーでー　さんきー二氏小伝』（福音社、明治 22 年）
戸川残花『撫子』（京都村上勘兵衛、明治 23 年）
結城禮一郎『旧幕新撰組の結城無二三』（中公文庫、昭和 51 年）
戸川残花、奥野昌綱共著『童蒙讃美歌』（十字屋書店、明治 23 年）
戸川残花『新撰讃美歌のてびき』（警醒社書店、明治 24 年）
『日本評論』（日本評論社、1-64 号、明治 23-27 年）
『三籟』覆刻版 1 号-10 号（中央公論事業出版、1966 年）
『高輪教会百年の歩み』（日本基督教団高輪教会、昭和 57 年）

第 3 章

◉菅千春という人
『文学界』複製版 1 号-58 号（日本近代文学研究所、1979 年）
『女学雑誌』複製版 1 号-526 号（臨川書店、1966-1967 年）
榊原美文『文学界派明治浪曼主義評論』（日本評論社、昭和 23 年）
星野天知『黙歩七十年』（聖文閣、昭和 13 年）

宮永孝『慶応二年幕府イギリス留学生』（新人物往来社、1994 年）
『東京大学百年史　通史一』（東京大学、1987 年）
「史樹と宗教」（『六合雑誌』第 362 号、明治 44 年 2 月号）
戸川残花『東京史蹟写真帖』（画報社、大正 3 年）
石井研堂『明治事物起原』（春陽堂、昭和 19 年）

◉キリスト者となる

『信仰三十年基督者列伝』（警醒社書店、大正 10 年）
『日本基督新栄教会六十年史』（山本秀煌編、昭和 8 年）
田村直臣『信仰五十年史』（警醒社書店、大正 13 年）
山本秀煌『日本基督教会史』（日本基督教会事務所、昭和 4 年）
松村介石『信仰五十年』（道会事務所、大正 15 年）
太田愛人『開化の築地・民権の銀座』（築地書館、1989 年）
山路愛山『基督教評論・日本人民史』（岩波文庫、昭和 41 年）
中島耕二「築地居留地と米国長老教会の初期伝道——宣教師 C・カロザースの活動」（『築地居留地』vol.1、2000 年）
『女子学院の歴史』（女子学院史編纂委員会編、女子学院、1985 年）
『植村正久と其の時代』第 4 巻（教文館、昭和 13 年）
柳田泉「民権演義情海波瀾と戸田欽堂」（『政治小説研究』春秋社、昭和 42–43 年）
小野静雄『増補 日本プロテスタント教会史 上 明治・大正篇』（聖恵授産所出版部）
土肥昭夫『日本プロテスタント・キリスト教史』（新教出版社）
中島耕二・辻直人・大西晴樹『長老・改革教会来日宣教師事典』（新教出版社、2003 年）

◉煉瓦の街で十字架を立てる

『中央区年表　明治文化篇』（東京都中央区立京橋図書館、昭和 41 年）
『植村正久と其の時代』第 4 巻（教文館、昭和 13 年）
篠田鉱造『銀座百話』（角川書店、昭和 49 年）
野口孝一『銀座物語——煉瓦街を探訪する』（中公新書、1997 年）
原田弘『銀座故事物語』（新人物往来社、昭和 50 年）

参考文献

第1章

◉築地戸川屋敷

矢田挿雲『江戸から東京へ』1巻（中公文庫、昭和50年）

戸川残花「江戸の旗下」（『書画骨董』79号、大正4年）

戸川残花「曾遊録」（未刊行）

『早島の歴史1』通史編上（早島町、1997年）

戸川残花「幕末軍隊の状況に関する件」（『史談会速記録』第239輯、明治43年8月14日談）

戸川安雄『戸川残花伝』（生涯学習研究社、1994年）

◉「勤王実効」の旗本

戸川残花「勤王実効旗下の件」（『史談会速記録』第240輯、大正2年1月23日談）

子母澤寛「玉瘤」（『小説新潮』昭和40年）

山崎有信『彰義隊戦史』（隆文館、1910年）

田口卯吉編纂『大日本人名辞書』（大日本人名辞書刊行会、1926年）

『静岡県史　資料篇16近現代一』（静岡県、平成元年）

戸川残花「三年閑」（『卯杖』第5巻第1号、明治40年1月）

『早島町史』（早島町役所、昭和30年）

塚原渋柿園「明治元年」（『幕末の武家』柴田宵曲編、青蛙房、昭和40年）

岡本昆石「戸川残花君の広言に就て」（『同方会誌』大正6年10月）

第2章

◉「遊学」時代

「明治名士写真帳」（東京大学コレクション　幕末・明治期の人物群像）
http://www.lib.u-tokyo.ac.jp/tenjikai/tenjikai95-2/index.html

目時美穂（めとき・みほ）

一九七八年静岡県生まれ。二〇〇三年明治大学文学部フランス文学専攻修士取得、二〇〇九年同博士後期課程単位取得満期退学。専攻研究のかたわら明治時代の文化風習、文学等に興味を持つ。在学中、古書情報誌『彷書月刊』へ。二〇一〇年の休刊号まで編集に携わる。現在出版社勤務。

油《あぶら》うる日々《ひび》

明治《めいじ》の文人《ぶんじん》 戸川残花《とがわざんか》の生《い》き方《かた》

2015年3月25日　初版第1刷発行

著　者　　目時美穂

発行者　　相澤正夫

発行所　　株式会社 芸術新聞社
〒101-0051 東京都千代田区神田神保町2-2-34 千代田三信ビル
電　話　03-3263-1637（販売）
　　　　03-3263-1623（編集）
ＦＡＸ　03-3263-1659
ＵＲＬ　http://www.gei-shin.co.jp/
振　替　00140-2-19555

印刷・製本　シナノ印刷 株式会社

ISBN978-4-87586-425-7　C0023
定価はカバーに表示してあります。落丁・乱丁本はお取り替えいたします。